GELD, GOLD und GOTTSPIELER

Am Vorabend der nächsten Weltwirtschaftskrise

FÜR GERARD UND MAJKEN

Dank:
Herrn Peter Friedrich danke ich für die sorgfältige Fehlersuche im Manuskript.

Roland Baader

GELD, GOLD und GOTTSPIELER

Am Vorabend der nächsten Weltwirtschaftskrise

Alle Weisheit der Menschheitsgeschichte
kann man zu einem Ratschlag zusammenfassen:
»Nicht Gott spielen wollen!«

RESCH VERLAG

Bibliografische Information der Deutschen Bibliothek:
Die Deutsche Bibliothek verzeichnet diese Publikation in der Deutschen Nationalbibliografie; detaillierte bibliografische Daten sind im Internet über http://dnb.ddb.de abrufbar

2. (unveränderte) Auflage 2005

Umschlaggestaltung: Atelier Georg Lehmacher, Friedberg (Bay.)
Gestaltung und Satz: Fischer's DTP-Studio
Druck und Bindung: Gebr. Geiselberger GmbH, Altötting
Printed in Germany

ISBN 3-935197-42-X

Wußten Sie...

- daß die "stabilste Währung der Welt", die Deutsche Mark, zum Zeitpunkt ihrer Ablösung durch den Euro nur noch 5% ihrer ursprünglichen Kaufkraft (von 1949/50) hatte?

- daß es im 20. Jahrhundert 25 Hyperinflationen (mit Inflationsraten von mehr als 50% **im Monat**) gegeben hat?

- daß die deutschen Staatsschulden rund 8 Millionen Euro Zinsen **in der Stunde** kosten?

- daß die Gesamtschulden der USA mit 36 Billionen Dollar (Anfang 2004) höher sind als das gesamte Welt-Sozialprodukt in Höhe von rund 32 Billionen Dollar?

- daß die amerikanische Staatsschuld um fast zwei Milliarden Dollar (= zweitausend Millionen Dollar) **täglich** wächst?

- daß der Dollar seit 1971 (endgültige Lösung vom Gold) 80% seiner Kaufkraft verloren hat?

- daß allein die **Neuverschuldung** der USA (2004) 70% der Weltersparnisse auffrißt?

- daß in Deutschland im Inflationsjahr 1924 ein Laib Brot eine Billion Mark gekostet hat (eine Billion = eine Million Millionen)?

- daß sich das Volumen der Güterproduktion der Industrieländer in den letzten 30 Jahren vervierfacht - das Geld- und Kreditvolumen aber vervierzigfacht hat?

Wer das alles schon weiß, sollte dieses Buch trotzdem lesen, denn kaum jemand kennt die tiefsten und entscheidenden Ursachen dieser Desaster, und kaum jemand weiß, daß unsere heutigen Währungen (Dollar, Euro, Pfund etc.) gar kein Geld sind, sondern nur so genannt werden - und daß genau das furchtbare Folgen hatte, hat und haben wird.

Lese-Anleitung

Meine Bücher und Schriften sind allesamt populärwissenschaftlich verfaßt - das heißt allgemeinverständlich geschrieben. Die Leser brauchen keine akademischen Kenntnisse in Nationalökonomie oder in den übrigen Gesellschaftswissenschaften, um meine Texte verstehen zu können. Das soll auch in der vorliegenden Publikation so bleiben. Allerdings macht das diesmal gewählte Thema eine Fülle von fachspezifischen Ausführungen erforderlich. Viele meiner Thesen stehen (vor allem, was das Thema Geld betrifft) der sogenannten mainstream-Ökonomie so konträr entgegen, daß ich sie mit fundierten theoretischen Abhandlungen unterlegen und beweisen muß, um nicht unglaubwürdig zu erscheinen oder gar in den Verdacht des Sektierertums zu geraten. Wer nicht nur gegen hundert Prozent der bekundeten Meinung von Parteipolitikern und Interessenvertretern argumentiert, sondern sogar gegen spezifische Lehren der Wissenschaft - besonders in der Geld- und Konjunkturtheorie, die von weit über 90% der Ökonomen vertreten wird, darf sich die Beleg- und Beweisarbeit nicht leicht machen.

Um dem fachspezifisch nicht vorgebildeten Leser die Lektüre gleichwohl leicht zu machen [der Gattungsbegriff Leser umfaßt selbstverständlich auch die weiblichen Leser] und ihm ermüdende Fachsimpeleien zu ersparen, werde ich eine optische Trennung des Textes vornehmen: Wer an den analytischen Details oder an den breiteren und tieferen Theorie-Vorstellungen nicht interessiert ist – oder es vorzieht, mir ohne

Rückgriff auf detaillierte Beweisführungen zu glauben, möge die kleingedruckten Passagen überspringen. Wer es "genau wissen will", mag sich die Mühe machen, auch (gelegentlich oder immer) diese in kleinerer Schrift gedruckten Abschnitte zu studieren, möge mir aber dann nicht den Vorwurf machen, dies sei kein populärwissenschaftliches Buch mehr, sondern eine "akademische Fachschwarte".

Einige wenige Fachbegriffe der Ökonomen werde ich im Original verwenden, weil ihre Übertragung ins Allgemeinverständliche lang und umständlich wäre. So bspw. den Terminus *Ressourcenallokation* oder *Allokation der Ressourcen*. Die Nicht-Ökonomen unter den Lesern mögen sich bitte einprägen, um was es sich dabei handelt: Unter *Ressourcen* verstehen die Ökonomen alle jene Mittel (Produktionsfaktoren), die zur Produktion von Gütern und zum Erbringen von Dienstleistungen benötigt werden, grob zusammengefaßt mit den Begriffen *Arbeit* und *Kapital*. Der Faktor *Arbeit* umfaßt die physischen, psychischen und geistigen Leistungskräfte der Menschen - inklusive ihres Wissens und ihrer angeborenen oder erlernten Fähigkeiten und Fertigkeiten; der Faktor *Kapital* umfaßt alle Maschinen, Geräte und Werkzeuge, Gebäude, Bodenflächen, Rohstoffe und Energieanlagen, die in die Produktions- und Dienstleistungsprozesse Eingang finden. Und unter *Allokation* versteht die ökonomische Theorie die Verteilung dieser Produktionsfaktoren auf alternative (räumlich und zeitlich, sowie quantitativ und qualitativ differenzierte) Verwendungszwecke in den Produktions- und Dienstleistungsprozessen einer Volkswirtschaft. Auch die Begriffe *input* (alles, was in die Produktionsprozesse eingeht) und *output* (alles, was am Ende der Produktionsprozesse an Gütern herauskommt) werden ihrer Kürze wegen ohne weitere Umschreibung verwendet. Ausführlich erklärt, aber anschließend kommentarlos weiterbenutzt werden die englischen Ausdrücke *fiat money* und *fractional reserve banking*.

Noch ein grammatikalischer Hinweis: Namensnennungen im Genitiv werde ich gelegentlich nach englischer Schreibweise vornehmen (also bspw. Rockwell's) und nicht in der im Deutschen richtigen Schreibweise (Rockwells), weil sonst der Leser bei vielen ihm evtl. bislang unbekannten Namen nicht wissen kann, ob das s zum Namen gehört oder nicht.

INHALTSÜBERSICHT

Vorwort

> "Wir sind ganz und gar vom Bankensystem abhängig. Jeder einzelne umlaufende Dollar muß von irgendjemandem geborgt werden, sei es als Bargeld oder als Kredit. Wenn die Banken genügend synthetisches Geld schaffen, geht es uns gut; wenn nicht, verhungern wir. Wir sind vollständig ohne ein dauerhaftes Geldsystem... Das ist das wichtigste Thema, über das intelligente Leute nachdenken sollten. Es ist von so großer Bedeutung, daß unsere Zivilisation zusammenbrechen kann, wenn es nicht allgemein begriffen wird und wenn die Defizite nicht sehr bald behoben werden."
> (*Robert H. Hamphill*, Atlanta Federal Reserve Bank, USA).

Die Sozialsysteme der Wohlfahrts- und Sozialstaaten der westlichen Welt steuern dem Zusammenbruch entgegen. Viele sind bereits am Ende und werden nur noch mit budgetpolitischen Tricks und betrügerischen Manipulationen mühsam aufrechterhalten. Der Wohlstand der Industrienationen besteht seit rund drei Jahrzehnten zu einem Gutteil nur noch aus Schein und Illusion – konkret: aus Kapitalverzehr – und steht mit seinen Fundamenten auf dem schlammigen Untergrund eines riesigen Schuldenmeeres. Es ist nur eine Frage der (relativ kurzen) Zeit, bis diese Scheinwelt in sich zusammenbricht. Ob der

Kollaps mit galoppierender Inflation oder mit scharfer Deflation (oder beidem nacheinander) einhergeht, und ob er in eine jahrelang marodierende Rezession oder in eine schwere Depression mit reihum ablaufenden Staatsbankrotten mündet, sind offene Fragen. Daß der Turmbau zu Babel zu Ende ist und die Industrienationen in eine Periode der Verarmung eintreten, steht fest.

Die Gründe für das Desaster sind vielfältig, und die Literatur über die Ursachen ist endlos. Eine der wichtigsten Ursachen jedoch – wahrscheinlich sogar die Hauptursache – wird fast nie genannt und weltweit nur von einer Handvoll Ökonomen (der *Österreichischen Schule der Nationalökonomie*) thematisiert: das falsche Geld, das nationalisierte – also sozialisierte Papiergeldsystem, welches den monetären Kreislauf sukzessive vergiftet und die Leistungskräfte der Volkswirtschaften zerstört. Das Schweigen der Ökonomen zu diesem Thema hat wiederum seine Gründe; der wichtigste davon klingt ungeheuerlich – und ist doch traurige Wahrheit: Nur wenige (sehr wenige!) Ökonomen wissen, was *Geld* ist. Genauer: Kaum einer kennt das *Wesen* des Geldes.

Das vorliegende Buch will die Lösung des Geldrätsels (die schon lange bekannt ist) offenkundig machen und darlegen, welche schwerwiegenden Folgen das besagte Nichtwissen (oder Nichtwissenwollen) in der Wirtschaftsgeschichte – vor allem in der Wirtschaftsgeschichte der letzten 100 Jahre – hatte und nach wie vor hat. Wir wollen uns das Krankheitsbild der Industriestaaten nach Art eines Mediziners der Reihe nach vornehmen: 1) die Droge selbst, die krank macht: das Scheingeld; 2) den Patienten, der daran erkrankt ist: den "Kapitalismus" (besser: das, was davon noch übrig ist); 3) die Symptome der Krankheit; 4) die Anamnese, also die Krankengeschichte (und Vorgeschichte); 4) die Diagnose (bezüglich Art und Schwere der Erkrankung); und 5) die Therapie, die zur Heilung führen könnte und würde, wenn sie zur Anwendung käme. Abschließend soll erörtert werden, was wohl der tiefste Grund für die Drogensucht nach dem falschen Geld sein mag – und was das mit dem "Gottspielen" zu tun hat.

Vorab aber wollen wir das Geldrätsel lösen. Das Kapitel ›Die Lösung des Geldrätsels‹ ist ziemlich theorielastig. Aber leider kann ich dem Leser nicht raten, es zu überspringen, weil es zum Verständnis der nachfolgenden Kapitel unerläßlich ist.

I. Die DROGE: Scheingeld

Die Lösung des Geldrätsels

Das ökonomische Denken ist so verschieden von unserem alltäglichen Hirngebrauch – und auch von der Denkweise der Naturwissenschaften, daß es mühsam erlernt werden muß. Hier seien nur zwei Beispiele angeführt:

Otto Normalbürger glaubt, der *Wert* eines Gutes sei objektiv meßbar, also dem Gut irgendwie inhärent und allgemeingültig zuordenbar. Dem ist aber nicht so. Es gibt keinen objektiven Wert, keinen einer Sache intrinsisch zugehörigen Wert – und somit gibt es auch keine Möglichkeit, den Wert eines Gutes zu messen. Jeder Wert ist ein Phänomen der subjektiven Bewertung und nur ordinal auf der Präferenzskala eines Individuums einreihbar. Und da es ebenso viele Präferenzskalen gibt wie Menschen auf der Erde – und weil sich diese Rangfolge der subjektiven Wertschätzungen bei allen Menschen auch noch permanent ändert, kann der Wert einer Sache oder einer Leistung niemals gegeben oder objektiv feststellbar sein.

Das Verwirrungspotential des Wertbegriffs wird noch gesteigert durch die Tatsache, daß die meisten Güter einen objektiven Marktwert haben – also einen definitiven Preis, zu dem sie am Markt gehandelt werden (können). Aber dieser Wert (Preis) ist nur das Resultat des Zusammentreffens der subjektiven Wertschätzungen von Anbietern und der subjektiven Wertschätzungen von Nachfragern, oft (aber nicht notwendigerweise) noch verwoben mit den objektiven Marktpreisen (Kosten) der Herstellung der betreffenden Güter.

Der sogenannte "Wert" - besser: die individuelle und subjektive Wertschätzung - einer Sache hängt ferner vom Grad ihrer Verfügbarkeit und von der vorhandenen Menge des betreffenden Gutes ab. Bestimmt wird sein subjektiver Wert (genauer: sein subjektiver Nutzen) - also der Nutzwert, den das einzelne Individuum einem Gut beimißt, von der letzten Einheit eben diesen Gutes, über welche dieser Einzelne verfügen kann. Die Ökonomen sprechen vom sog. *Grenznutzen* - oder vom *Marginalwert*. Wenn ich am Verdursten bin, ist ein Glas Wasser für mich das Wertvollste auf der Welt; wenn mir jemand hundert Gläser Wasser reicht, ist mir das hundertste Glas kaum noch etwas wert. Und seltsamerweise bestimmt dieses letzte, das hundertste Glas Wasser dann den subjektiven Nutzwert des gesamten Wassers in allen hundert Gläsern. Das kann man feststellen, wenn mir jemand ein weiteres Glas Wasser verkaufen will. Ich werde dann nur bereit sein, wenn überhaupt etwas, dann nur wenige Pfennige / Cent dafür zu bezahlen. Wenn der Verkäufer auf mein niedriges Gebot eingeht, ergibt sich daraus der sogenannte Marktpreis für ein jedes Glas Wasser auf dem Markt - jedenfalls auf dem kleinen Teilmarkt, den der Verkäufer und ich in diesem Fall bilden.

Diese Subjektivität des Wertes ist eine der tiefsten Quellen allen Reichtums und Fortschritts. Denn wenn jedermann jedes Gut zu jedem gegebenen Zeitpunkt gleich wertschätzen würde, käme es nicht zum Tausch - und somit auch nicht zur Arbeitsteilung als der Hauptantriebskraft allen Fortschritts. Der Nicht-Ökonom sieht im Tausch ein ›Gleich gegen Gleich‹ - also eine Art Nullsummenspiel; manchmal auch einen betrügerischen Vorgang, bei dem der Gewinn des einen der Verlust des anderen ist. Aber das ist – mit Ausnahme des absichtlichen Betrugs - ein Irrtum. Wenn ich ins Restaurant gehe und mir ein Essen für 12 Euro bestelle, dann sieht es so aus, als sei sowohl dem Wirt als auch mir dieses Essen 12 Euro wert. Dem ist aber nicht so, denn zum Angebot des Essens durch den Wirt und zur Nachfrage durch mich kommt es nur dann, wenn mir das betreffende Gericht mehr wert ist als meine 12 Euro (sonst würde ich sie nicht gegen das Essen tauschen und dazu auch noch Zeit und Fahrtkosten aufwenden) und wenn dem Wirt meine 12 Euro mehr wert sind als sein Gericht (sonst würde er es nicht unter Mühen zubereiten und gegen 12 Euro tauschen). Warum sollten sich die Tauschpartner einer Mühe unterziehen, wenn nicht jeder beim Tauschakt gewinnen würde. Der Tausch ist also generell ein win-win-Spiel, bei dem jeder der Beteilig-ten besser gestellt wird als er es vorher war. Bei jedem Tauschakt werden beide Parteien – im gröberen Sinne des Wortes – reicher.

So ähnlich sieht es auch beim Phänomen *Kosten* (in volkswirtschaftlicher Sicht) aus. Kosten sind – obwohl sie sich am Markt als in Geldpreisen objektiv meßbar darstellen – nichts Objektives, sondern ebenso schwankend und für jeden Menschen so verschieden wie der Wert einer Sache oder einer Leistung. Weil die Kosten eines Gutes oder einer Handlung oder eines Projekts zwar in objektiven Marktpreisen feststellbar, aber gleichwohl in ihrer subjektiven Wertigkeit für jeden Menschen ganz verschieden sind, reden die Ökonomen von den *opportunity costs*; das sind die Kosten der verpaßten Gelegenheiten oder der zurückgestellten Alternativen. Wenn ich mich zu einer Ausgabe (oder Anstrengung) entschließe, mir eine Sache oder einen Dienst also "etwas kosten lasse", dann bestehen die wahren Kosten dafür aus meinem Verzicht auf jene Güter und Leistungen (oder Vergnügungen oder Ruhezeiten), die ich dafür hintan stellen muß. Da unsere Mittel immer endlich – also begrenzt sind, unsere Wünsche und Bedürfnisse aber unbegrenzt, bedeutet jede Entscheidung für eine Ausgabe oder eine Mühe – also für den Aufwand an Kosten, daß ich die Befriedigung eines anderen Bedürfnisses oder die Erfüllung eines anderen Wunsches (oder mehrerer anderer Wünsche) zurückstellen, verschieben oder ganz aufgeben muß. So mögen bspw. die Kosten eines Elternpaars, ihren Sohn auf ein teueres Internat zu schicken, darin bestehen, daß der Vater auf den ersehnten Porsche verzichten muß – und die Mutter vielleicht auf den Traum von einer Weltreise, oder daß beide diese Wünsche zumindest in die Zukunft verschieben müssen. (Falls sie sich diese Wünsche jedoch in der Zukunft erfüllen können sollten, so werden sie dafür wiederum auf die Befriedigung anderer Bedürfnisse verzichten müssen.)

Solche und andere Besonderheiten im analytischen Denken spielen wohl mit bei dem seltsamen Umstand, daß die meisten Ökonomen bis zum heutigen Tag nicht wissen, was Geld ist – genauer: daß sie das *Wesen* des Geldes nicht kennen. Ist schon das theoretische Verständnis des direkten Tauschs – also des Realtauschs (beispielsweise von einer Kuh gegen vier Geißen und zwölf Hühner) eine komplizierte Sache, so natürlich noch mehr der indirekte Tausch unter Verwendung des Geldes. Ist die Welt der Güter durch den Faktor *Mensch* (Geist, Gefühle, Neigungen, Bedürfnisse, Anlagen, Fähigkeiten, Umfang der verfügbaren Mittel, Erfahrungen, Erwartungen, Kenntnisse, Ziele, Pläne usw. usf.) schon hochkomplex, so wird sie durch das Einbeziehen des (eigentlich abstrakten) Faktors *Geld* beinahe der Erfaßbarkeit durch unseren Verstand entrückt. Aber eben nur beinahe.

Wenn der ökonomische Laie das Wort *Volkswirtschaftslehre* oder *Nationalökonomie* oder *Politische Ökonomie* hört, so denkt er: Na ja, viel wissen die Ökonomen wohl nicht, aber was Geld ist, wissen sie bestimmt. Es ist aber umgekehrt: Die Wissenschaftler unseres Fachs wissen viel, sehr viel sogar, aber was Geld ist, wissen die meisten nicht. Das klingt unglaubhaft, trifft aber (leider) zu. In einer wissenschaftlichen Anthologie mit dem Titel ›*Rätsel Geld*‹ - und dort im Beitrag “Geld, das letzte Geheimnis der Nationalökonomie“ – schreibt der Berliner Volkswirtschafts-Professor *Hajo Riese*: “Die Behauptung, daß die Nationalökonomie bis zum heutigen Tag nicht weiß, was Geld ist, muß im ersten Moment überraschen: Geld gehört offensichtlich in den Aufgabenbereich der Nationalökonomie, gehört sogar zu den wichtigsten Topoi der Wissenschaft. Dennoch stimmt die Behauptung“ (Riese 1995, S.45).

Riese beansprucht natürlich, die Lösung des Rätsels zu kennen, aber auch er unterliegt damit einem Irrtum. Er kommt zwar der Wahrheit sehr nahe, verfehlt aber ihren Kern. Seine zwei entscheidenden Sätze lauten: "Güter werden dadurch zu Geld, daß sie von einer Institution als Geld inthronisiert werden, dessen Ökonomisierung aus einem Knapphalten besteht. Diese Institution heißt in der modernen Geldverfassung Zentralbank" (S.56). Unabhängig von der grammatikalischen Schwäche des ersten Satzes, bringt er zwar eine Tatsache zum Ausdruck, aber eine unvollständige Tatsache, und diese Unvollständigkeit führt ganz und gar in die Irre. Dazu gleich mehr.

Fragt man die Ökonomen, was Geld sei, so bekommt man fast immer eine Antwort, die aus der Aufzählung der Geld*funktionen* besteht. Sie lautet: "Geld ist Wertaufbewahrungsmittel, Recheneinheit und Tauschmittel." Diese Antwort ist korrekt. Aber sie erinnert an einen alten Juristenwitz: Zwei Heißluftballon-Fahrer haben die Orientierung verloren und beschließen, auf Rufhöhe zu sinken, um jemanden fragen zu können, wo sie sich befinden. Als sie weit unten einen Spaziergänger sehen, lassen sie ihren Ballon bis auf hundert Meter sinken und einer der Ballonfahrer ruft so laut er kann: "Hallo, hallo, wo sind wir hier?" Der Spaziergänger schaut nach oben und brüllt zurück: "In einem Heißluftballon." Daraufhin sagt der eine Ballonfahrer zum anderen: "Das war eindeutig ein Jurist." Und auf die Frage seines Begleiters, wieso er dessen so sicher sei, antwortet er: "Die Antwort kam prompt und war präzise, ist aber völlig wertlos."

So verhält es sich auch mit der besagten Antwort auf die Frage nach dem Wesen des Geldes. Sie ist korrekt, aber was den *Wesenskern* des Geldes anbelangt, ziemlich wertlos, denn sie definiert Geld nur nach seinen Funktionen und eben nicht nach seinem Wesen. Mit *Wesen* ist vor allem die Antwort auf die Fragen gemeint, wie und warum Geld ursprünglich unter den Menschen entstanden ist; wie und warum kam es in die Welt? Und wie und warum ist es zum zentralen Element der materiellen Sphäre der menschlichen Existenz geworden (und nicht nur der materiellen, wie man hinzufügen sollte)? War es nur ein historischer Zufall, der auch anders hätte verlaufen können – oder hat es sich dabei um die *einzig mögliche* Entstehungsweise gehandelt? Nur wer die Antworten auf diese Fragen kennt, kann auch sagen, welche Art des Geldes und welche Form der Geldwirtschaft die der Marktwirtschaft entsprechende ist – oder allgemeiner ausgedrückt: welches Geld das einer freien Gesellschaft einzig angemessene ist (oder wäre).

Bei der Antwort hierauf geht es beileibe nicht nur um eine akademische Wortklauberei oder um ein Thema, das nur von abstraktem wissenschaftlichem Interesse wäre. Die richtige (oder falsche) Antwort ist von maßgeblicher Bedeutung für unsere Existenz, für unsere Zivilisation und unsere Lebens- und Überlebensbedingungen. Sie ist entscheidend für die Alternativen: Wohlstand oder Armut, Fortschritt oder Niedergang, Ordnung oder Chaos, ja sogar Frieden oder Krieg.

Professor *Riese* hat sich also zweifellos mit dem Wesen des Geldes beschäftigt, wenn er, wie ausgeführt, zum Ergebnis kommt, Güter würden zu Geld werden, indem eine Institution sie als Geld "inthronisiert". Und das ist nicht nur seine persönliche und exzeptionelle Meinung, sondern so oder ähnlich würde die Mehrzahl der Ökonomen argumentieren. Erst kürzlich hat der Berkeley-Ökonom *Hal Varian* in der *New York Times* (vom 15. Januar 2004) geschrieben, es seien zwei Erklärungen möglich hinsichtlich der Frage, was Geld sei, präziser: wie das Geld zu seinem Wert (seiner Kaufkraft) komme. Die Geldscheine, so *Varian*, haben einen Wert, entweder weil der Staat das vorschreibt (das wäre also identisch mit Rieses "Inthronisierung") oder weil die Leute bereit sind, sie als Zahlungsmittel zu akzeptieren. Wobei *Varian* dem letzteren Aspekt, der gesellschaftlichen Konvention, mehr Gewicht beimißt als dem Aspekt des staatlichen Befehls.

Doch genau besehen, handelt es sich bei der Konventions-Theorie um einen Zirkelschluß: Geld hat einen Wert (Kaufkraft), weil es allgemein akzeptiert wird, und allgemein akzeptiert wird es, weil es einen Wert hat. Und die "Inthronisations"-Theorie hat eine andere Schwäche: Die Tatsache, daß die durch nichts gedeckten Papierscheine, die wir heute (und schon lange) in unseren Taschen herumtragen, durch staatlichen Befehl zu "Geld" erklärt worden sind, muß noch lange nicht bedeuten, daß sie auch tatsächlich Geld sind. Und in der Tat sind sie das *nicht*. Was wir "Geld" nennen, *ist kein Geld*. Die angelsächsischen Ökonomen haben für dieses Schein-Geld ("Schein-Geld" im doppelten Sinn des Wortes: Papier-Scheine und Geld "nur zum Schein") den trefflichen Ausdruck *fiat money* geprägt. Wer sich an den göttlichen Befehl *fiat lux!* in der Schöpfungsgeschichte erinnert (Es werde Licht - aus der Finsternis des Nichts vor der Schöpfung), der weiß, was damit gemeint ist, nämlich Geld, das durch Befehl - in diesem Fall durch staatlichen Befehl – aus dem Nichts geschaffen wird. *Fiat money* = Es werde Geld aus dem Nichts! Aber, wie gesagt, handelt es sich dabei nur scheinbar um Geld. Warum, werden wir noch sehen. (Das beste Buch zu diesem Thema trägt genau den hierzu passenden Titel: ›*Das Schein-Geld-System*‹. Dabei handelt es sich im Wesentlichen um die Publikation des genialischen Ökonomen *Murray N. Rothbard* von 1963: ›*What has Government done to our Money?*‹, ins Deutsche übertragen und bis zur Jetztzeit aktualisiert von Professor *Jörg Guido Hülsmann* (s. Rothbard 2000).

Wenn das *fiat money* aber kein Geld ist, was um Himmels willen ist dann Geld? Um das herauszufinden, müssen wir zunächst wissen (wie bereits gesagt), wie Geld entstanden ist. Auf den Realtauschmärkten der Frühgeschichte menschlicher Handelsaktivitäten war der Tausch eine mühselige Angelegenheit. Da wollte beispielsweise jemand eine Kuh gegen Getreide-Saatgut tauschen, fand aber nur einen Interessenten, der Kartoffeln anzubieten hatte. Oder er fand einen Bauern, der Saatgut hatte, aber nicht das gewünschte, oder nicht genug davon im Verhältnis zum Wert der Kuh. Oder er fand einen Bauern, der ebenfalls das gewünschte Saatgut hatte – und sogar in ausreichender Menge, der aber am Erwerb einer Kuh nicht interessiert war.

Im Lauf der Zeit kamen die auf den Realtauschmärkten agierenden Leute auf die Idee, nicht gleich und nicht direkt auf die Suche nach der geeigneten Ware und nach einem zufällig passenden Tauschpartner zu gehen, sondern einen Umweg einzuschlagen und das, was, sie anzubieten hatten, zunächst einmal gegen eine marktgängigere – also leichter zu tauschende Ware herzugeben. Zum Beispiel gegen Weizen. Wenn jemand beispielsweise ein Paar Schuhe und einen Wasserkrug benötigte, war es leichter, einen Schuster und einen Töpfer zu finden, die Weizen als Tauschgut annahmen statt einer Armbrust oder eines Dolchs. Weizen war auch viel leichter in passende Teilmengen aufzuspalten als eine Armbrust oder eine lebende Kuh. Schuster und Töpfer andererseits nahmen Weizen auch dann eher entgegen als eine Kuh oder einen Leiterwagen oder Zaumzeug, wenn sie selber den Weizen gar nicht benötigten. Sie wußten, daß es nicht allzu schwierig werden würde, den erworbenen Weizen gegen Dinge zu tauschen, die sie tatsächlich haben wollten. Oft kam es auch zu mehreren Tauschumwegen, wobei sich die Tauschwilligen gewissermaßen von einem schwer loszuwerdenden Gut über ein leichter vermarktbares – und von diesem wiederum zu noch marktgängigeren Gütern voranpirschten.

Auf diese Weise stellte sich im Lauf der Zeit das jeweils am problemlosesten tauschbare Gut heraus, das 1. von vielen oder von den meisten Leuten geschätzt wurde, das 2. in fast beliebige Teilmengen zerlegbar war, das 3. leicht zu transportieren war, das 4. im Zeitablauf nicht verdarb, nicht schimmlig wurde oder austrocknete oder sonst wie an Wert und Nutzbarkeit verlor, das 5. genau gewogen werden konnte und dessen Tauschwert somit exakt zu ermitteln war, das 6. wegen seines spezifischen Gewichts nicht leicht zu fälschen war, und das 7. knapp – das heißt nicht beliebig vermehrbar war. Und dieses Gut war – oder diese Güter waren Gold und Silber.

Wichtig für unsere Überlegung ist die Tatsache, daß Gold und Silber bereits als Schmuck, als religiöse Kultgegenstände und als edler Hausrat eine weitverbreitete Wertschätzung genossen haben, bevor sie als ultimatives und allgemein anerkanntes Mittel des indirekten Tauschs – also als *Geld* verwendet wurden.

Diese Entwicklung hat sich im Geburtszustand aller Kulturen und Zivilisationen in der Menschheitsgeschichte wiederholt (mit ganz wenigen Ausnahmen in exotischen Gegenden, wo Metalle unbekannt waren). Daß sich die jeweiligen Herrscher den vorgefundenen Tatbestand einer allgemeinen Wertschätzung des Goldes (und Silbers) als Tauschmittel zunutze machten, indem sie die Münzprägung ihrem Befehl unterstellten und ihr Konterfei auf die Münzen prägen ließen, ist zwar für unser Thema nicht ohne Belang, verstellt aber den Blick auf den tatsächlichen Hergang der Geldentstehung, nämlich der spontanen und freiwilligen Entstehung des Geldes auf freien Märkten.

Das Faktum, daß Geld keine Erfindung war (sondern eine Entdeckung) und nicht als Konstrukt von Herrschern in die Welt kam, ist keine neue Erkenntnis. *Carl Menger*, Ökonomie-Professor der sog. Ersten Generation der *Österreichischen Schule der Nationalökonomie* hatte schon in seinem Werk von 1871 (›*Grundsätze der Nationalökonomie*‹) geschrieben: "Das Geld ist kein Product des Uebereinkommens der wirthschaftenden Menschen, oder gar das Product legislativer Acte. Das Geld ist keine Erfindung der Völker. Die einzelnen wirthschaftenden

Individuen im Volke gelangten allerorten mit der steigenden Einsicht in ihre ökonomischen Interessen zugleich auch zu der nahe liegenden Erkenntnis, dass durch die Hingabe minder absatzfähiger Waaren gegen solche von grösserer Absatzfähigkeit ihre speziellen ökonomischen Zwecke um einen bedeutenden Schritt gefördert werden und so entstand das Geld an zahlreichen von einander unabhängigen Culturcentren mit der fortschreitenden Entwicklung der Volkswirtschaft" (Menger 1871 / 1968, S.260f.).

Ungedeckte, nicht gegen wertvolle Metalle einlösbare Papierscheine hätten ursprünglich niemals Geld werden können. Das liegt nicht nur daran, daß niemand mit Papierfetzen etwas hätte anfangen können und niemand ihnen getraut hätte – schon wegen ihrer beliebigen Vermehrbarkeit nicht. Es hat seinen hauptsächlichen Grund in dem Umstand, daß niemand den Tauschwert der Papierscheine – also ihre in konkreten Waren ausgedrückte Kaufkraft – hätte feststellen können. Es wäre sogar für einen mächtigen Herrscher unmöglich gewesen, nicht-einlösbares Papiergeld mit Zwang und Gewalt einzuführen, weil er gar nicht gewußt hätte, was er draufschreiben soll, um es allgemein anwendbar zu machen. Letztlich hätte er auf den Scheinen alle bekannten Waren und Dienstleistungen – und jeweils spezifische Mengen davon – auflisten müssen. Also beispielsweise: "Dieser Schein ist durch Befehl des Königs ein Pfund Weizen wert, oder eineinhalb Pfund Mais, oder dreiviertel Pfund Roggen, oder ein halbes Pfund Mehl, oder einen Viertelliter Rapsöl, oder ein Fünftel Paar Schuhe, einen halben Quadratmeter Leinenstoff, ein Vierhundertstel Pferd, elf Ziegelsteine, ein und ein Drittel Wasserkrug aus Ton von 2 Litern Fassungsvermögen, eine halbe Stunde Arbeit eines Schreiners usw. usf. – Tausende und Abertausende von Positionen.

Und dennoch hätte niemand mit den Scheinen etwas anfangen können; nicht nur deshalb nicht, weil kein Mensch die *relativen Preise* aller Güter untereinander kennen kann, sondern weil diese Relationen für alle Menschen eine andere Wertigkeit haben und sich permanent verändern. Die auf den Scheinen aufgeführten Waren und Dienste – und deren Mengen – hätten zwar (am Tag der Ausgabe) nach Meinung des Königs oder seines Schatzmeisters untereinander gleichwertig sein können, aber schon der erste Untertan, der einen solchen Schein durch Befehl des Königs hätte annehmen müssen, wäre zu dem Entschluß gekommen: "Ich bin doch nicht verrückt und gebe meine fünf Quadratmeter Leinenstoff gegen zehn Pfund Weizen her. Den Stoff verkaufe ich nur, wenn ich mehr als das Doppelte bekomme. Und weil der König das streng verboten hat, suche ich mir eben heimlich einen Tauschpartner, vielleicht am Sonntag nach dem Kirchgang, wenn wir auf dem Kirchplatz zusammenstehen; dort werden wir einig, und den faktischen Tausch machen wir dann in der Nacht in meinem Haus."

Diese vollständige Unmöglichkeit der künstlichen oder abstrakten Schaffung einer funktionierenden Nominale erklärt auch die Tatsache, daß alle Papiergeldarten zunächst als Geldersatz mit garantierten Einlösemengen an Gold oder Silber entstanden sind, also als eine Art Hinterlegungsschein oder Aufbewahrungsbeleg für edles Metall. Denn den "Wert"

(Tauschwert) des Goldes und des Silbers kannten die Menschen jener Zeiten sehr wohl. Papiergeld wurde zwar - nach historisch langer Zeit ausschließlichen Münzgebrauchs - von den Leuten akzeptiert, weil es leichter transportierbar und sicherer aufzubewahren war als Gold und Silbermünzen, auch weil es das Wiegen und Prüfen der Münzen überflüssig machte, aber diese Akzeptanz hatte stets zur Voraussetzung, daß die Menschen sicher sein konnten, die Scheine jederzeit auf Wunsch gegen eine festgelegte Menge Goldes oder Silbers einlösen zu können. Auch goldgedecktes Papiergeld ist also kein Geld, sondern ein Geldsubstitut, ein Anspruchsschein auf Geld, nämlich auf Gold. Schon gar nicht ist unser heutiges, gegen nichts mehr einlösbares Papiergeld - *fiat money* - als Geld zu bezeichnen. Es ist heiße Luft, der man den betrügerischen Namen *Geld* gegeben hat.

Dennoch hat dieses "Geld", das *fiat money*, für uns einen "Wert". Wir kennen seine Kaufkraft - die Kaufkraft eines 5-, 10-, 20- usw. Euro-Scheines ziemlich genau. Wie ist das möglich? Wieso haben die Euro- oder Dollar- oder Franken-Fetzen überhaupt einen "Wert", eine bestimmte Kaufkraft, obwohl sie kein Geld sind? Auch bei der Antwort auf diese Frage irren die meisten Ökonomen - oder lassen zumindest Ungenauigkeiten zu, die für das Verständnis des Wesens des Geldes verhängnisvoll sind.

Ein Beispiel dafür: In der Sendereihe des Süddeutschen Rundfunks zum Thema ›Vom Wert des Geldes‹ lieferte der Ökonom Professor *Heinz Sauermann* einen Beitrag mit dem

Titel "Wodurch wird die Kaufkraft des Geldes bestimmt?" Dort war zu hören: "Geld bezeichnen wir als Zahlungsmittel. Alles, womit man zahlen kann, ist Geld. Diese Definition ist vollständig und ausreichend" (Sauermann 1961, S.12). Dahinter steckt stillschweigend die Aussage: Ein bestimmtes Geld bekommt seine Kaufkraft, weil die Regierung oder die Zentralbank es per Gesetz zum alleinigen Zahlungsmittel erklärt und weil anderes nicht als Zahlungsmittel zugelassen wird. Jeder Gläubiger kann es ablehnen, wenn ein Schuldner ihm die Schuld mit Gold oder Silber zurückzahlen will; der Gläubiger kann auf der Rückzahlung in den Papierscheinen bestehen, die "gesetzliche Zahlungsmittel" sind, und er wird dabei vor jedem Gericht recht bekommen.

Was nun ist an *Sauermanns* Aussage falsch – oder zumindest ungenau? Nehmen wir an, in einem Land würde man per Gesetz alle Fahrzeuge außer Fahrrädern verbieten. Es wäre dann zutreffend, wenn jemand definieren würde: "Alles, womit man fahren kann, ist ein Fahrrad." Und doch wäre diese Definition erkennbar falsch. Die Tatsache, daß eine bestimmte Währung zum gesetzlichen Zahlungsmittel erklärt wird und daß man damit zahlen kann, macht aus dieser Währung noch kein Geld. Es ist und bleibt ein "Scheingeld", das zum Betrug einlädt und das von den Herrschenden im Verlauf der Geschichte auch immer wieder, ja ausnahmslos zu betrügerischen Zwecken mißbraucht worden ist. Bevor wir zur endgültigen Wesens-Definition des Geldes kommen, sei ein kurzer Blick in diese Geschichte eingeblendet.

Papiergeld in Deutschland

Kein Wunder also, daß auch die allererste Papiergeldeinführung in Deutschland schon von Lug und Trug begleitet war. Das vorliegende Buch will keine Geschichte des Geldes vermitteln. Es gibt zu diesem Zweck genügend Literatur, auch hervorragende Publikationen. So bspw., was die Geldgeschichte der Welt anbelangt, das Buch von *Erich Leverkus ›Freier Tausch und fauler Zauber‹* (Leverkus 1990), was Deutschland anbetrifft, *›Das Geld der Deutschen‹* von *Bernd Sprenger* (Sprenger 1991). Es soll deshalb an dieser Stelle nur ein kurzer Abriß über die Geschichte des Papiergeldes gegeben werden, zunächst für Deutschland, dann für die übrige Welt – und abschließend für die USA.

Das erste Papiergeld in Deutschland wurde 1706 vom Pfälzischen Kurfürsten (zugleich Herzog von Jülich-Berg) *Johann Wilhelm II* eingeführt. In Prunk und Pomp lebend, plagten ihn finanzielle Probleme, und so gründete er 1705 eine Bank in Köln, die man als erste Notenbank Deutschlands bezeichnen kann. Diese Bank gab 1706 – also etliche Jahre vor dem genialen Papiergeld-Trick des *John Law* in Frankreich – *Churfürst Pfälzisch Gülich und Bergische Banco Zettel* heraus, welche durch Namenseintrag und Unterschrift übertragbar waren. Diese Zettel (daher auch der Name *Zettelbanken* für die ersten Staats- oder Zentralbanken – und später auch für die privaten Notenbanken) waren mit einem Verfallstag versehen und sollten an diesem Tag mit einem geringen Aufschlag, einer Art Zins, eingelöst werden. Sie ähnelten also eher Anleihescheinen als

Banknoten, kursierten aber in ähnlicher Form wie Noten, wenngleich mit geringer Umlaufgeschwindigkeit. Bis zum Jahr 1714 wurden Zettel im Gesamtvolumen (Gegenwert) von rund drei Millionen Reichstalern ausgegeben. Aber mit der Einlösung haperte es von Anfang an. Oft wurden - statt die Scheine in Münzen einzulösen - neue Zettel gegen die alten getauscht. Schließlich war das Vertrauen in die Banco-Zettel so weit erschüttert, daß sie nur mit Abschlägen von 30 bis 40% gehandelt wurden. Zwischen 1750 und 1777 löste man sie endlich zu einem Drittel ihres Nominalbetrages ein.

Im Verlauf des 18. Jahrhunderts wurde zwar noch von anderen Landesfürsten Papiergeld ausgegeben, aber der Umlauf blieb insgesamt gering; die Kaufleute bevorzugten den bargeldlosen Wechsel als Zahlungsmittel, und das normale Volk blieb dem Münzgeld treu. (Hinter dem Wechsel standen die strengen Gepflogenheiten der Kaufleute; wer einen Wechsel "platzen" ließ, ihn also nicht zum vorgeschriebenen Datum gegen Bargeld oder Waren einlöste, war als Kaufmann erledigt). Eine weitere unliebsame Erfahrung mit Papierscheinen machten im 18. Jahrhundert noch jene Deutschen, die in den von Frankreich besetzten linksrheinischen Gebieten wohnten. Dort bestand Annahmezwang für die in und nach der Französischen Revolution herausgegebenen *Assignaten*. Diese waren angeblich durch die beschlagnahmten Güter der Kirche und des Adels gedeckt, wurden aber so massenhaft vermehrt, daß sie bis 1796 - in Metallgeld gerechnet - auf ein Dreihundertstel ihres Nennwertes gesunken sind.

Im 19. Jahrhundert breitete sich das Papiergeld in Deutschland weiter aus, zunächst nur als Staatspapiergeld, später – nach Gründung der "Zettelbanken" – auch als Banknoten. Beide Arten des Papiergeldes wurden jedoch bis zum 1. Weltkrieg nicht als Bargeld betrachtet, sondern als Bargeldersatz. Die Banknoten mußten auf Verlangen der Besitzer bei den Notenbanken (und das Staatspapiergeld bei den öffentlichen Kassen) in Münzgeld eingetauscht werden.

Nach der Gründung des Deutschen Reiches 1871 wurde noch im selben Jahr die Geldhoheit von den Ländern auf das Reich übertragen. Die ersten Reichsmünzen (10- und 20-Mark-Goldstücke) wurden geprägt, und als neue Recheneinheit wurde die Mark zu 100 Pfennigen festgelegt. Die Reichsgoldmünzen bestanden aus Gold und Kupfer im Verhältnis 9 zu 1; das 10-Markstück enthielt 3,584 Gramm Gold, das 20-Markstück 7,168 Gramm Gold. Ersteres wurde *Krone* genannt, letzteres *Doppelkrone*. Die alten Ländermünzen, die vorwiegend aus Silber bestanden, blieben vorerst in Umlauf, ihre spätere Einziehung wurde aber per Gesetz angekündigt. Nach Erlaß des Münzgesetzes von 1873 wurde der Münzumlauf weiter vereinheitlicht, indem Reichsmünzen aus Silber zu Nennwerten von einer, zwei und fünf Mark, sowie zu 20 und 50 Pfennigen geprägt wurden; ferner 5- und 10-Pfennig-Münzen aus Nickel, und 1- und 2-Pfennig-Münzen aus Kupfer. Die Silbermünzen enthielten 5 Gramm Silber je Mark Nennwert, das 5-Markstück also 25 Gramm Silber.

Zum 1. Januar 1876 bestimmte sodann eine Kaiserliche Verordnung die offizielle Einführung der Reichswährung für das gesamte Deutsche Reich. Als Papiergeldnoten sollten nur noch Scheine von mindestens 100 Mark Nennwert ausgegeben werden. Das Staatspapiergeld der Länder wurde eingezogen und durch Reichspapiergeld ersetzt. Die Beschränkung auf große Geldscheine hatte sich jedoch aufgrund des Widerstands der Länder nicht durchsetzen lassen, sodaß mit Gesetz von 1874 ein reichseinheitliches Papiergeld mit 5-, 20- und 50-Markscheinen eingeführt worden war.

Die Privatnotenbanken blieben bestehen. Sie durften aber nur Banknoten zu 100, 200, 500 und 1000 Mark ausgeben, und diese erhielten nicht den Status eines gesetzlichen Zahlungsmittels; ihre Annahme zu Zahlungszwecken durfte also verweigert werden. Außerdem waren die Notenbanken zur Einlösung ihrer Banknoten zum vollen Nennwert in Münzen verpflichtet, und jeder Notenbank wurde ein Kontingent zugeteilt, über das hinaus sie keine ungedeckten Noten in Umlauf bringen durften.

1875 wurde die *Reichsbank* gegründet. Sie war verpflichtet, ihre Noten auf Verlangen gegen Gold einzulösen, und zwar im Verhältnis von 1.329 Mark für ein Pfund feinen Goldes. Ihre ausgegebenen Noten mußten jedoch nicht zu 100% goldgedeckt sein, jedenfalls nicht die Noten des freien Kontingents; für diese war nur eine Dritteldeckung vorgeschrieben, und die Deckung durfte neben Gold auch kursfähige Münzen, Reichskassenscheine und diskontierte Wechsel mit einer Laufzeit von höchstens 90 Tagen umfassen. Die über das jeweilige freie Kontingent hinausgehenden Notenausgaben mußten aber zu 100% gedeckt bleiben. Die Dominanz der Reichsbank war bereits vorgezeichnet, weil sie zwei Drittel jenes Kontingents erhielt, für das nur Dritteldeckung vorgeschrieben war, während sich alle übrigen 32 Notenbanken zusammen das restliche Drittel teilen mußten. Mit der Einführung der Reichswährung 1875/76 war eigentlich die Goldwährung bereits in praxi eingeführt worden, offiziell geschah das jedoch erst mit dem Münzgesetz vom 1. Juni 1909, worin die für das ganze Reichsgebiet gültige Währung ausdrücklich als *Goldwährung* bezeichnet wurde.

Als die Reichsregierung am 31. Juli 1914 den Zustand akuter Kriegsgefahr erklärte, stellte die Reichsbank noch am selben Tag die Goldeinlösung ihrer Banknoten ein. Kurz danach wurde die Goldwährung mit einem umfangreichen Gesetzespaket vollständig beseitigt und eine ungedeckte Papierwährung eingeführt. Die deutsche Geldkatastrophe konnte beginnen. Sie endete 1924 bei einem Verhältnis von mehr als einer Billion Mark für die Kaufkraft einer alten Goldmark. (Eine Billion = Tausend Milliarden; eine Milliarde = Tausend Millionen). Hauptprofiteur der Hyperinflation war - wie bei jeder Inflation - der Staat. Seine Kriegsschulden, die sich (vor der Inflation) auf 154 Milliarden Mark aufgetürmt hatten, hätte das Reich im Jahr 1924 mit 15 Vorkriegspfennigen begleichen können.

Die Gelderoberung

> "Die politische Siegesformel lautet: Allen alles versprechen. Das erste Gebot der Ökonomie aber ist die Knappheit. Papiergeld ist die Brücke zwischen Politik und ökonomischer Realität."
> (*Porter Stansberry*, amerikanischer Finanzspezialist)

Daß Geld und Macht eng miteinander verwoben sind, ist eine Binsenweisheit. Und doch wird dieser Zusammenhang meist völlig falsch interpretiert. Ein großes Vermögen kann einem Unternehmer oder Konzernmanager oder Finanzmagnaten große "Macht" im Sinne von Kaufkraft verleihen, aber keine Macht in Form von Herrschaft. Das gilt jedenfalls in einer marktwirtschaftlichen oder kapitalistischen Ordnung. Auch ein Multi-Milliardär wie *Bill Gates* hat keine Herrschaftsmacht im Sinne von Herrschaft über Menschen. Er kann versuchen, Menschen zu bestechen oder sie mit größeren Summen gefügig zu machen, aber das muß auf Seiten der Bestochenen oder "Gekauften" freiwillig geschehen. Sobald dabei Zwang oder Gewalt ins Spiel kommen, macht sich auch ein *Bill Gates* strafbar wie jeder andere Bürger.

Die "Macht des Geldes" wird erst dann gefährlich, wenn sie in die Hände der politisch Herrschenden gerät und zum Herrschaftsinstrument wird. Natürlich können auch vermögende Privatleute im großen Herrschaftsspiel "mitmischen", aber das setzt stets voraus, daß sich politisch mächtige Figuren oder Institutionen auf die Küngelei einlassen, daß also der Staat seine Hände zum bösen Spiel reicht. Da der Staat in einer freien Marktwirtschaft oder im Kapitalismus nichts zu suchen hat (außer *allenfalls* eine dienende Rolle bei der Durchsetzung der Rechtssicherheit übernehmen darf), ist und bleibt Herrschaftsmacht ein *politisches* und *kein kapitalistisches* Phänomen. Wo sich Macht im Sinne von Herrschaft mit privatem Geld verbindet, wie das zweifellos bei der sog. "Hochfinanz" (vor allem in den USA) der Fall ist, erodiert der Kapitalismus und wird mehr und mehr zum "Staatskapitalismus", zu einem Polit-Sumpf, in welchem die wettbewerblichen Kräfte der Märkte versinken und erlahmen.

Andererseits liegt die herrschende Meinung auch beim Thema *Staatsmacht und Geld* oder *politische Herrschaft und Geld* völlig neben den Tatsachen. Geld in staatlichen Händen wird überwiegend als segensreich und notwendig betrachtet; kann doch damit, so meint man, das öffentliche Wohl, die Wohlfahrt und die "soziale Sicherheit" der Bürger gefördert werden. Aber das ist ein Irrtum wie er größer und verhängnisvoller nicht sein könnte. Der Staat hat niemals eigenes Geld, sondern nur die Mittel, die er den Bürgern wegnimmt. Jeden Cent, den er ausgibt, muß er vorher (oder später) seinen Untertanen aus den Taschen ziehen; und alles, was er damit veranstaltet, kann nie und nimmer so effizient und so bedarfsgerecht sein wie das, was die Bürger mit diesem entzogenen Geld auf freien Märkten hervorgebracht hätten.

Geld – und ganz besonders das durch nichts gedeckte Papiergeld, das *fiat money*, ist der Stoff, aus dem die Herrschaft des "freiheitlichen" Staates und seiner Machteliten besteht. Ein Despot oder totalitäre Kader benötigen zwar ebenfalls Geld für ihren Unterdrückungsapparat, aber sie können einen Großteil ihrer Herrschaft auf nackte Gewalt und offene Ausbeutung stützen, auf Drohung und Einschüchterung, Kerker und Waffen, Sklavenarbeit und Hungerlöhne. Ein demokratischer Rechtsstaat kann das nicht, jedenfalls nicht im gleichen Ausmaß – also so lange nicht, als er die Bezeichnung *Rechtsstaat* und *Demokratie* noch einigermaßen verdient. Dem nicht-totalitären Staat steht als Herrschaftsinstrument nur Bestechung zur Verfügung. Er muß Teilen seiner Bürger – oder allen – unter Strafandrohung und Zwang Mittel entziehen, und damit größeren Wählerschichten Versprechungen und Geschenke machen, also Stimmenfang betreiben. Der Vorgang kommt am besten zum Ausdruck im Satz von Professor *Gerd Habermann*: "Der Wohlfahrtsstaat ist eine Methode, die Leute mit ihrem eigenen Geld vom Staat abhängig zu machen." Doch weil der nicht-totalitäre Herrschaftsapparat die Loyalität seiner Bürger und Wähler verliert (und somit auch seine Herrschaftslegitimation), wenn er seine Untertanen allzu sehr aussaugt, braucht er dringend ein betrügerisches Geld, das er nahezu beliebig vermehren und mit dem er sich uferlos verschulden kann. Kurz: Er braucht ein Geld, das er sich mit "weniger schmerzhaften" Methoden aneignen kann – eben das "Scheingeld" (fiat money) und die "lautlose" Verschuldung (Staatsverschuldung). Daß diese aktuelle Lasterleichterung den Leuten später um so größere Schmerzen bereiten wird, kümmert die Regierenden nicht;

geht es doch hauptsächlich darum, für einige Jahre am Ruder zu bleiben. Mit dem, was irgendwann später eintritt, mögen sich andere herumschlagen.

Die moderne *Institutionen-Ökonomik* und die *public choice-Anlayse* haben diesen Mechanismus des Machtgewinns durch Raub und Bestechung tausendfach dokumentiert (auch wenn sie dabei meist harmlosere Begriffe verwenden). Um so erstaunlicher ist es, daß nur wenige Bürger diesen Vorgang durchschauen, und daß sich die meisten Gesellschaftswissenschaftler diesen Tatsachen gegenüber ziemlich gleichgültig verhalten oder sie nicht zur Kenntnis nehmen (wollen).

Gottseidank gibt es Denker und Autoren, welche die Dinge klar bei Namen nennen. Zu diesen leuchtenden Ausnahmen gehört der israelische Historiker *Martin van Crefeld*. In seinem monumentalen Werk *›Aufstieg und Untergang des Staates‹* (Creveld 1999) gibt es ein Kapitel mit der Überschrift "Die Eroberung des Geldes". Dort findet sich gleich zu Beginn der wichtige Satz: "Die Ausweitung des staatlichen Zugriffs auf die Gesellschaft und damit die bedeutendste Entwicklung der Jahre 1789 [das Jahr der Französischen Revolution, R.B.] bis 1945 wäre unmöglich gewesen, wenn sich der Staat, um seine Ansprüche zu untermauern, nicht auch Geldmittel in beispielloscm Umfang beschafft hätte" (S.254). Und in diesem "beispiellosen Umfang", so muß man ergänzen, konnte sich der Staat die Geldmittel nur mit *fiat money* beschaffen.

Schauen wir uns den historischen Werdegang der finsteren Bruderschaft zwischen Herrschaft und Papiergeld (dessen "deutschen Teil" wir bereits gestreift haben) einmal im Zeitraffertempo an: Die Herrscher der Antike waren bei ihren Geldbetrügereien noch darauf beschränkt, den Edelmetallgehalt der Münzen zu manipulieren. Das Volk merkte das jedoch jeweils schnell und wies solche Münzen zurück. Die chinesischen Kaiser vor und nach dem Jahr Eintausend waren wohl die ersten, die das Geld vollständig unter ihre Kontrolle bringen wollten und zu diesem Zweck Papiergeld ohne Metalldeckung herstellen ließen. Alle diese Versuche endeten in gewaltigen Inflationen. Im Jahr 1294 versuchte der Schah von Iran, das chinesische Beispiel nachzuahmen und gab ein als *chao* bezeichnetes Papiergeld heraus. Wer sich weigerte, es anzunehmen, wurde mit der Todesstrafe bedroht. Das Experiment endete in einem Desaster und mußte schon nach wenigen Wochen abgebrochen werden.

In Europa war das erste nichtmetallische Geld der Wechsel. Er war keine Kreation der Obrigkeit, sondern eine Innovation der privaten Banken und Kaufleute. Ab dem 14. Jahrhundert breitete sich diese Zahlungsart über ganz Kerneuropa aus. Weil hinter dem Wechsel die strenge Disziplin der Kaufleute stand (wer einen Wechsel nicht rechtzeitig einlöste, war als Bankier oder Händler erledigt), galt er als sicheres Zahlungsmittel. Interessant ist, was *Martin van Creveld* dazu zu sagen hat: "Vor 1700", so *Creveld*, "waren Versuche, ein Kreditwesen zu entwickeln, nur dort erfolgreich, wo private Bankgeschäfte und Handel so stark waren, daß sie die jeweilige königliche

Autorität außen vor hielten, mit anderen Worten, wo die Kaufleute selbst regierten, wie im Genua des 16. Jahrhunderts und im Amsterdam des frühen 17. Jahrhunderts. Allgemein herrschte die Auffassung, den Kaufleuten könne man Geld anvertrauen, den Königen jedoch nicht. Wenn diese die wirtschaftliche Macht und die politische Gewalt in ihren Händen vereinten, nutzten sie dies allzu oft, um entweder Münzen zu verfälschen oder sich die Reichtümer ihrer Untertanen anzueignen“ (S.256).

Allmählich setzten jedoch die Herrscher durch, daß Prägung und Ausgabe von Münzen ihr alleiniges Vorrecht wurde. Obwohl die Gewinne aus dem Münzrecht erheblich waren, reichte das den hohen Herrn keineswegs, sodaß sie alsbald nach Wegen suchten, “ohne Geld ans große Geld zu kommen“. Die ersten modernen Versuche, auf europäischem Boden eine Papierwährung einzuführen, wurden in Spanien und in Schweden unternommen. Die Auflösung der Verbindung zwischen Geld und Edelmetall sollte den jeweiligen Feudalherren den Zugang zu unbegrenzten Summen verschaffen. Der spanische Herzog *Olivares* konfiszierte im frühen 17. Jahrhundert kurzerhand die Silber-Schiffsladungen aus Übersee und “entschädigte“ die Kaufleute mit *juros* genannten Kreditbriefen. Deren Wert schmolz wie Schnee in der Sonne, und die Folge war der Zusammenbruch des spanischen Handels mit den Kolonien in der Neuen Welt. Die schwedischen Herrscher versuchten einen ähnlichen Schwindel mit einem Papiergeld, das mit Kupfer unterlegt war. Auch das endete in Inflation und mußte rasch aufgegeben werden.

In England verlief die Entwicklung ganz anders. Nach einigen dubiosen Experimenten wurden Ende des 17. Jahrhunderts Reformen durchgeführt, mit denen die Banknoten der neugegründeten Bank von England in eine verläßliche Beziehung zu Edelmetallen gesetzt wurden. Die stabile und vor willkürlichen Manipulationen der Herrscher geschützte Währung bereitete ab der zweiten Hälfte des 18. Jahrhunderts den Boden zur Industriellen Revolution und ließ England zur führenden Wirtschaftsmacht der Welt werden. Im Verlauf des 19. Jahrhunderts gingen auch Frankreich, Italien, Belgien, Deutschland, die Schweiz, die Niederlande, Österreich-Ungarn, Rußland, und zuletzt die USA (1894) zum Goldstandard über.

Das "goldene Zeitalter" Europas endete schlagartig mit Ausbruch des 1. Weltkriegs. Mit eiligst erlassenen Gesetzen wurden die Bürger gezwungen, ihre Goldmünzen und Goldbarren abzuliefern. Dann wurden die Druckmaschinen angeworfen. Mit welchen Folgen, haben wir - zumindest für das am schlimmsten betroffene Land (Deutschland) bereits gesehen.

Nach dem 1. Weltkrieg gab es Versuche, zum Goldstandard zurückzukehren, die jedoch alle - zum Teil aufgrund illusorisch gesetzter Paritäten - nicht besonders erfolgreich verliefen. Im September 1931 kam es bei der britischen Marine zu einem Streik der Matrosen. Die Zeitungen bauschten den Streik zur Meuterei auf, worauf die Bevölkerung in Panik geriet und die Banken stürmte. Die britische Regierung löste das Pfund Sterling vom Gold, und die anderen Goldstandard-Länder folgten. Es war ein Abschied für immer. Ab jetzt gab es nur noch papierenen Geldersatz unter der Fuchtel der Staaten und der von ihnen kontrollierten Notenbanken. Und ab jetzt gab es für die Kaufkraft der Währungen nur noch einen Weg, nämlich abwärts.

Dieses tragische Ende des echten (Gold-)Geldes hat *Martin van Creveld* trefflich kommentiert: "Nun, da den Staaten endlich die beabsichtigte Eroberung des Geldes gelungen war, besaßen sie dank der absoluten Herrschaft über die Wirtschaft die Möglichkeit, sich gegenseitig in bis dahin und seither beispiellosem Ausmaß... zu bekämpfen. Zentrale Planung und zentrale Kontrolle in mehr oder weniger großem Umfang ermöglichten es, daß Hunderttausende von Panzern und Flugzeugen von den Fließbändern direkt in die Schlacht rollten" (S.271f.).

Das Zeitalter der Kriege in Europa ist nun zwar (hoffentlich dauerhaft) vorbei, aber nun rollen die Milliardensummen eben an die Wohlfahrtsfront und in die Schützengräben der nationalen und supranationalen Bürokratien.

Der Goldraub

Ein Blick in die Geschichte des US-Dollars bestätigt, daß die Einführung des ungedeckten Papiergeldes auch in Amerika ein räuberischer Staatsakt gewesen ist: Im Jahr 1933 ließ Präsident *Roosevelt* allen privaten Goldbesitz für illegal erklären und verfügte (unter Androhung schwerer Strafen) die Zwangsablieferung der in Privatbesitz gehaltenen Goldbestände. Das allein schon war ein krimineller Akt. Doch als *Roosevelt* danach auch noch die Einlösegarantie des Dollars gegen Gold aufhob, war das der größte Diebstahl der Weltgeschichte. Zwar wurde der Dollar später wieder in Relation zum Gold definiert (wenngleich mit einer wesentlich geringeren Unzenmenge als vorher), aber die Einlösepflicht galt nur noch gegenüber ausländischen Zentralbanken, nicht mehr für amerikanische Bürger.

Wieso war das Diebstahl, wo doch für das abgelieferte Privatgold eine "Kompensation" in Papierdollars bezahlt wurde? Nun, bis zum Jahr 1933 haben sich die Amerikaner in der Gewißheit gewähnt, daß der Goldschatz des US-Schatzamts ihnen, den US-Bürgern gehört, und zwar genau in dem Verhältnis, wie jeder einzelne Amerikaner über Goldhinterlegungsscheine -genannt *Dollar* - verfügt hat. Mit dem Befehl zur Nicht-Einlösung hat *Roosevelt* allen amerikanischen Bürgern ihren anteiligen Goldschatz geraubt. Wenn jemand etwas in einem Lagerhaus einlagert und dafür einen Beleg bekommt, der ihm garantiert, daß er sein Eigentum jederzeit wieder abholen kann - und wenn man dieser Person dann sagt: "Pech gehabt, Du bekommst Deine Ware nicht mehr, aber statt dessen kannst Du ja mit Deiner Einlagerungsquittung einkaufen gehen", dann ist das nur der Form nach verschieden von Raub und Diebstahl, nicht aber der Sache nach. Deshalb steht fest: Die Goldreserven der Staaten und Zentralbanken (nicht nur des amerikanischen Schatzamts, sondern auch die der deutschen Bundesbank, soweit sie noch aus Reichsbankbeständen stammen) sind Diebesgut.

Als später (1971) Präsident *Nixon* das sogenannte *Goldfenster* ganz schloß, das heißt, auch die Einlösegarantie von Dollar gegen Gold gegenüber den Zentralbanken der Welt abschaffte, war der Dollar nur noch ein reines *fiat money*. Es ist keinesfalls verwunderlich, daß er in den darauffolgenden drei Jahrzehnten 80% seiner Kaufkraft verlor, einer Kaufkraft, die während der Zeit der Goldwährung und des Goldstandards in den USA zweihundert Jahre lang annähernd konstant geblieben war.

Ebensowenig sollte es verwundern, daß seither eine Währungskrise der anderen folgte, und zwar im Weltmaßstab. In Europa (und immer auch im Zusammenhang mit dem Dollar) hielt die sogenannte *Währungsschlange* von 1972 nur bis 1979. Dann folgte das sog. *Europäische Währungssystem*, das nach schweren Krisen 1992 zusammenbrach. Es folgten die Währungskrisen in Mexiko und in Asien – und zwar jeweils in Ländern, deren Währungen an den Dollar gebunden waren. Im Jahr 1999 schließlich suchte man in Europa die Rettung im *Euro*, aber auch dieser Klimmzug des *fiat money* wird eines nicht allzu fernen Tages kläglich scheitern.

Ausbruch aus dem Zirkel

Doch zurück zum *Wesen* des Geldes: Wir haben zwar festgestellt, daß das Geld (Gold) – bevor es Geld (Mittel des indirekten Tauschs) werden konnte, eine Handelsware wie alle anderen sein mußte und spontan im Markt entstanden ist, aber es bleibt eine Ungereimtheit im Raum stehen, jedenfalls auf den ersten Blick. Weil wir uns inzwischen weit von jener Zeit entfernt haben, als Gold eine Ware - und Geld gleich Gold war, muß man sich fragen: Wieso hat auch das heutige reine Papiergeld, das *fiat money*, noch eine bestimmte Kaufkraft (wenn auch eine ständig sinkende)? Wir haben doch vermittels des Beispiels vom königlichen "Warenbezugsschein"-Geld erkannt, daß es eigentlich kein funktionierendes Papiergeld geben kann, das kein echtes Ersatzgeld - also kein mit Gold unterlegtes Geld darstellt. Wieso kann das *fiat money* trotzdem seine Geldersatzfunktion erfüllen und einen bestimmten "Wert" (eine bestimmte Kaufkraft) haben?

Die scharfsinnige Erklärung *Carl Mengers* hat nämlich einen logischen Haken. Der "Wert" des Geldes (seine Kaufkraft) wird von Angebot und Nachfrage bestimmt. Daß es überhaupt (in seiner Funktion als Geld) nachgefragt wird, setzt aber voraus, daß es bereits eine Kaufkraft *hat*. Wir geraten also in einen Zirkelschluß: Der Wert (die Kaufkraft) des Geldes wird vom Geldangebot und von der Nachfrage nach Geld bestimmt; zugleich wird aber die Nachfrage nach Geld von seinem bereits vorhandenen Wert, seiner bereits vorhandenen Kaufkraft bestimmt. Der Zirkelschluß lautet also: Die Nachfrage nach Geld entsteht, weil das Geld Kaufkraft hat, und Kaufkraft hat es, weil es nachgefragt wird. Eine intellektuell höchst unbefriedigende Situation.

Die Auflösung dieses Zirkels hat - wie die Lösung so vieler anderer kniffliger Probleme der Nationalökonomie - der genialische Ökonom *Ludwig von Mises*, ein Nachfolger *Mengers* gefunden. Es gibt eine ganze Reihe namhafter Gesellschaftswissenschaftler, die *Mises* für den bedeutendsten Ökonomen halten, der jemals gelebt hat. Dieser Meinung schließe ich mich an und halte nicht nur seine Werke über den Sozialismus und den Kapitalismus für die besten unter den Millionen von Schriften zu dieser Thematik, sondern auch seine Publikation von 1912 (erweitert 1924) zur Geldtheorie für die nach wie vor brillanteste einschlägige Analyse unseres Fachs (s. Mises 1912/1924).

Da es sich bei der Geldtheorie um eine der schwierigsten Segmente der Nationalökonomie handelt, soll die Auflösung des genannten Zirkelschlusses nachfolgend zweigeteilt werden: 1) in einen relativ leicht verständlichen Text, der vom Ökonomen *Frank Shostak* inspiriert ist (s. Shostak 2004), und 2) in einen tiefer in die Geldtheorie und deren Ideengeschichte eindringenden Text (den "kleingeschriebenen", der gemäß Leseanleitung vom eiligen Leser übersprungen werden darf), der sich eng an eine Ausarbeitung von *Murray N. Rothbard*, einen berühmten *Mises*-Schüler, anlehnt (s. Rothbard 1988 / 1999).

Den besagten Zirkelschluß (Geld wird akzeptiert, weil es einen Wert hat, und einen Wert hat es, weil es akzeptiert wird) hat *Ludwig von Mises* wie folgt aufgelöst: Die Nachfrage nach einem Gut entsteht aus dem erwarteten Nutzen des Gutes. Brot wird erworben wegen seines Nutzens, es unmittelbar verzehren zu können und damit den Hunger zu stillen oder ein Gelüst zu befriedigen. Geld hingegen wird nicht zum Zweck des direkten Konsums nachgefragt, weder um es zu verzehren noch um damit die Wände zu tapezieren oder Feuer zu machen, sondern um es gegen andere Güter tauschen zu können. Geld wird also wegen seines "Preises" (seiner Kaufkraft) nachgefragt.

Wenn etwas als Geld akzeptiert werden soll, muß es also eine bereits vorhandene Kaufkraft oder einen bereits existierenden Preis haben. Wie aber kommt es beim Geld zu diesem Preis? Und zwar auch bei dem "Geld", das eigentlich gar keines ist, sondern nur von der Regierung zum Geld erklärt wird (*fiat money*)? Wir wissen, daß Angebot und Nachfrage den Preis eines Gutes zustande bringen. Beim Geld taucht da ein Problem auf, denn die Nachfrage nach Geld entsteht, weil das Geld schon einen Preis (Kaufkraft) *hat*. Geld hat also einen Preis, der nicht erst durch die aktuelle Geldnachfrage entsteht (obwohl diese Nachfrage notwendig zur Preisbildung ist). Wenn aber die Nachfrage nach Geld von seinem bereits existierenden Preis abhängt: wie kann dieser Preis dann durch die Nachfrage bestimmt sein? Wir scheinen wiederum in einem Zirkelschluß gelandet zu sein: Die Kaufkraft des Geldes wird durch die Nachfrage nach dem Geld erklärt, während diese Nachfrage durch seine Kaufkraft erklärt wird.

Ludwig von Mises begann seine Analyse mit der Feststellung, daß die heutige Nachfrage nach Geld bestimmt wird von seiner gestrigen Kaufkraft; und die gestrige Nachfrage nach Geld war bestimmt durch seine vorgestrige Kaufkraft. Und so weiter und weiter. Wenn wir auf diesem Weg durch die Zeit immer weiter zurück in die Vergangenheit schreiten, gelangen wir schließlich an einen Zeitpunkt, in welchem Geld eine normale Ware – also noch nicht Geld – gewesen ist. Der Preis dieser Ware hat sich damals so gebildet wie bei allen anderen Waren auch, nämlich durch Angebot und Nachfrage. Diese spezifische Ware hatte einen in anderen Warenquantitäten definierbaren Tauschwert, also Kaufkraft. Und diese Kaufkraft ermöglicht es uns, zu erklären, warum es irgendwann eine Nachfrage nach dieser Ware *in ihrer Funktion als Geld* gegeben hat. (Natürlich haben die bereits genannten Eigenschaften dieser Ware, wie gute Marktgängigkeit etc. dabei eine wichtige Rolle gespielt, aber all diese Eigenschaften haben zu ihrer Wertbildung beigetragen – also ihre Kaufkraft gestützt.) Es sollte jedenfalls klar geworden sein: Ohne die gestrige Information über den Preis des Geldes kann es seine heutige Kaufkraft nicht geben.

Bei der Begründung der Nachfrage nach anderen Gütern und Diensten bedarf es eines solchen historischen Rückgriffs nicht. Die Nachfrage nach den anderen Gütern entsteht aus dem wahrnehmbaren Nutzen, den ihr Konsum (oder ihre Investition zum Zweck des späteren Konsums) gewährt. Der Nutzen des Geldes besteht darin, daß es gegen diese Güter getauscht werden kann, obwohl es keinen anderen wahrnehmbaren (Konsum-) Nutzen hat. Daraus folgt, daß die Kaufkraft des Geldes in der Vergangenheit eine erkennbare Größe gewesen sein muß (die bis heute "nachhallt"), damit die heutige Nachfrage danach überhaupt entstehen kann. Dieses *Mises'sche Regressions-Theorem* zeigt, daß die Entstehung des Geldes unmöglich das Ergebnis eines Regierungsbefehls oder einer gesellschaftlichen Vereinbarung gewesen sein kann. Geld muß als gehandelte und handelbare Ware entstanden sein.

Wie paßt das alles zum Papiergeld (zum *fiat money*)? Ursprünglich wurden Papiergeldscheine nicht als Geld betrachtet, sondern als ein Beleg für Gold, als Goldzertifikate und als Goldersatz. Die Inhaber dieser Zertifikate konnten sie jederzeit bei Bedarf oder auf Wunsch in Gold einlösen. Und weil die Leute es als Erleichterung empfanden, die Papierzertifikate anstelle der Gold- und Silbermünzen zum Tausch gegen Güter und Dienste zu benutzen, (weniger Gewicht, bessere Teilbarkeit, weniger Prüfungsaufwand auf Echtheit etc.), wurden die Scheine als Geld (genauer: *wie* Geld) akzeptiert. Sie hatten Kaufkraft, weil sie als Goldbelege galten, weil sie eine bestimmte Menge Goldes repräsentierten. Wenn aber die Kaufkraft eines Zertifikats einmal existiert, kann es auch ohne hinterlegtes Gold als Ersatzgeld funktionieren, weil seine Kaufkraft allgemein bekannt ist.

Aber sobald diese Papierzertifikate als Tauschmittel akzeptiert worden sind, eröffnen sich Betrugsmöglichkeiten ungeahnten Ausmaßes. Für Banken ergab sich nun ein Anreiz, Zertifikate auszugeben, die nicht durch Gold gedeckt waren. In einer freien Marktwirtschaft würde sich allerdings bald ergeben, daß solche nicht gedeckten Zertifikate an Kaufkraft einbüßen. Um Verluste zu vermeiden, würden die Inhaber der Zertifikate bald zur Bank eilen, um sie wieder in Gold tauschen zu lassen. Wenn das aber viele Leute oder sogar alle Leute gleichzeitig machen, bricht die Bank zusammen, weil dort ja nur Gold für einen Teil der Zertifikate lagert. In einer freien Marktwirtschaft würde also die Konkursgefahr den Banken Beschränkungen hinsichtlich der Ausgabe nicht gedeckter Zertifikate (Banknoten) auferlegen.

Der Staat kann diesen disziplinierenden Aspekt aushebeln. Er kann ein Gesetz erlassen, mit welchem die Banken von ihrer Goldeinlösepflicht für zuviel ausgegebene Zertifikate befreit werden. Ist das einmal geschehen, eröffnen sich den Banken gewaltige Gewinnchancen durch exzessive Expansion des Angebots an ungedeckten Papiergeldscheinen. Und weil das alle Banken machen würden, könnte diese Expansion zu einer galoppierenden Inflation der Güter- und Dienstleistungspreise führen, denn mit der Vermehrung des Geldes durch die Banken sind ja nicht zugleich mehr Güter in der Welt, sondern das zusätzliche Geld stürzt sich auf die vorhandene Gütermenge und treibt deren Preise nach oben. Ohne eine Bremse bei der Geldvermehrung würde die Volkswirtschaft in einer siedenden Inflation zusammenbrechen.

Um das zu verhindern, muß das Geldangebot reguliert werden. Der Hauptzweck der Regulierung besteht darin, die Banken daran zu hindern, sich im Wettbewerb gegenseitig durch übermäßige Zertifikatausgabe in den Konkurs zu treiben. Dieses Hindernis kann in Form einer Monopolbank – also einer Zentralbank – errichtet werden, welche die Geldexpansion insgesamt reguliert. Um ihre Autorität zu sichern, führt die Zentralbank eigene Papierzertifikate ein, verbietet alle anderen Zertifikate der verschiedenen Geschäftsbanken und tauscht diese gegen ihre eigenen. Weil die früheren Zertifikate der verschiedenen Geschäftsbanken durch Gold gedeckt waren (jedenfalls ein Teil davon) – und weil die neuen Zentralbanknoten durch die eingezogenen Zertifikate der Geschäftsbanken "gedeckt" sind, besitzen auch die neuen Zentralbanknoten eine bestimmte Kaufkraft. Sie haben einen Wert, weil sie gewissermaßen an die Verbindung zum Gold "erinnern", welche die früheren Bankzertifikate vorzuweisen hatten. Nur die historische Verbindung zum Gold gewährt also den Papierscheinen der Zentralbank ihre Kaufkrafteigenschaft. Anders gesagt: Ein *fiat money*, wie wir es heute haben, könnte auf freien Märkten niemals entstehen. Was der Markt geschaffen hat, nämlich Gold als Geld - und danach goldgedecktes Ersatzgeld, mußte vom Staat erst zerstört werden, bevor er uns ein Papiergeld andrehen konnte, dessen zweifelhafter "Wert" von den Regulierungspraktiken seiner Zentralbanken abhängt.

Geld ist und bleibt also nur das, was der freie Markt als Geld geschaffen hat, nämlich Gold (und zum Teil Silber). Alles andere ist das Ergebnis von Taschenspielertricks mit der Gutgläubigkeit der Menschen. Die Lösung des Geldrätsels durch *Ludwig von Mises* war zugleich die Enthüllung des betrügerischen Wesens des *fiat money*. Wenn jemand einwendet, das *fiat money* erfülle doch sämtliche Funktionen des Geldes und sei deshalb auch Geld, so ist ihm entgegenzuhalten: Die Funktion als *Wertaufbewahrungsmittel* hat das *fiat money* nirgendwo auf dem Globus und zu keiner Zeit seiner Geschichte auch nur halbwegs zufriedenstellend erfüllt. Immer und überall wurde es sukzessive entwertet. Und somit konnte es auch seiner Funktion als Rechen- und Planungseinheit - zumindest für längerfristige Planungen und Verträge - nur unzulänglich gerecht werden. Auch eine Zahnprothese (ein künstliches Gebiß) erfüllt alle Funktionen eines natürlichen Gebisses: Kauen, beißen, Hilfe bei der sprachlichen Laut- und Wortbildung, Gesichtsoptik etc; und dennoch kann man nicht von *Zähnen* reden, sondern nur von *Zahnersatz*.

Wir können nun einen Definitionsversuch zum Wesen des Geldes wagen: Geld muß eine allgemein hochgeschätzte Ware gewesen sein, bevor es Geldfunktion annehmen konnte, und sein Wert als Zahlungsmittel steht in Verbindung mit dem Informationssignal seines ursprünglichen Warenwertes. Kürzer: Das Wesen des Geldes liegt in seiner dauerhaften Erinnerungspotenz an den Tauschwert des Goldes. Anders gesagt: Geld kann nur ein Material sein, das im Gedächtnis der Menschen eine Art Ewigkeitswert besitzt. Deshalb gilt: Nur Gold ist Geld; alles andere "Geld" ist entweder Geld-Ersatz (Gold-Ersatz) oder ein Betrugsmedium.

Tausendkünstler

Altmeister *Goethe*, obwohl kein Ökonom, hat den Lug- und Trugcharakter des ungedeckten (oder nur scheinbar gedeckten) Papiergeldes schon früh erkannt und im ersten Akt seines *Faust* (Teil II) manifestiert:

Der KANZLER (einen Papierzettel schwenkend und davon ablesend):

> "Zu wissen sei es jedem, ders begehrt:
> Der Zettel hier ist tausend Kronen wert.
> Ihm liegt gesichert, als gewisses Pfand,
> Unzahl vergrabnen Guts im Kaiserland."

Der KAISER:

Ich ahne Frevel, ungeheuren Trug!
Wer fälschte hier des Kaisers Namenszug?

Der SCHATZMEISTER:

Erinnre dich, hast selbst es unterschrieben!
Erst heute nacht. Du standst als großer Pan,
Der Kanzler sprach mit uns zu dir heran:
Gewähre dir das hohe Festvergnügen,
Des Volkes Heil, mit wenig Federzügen!
Du zogst sie rein, dann wards in dieser Nacht
Durch Tausendkünstler schnell vertausendfacht.
Damit die Wohltat allen gleich gedeihe,
So stempelten wir gleich die ganze Reihe:
Zehn, Dreißig, Funfzig, Hundert sind parat.
Ihr denkt euch nicht, wie wohls dem Volke tat.
Seht eure Stadt, sonst halb im Tod verschimmelt,
Wie alles lebt und lustgenießend wimmelt!
Obschon dein Name längst die Welt beglückt,
Man hat ihn nie so freundlich angeblickt.
Das Alphabet ist nun erst überzählig,
In diesem Zeichen wird nun jeder selig.

Der KAISER:

Und meinen Leuten gilts für gutes Gold?
Dem Heer, dem Hofe genügts zu vollem Sold?
So sehr michs wundert, muß ichs gelten lassen.

Kleine Theoriegeschichte*

* [Dieses theorielastige Kapitel kann ohne Schaden übersprungen werden]

Zur theoriegeschichtlichen Einordnung der *Mises'*schen Geldtheorie und seines *Regressions-Theorems*, sowie seiner Konjunkturtheorie: (s. Murray N. Rothbard: "Ludwig von Mises: The Dean of the Austrian School" (1988), reprint in: Randall G. Holcombe (ed.): ›*15 Great Austrian Economists*‹, The Mises Institute, Auburn, Alabama 1999, pp. 143-165, bes. Kapitel "The Theory of Money and Credit", S. 146-155, dem die nachfolgenden Hinweise hauptsächlich entstammen).

Auch die besten monetären Analysen der nachklassischen Zeit, wie die von *David Ricardo*, der *Currency School* und *Irving Fisher*, basierten auf Makrogrößen wie dem "Preisniveau" oder der "Umlaufsgeschwindigkeit". *Ludwig von Mises* gelang es mit seinem Werk ›*Theorie des Geldes und der Umlaufsmittel*‹ von 1912, die Trennung zwischen Mikro- und Makroanalyse (die mit *Ricardo* begonnen hatte) zu überwinden. Er konnte den Faktor *Geld* vollständig in die Analyse der individuellen Handlungen und Entscheidungen (in Marktwirtschaften) integrieren. Damit zeigte er die Fehlerhaftigkeiten der herrschenden mechanistischen Quantitätstheorie auf. Ein Anstieg der Geldmenge führt eben *nicht* automatisch zu einem entsprechenden Anstieg des (fiktiven, weil rein statistischen) "Preisniveaus" – ohne also die *relativen* Grenznutzenverhältnisse und die *relativen* Preise der Güter untereinander zu verändern. Statt dessen führt ein (von außerhalb der marktlichen Tauschakte kommender) Geldmengenanstieg – also eine von den Banken oder der Zentralbank induzierte Geldmengenvermehrung – zu einer Kaufkraftminderung der Geldeinheit, und zwar vermittels einer unvermeidlichen Veränderung der relativen Einkommen und Preise. Die Mikro- und die Makrosphäre sind untrennbar ineinander verwoben. Mit seiner Analyse konnte *Mises* die Geldtheorie in die Wert- und Preistheorie der *Österreichischen Schule* integrieren und sie von einer unrealistischen und mechanistischen Aggregats-Beziehung in eine Theorie verwandeln, die mit der Theorie der individuellen Entscheidungen konsistent war.

Mises konnte mit seiner Analyse auch die geldtheoretischen Einsichten *Ricardos* und der *Currency School* wiederbeleben: Obwohl Geld der Wertbildung von Angebot und Nachfrage wie jedes andere Gut unterliegt, unterscheidet es sich doch von allen anderen Gütern in einem wichtigen Aspekt: Während (ceteris paribus) ein vermehrtes Angebot an Konsumgütern den allgemeinen Lebensstandard erhöht, ist das beim Geld ganz anders. Geld hat letztlich nur *eine* Funktion, nämlich jetzt oder in Zukunft in Konsum- und Investitionsgüter getauscht zu werden. Geld wird nicht "konsumiert" wie Konsumgüter, und es wird auch nicht wie Kapitalgüter bei der Produktion verwendet. Eine Vermehrung der Geldmenge verringert nur den Tauschwert (die Kaufkraft) der vorhandenen Geldeinheiten; sie erhöht nicht den allgemeinen Wohlstand.

Der Grund, weshalb Regierungen und das Bankensystem das Geldangebot inflationieren, liegt genau in dem Umstand verborgen, daß ein Geldmengenzuwachs *nicht* allen Leuten gleichermaßen zugute kommt. Den Knackpunkt zur Auslösung der Geldmengensteigerung bilden die Interessen des Staates und seiner Zentralbank. Der “Erstempfänger“ des neuen Geldes ist meistens der Staat selber, sowie der bürokratische Apparat und die Vertragspartner der staatlichen Behörden. Die Erstempfänger oder Frühempfänger des neuen Geldes profitieren davon zu Lasten derjenigen, bei denen das neue Geld erst später ankommt, sowie zu Lasten der Bezieher fixer Einkommen, bei denen das neue Geld überhaupt nicht ankommt. Die Erst- oder Frühempfänger des neuen Geldes finden noch nicht-inflationierte Preise vor und können sich mit Gütern eindecken. Genau diese zusätzliche Nachfrage mit dem neuen Geld aber treibt die Preise allmählich nach oben, und wenn das zusätzlich geschaffene Geld dann bei den Spätempfängern ankommt – z.B. bei den Angestellten der Händler, bei denen die Erstempfänger eingekauft haben (also in den Löhnen und Gehältern), sind die Preise (wegen der neuen Zusatznachfrage nach einer noch nicht vermehrten Gütermenge) bereits gestiegen. Inflation ist im tiefsten Grund eine verborgene Form der Besteuerung oder Umverteilung von Reichtum – hin zum Staat und seinen Günstlingsgruppen, und weg von der übrigen Bevölkerung. Mises hat betont, daß es überhaupt keinen sinnvollen Grund gibt, die Geldmenge von außen (von außerhalb des Marktes) zu vermehren; *jede vorhandene* Geldmenge ist “optimal“, und jede vom Staat angestoßene Geldmengenerhöhung kann nur Schaden anrichten.

Mises ist es auch gelungen, aus dem Zirkelschluß der Geldtheorie seines Lehrers *Carl Menger* auszubrechen. *Menger* hatte die Grundlage zum Wesensverständnis des Geldes gelegt, indem er den historischlogischen Beweis erbringen konnte, daß das Geld dem Realtausch entstammt – und somit dem

Markt. Das genügte jedoch nicht, um den Zirkelschluß zu überwinden, der damit in Zusammenhang stand. Der Wert des Geldes (seine Kaufkraft) an einem bestimmten Tag T ergab sich nach Mengers Theorie aus dem Geldangebot und der Geldnachfrage an diesem Tag T, wobei die Nachfrage wiederum bestimmt war durch (die den Nachfragern bereits bekannte) Kaufkraft des Geldes. Das ist ein Zirkelschluß, weil damit gesagt wird: Die Kaufkraft des Geldes ist bestimmt durch die Kaufkraft des Geldes. *Mises* brach aus dem Zirkel aus, indem er die Zeitdimension des Problems begriff. Er sah, daß sich der Wert des Geldes aus Angebot und Nachfrage des Tages T ergibt, wobei die Nachfrage bestimmt wird durch den Wert (Kaufkraft) des Geldes am Vortag, also am Tag *T minus 1*. Am Tag *T minus 1* wiederum war die Nachfrage bestimmt durch die Kaufkraft des Geldes am Tag *T minus 2*. Und so weiter und so fort. Aber: Dieser zeitliche Rückwärtspfad ist nicht ohne Ende, sonst würde es sich ja wiederum um einen Zirkelschluß handeln. *Mises* erkannte, daß dieser Rückgriff (der unter dem Namen *Regressions-Theorem* in die Theoriegeschichte eingegangen ist) an dem Tag endet, an dem Geld (Gold) noch keine Geldfunktion hatte, aber bereits ein begehrtes Gut auf Realtauschmärkten gewesen ist.

Indem *Mises* den Faktor *Geld* in die ökonomische Theorie (in die Mikrotheorie der individuellen Handlungen und Entscheidungen) integriert hat, wurde auch der Zusammenhang zwischen dem Bankwesen und der Inflation deutlich. Er zeigte, daß die Ricardianische *Currency School*-Tradition recht hatte, indem sie das inflationistische *fractional reserve*-Bankwesen

(Bruchteilsreservehaltung für Bankverbindlichkeiten) abschaffen wollte. *Mises* unterschied zwei legitime Bankfunktionen: 1) das Hinlenken von Ersparnissen in produktive Verwendungen auf dem Kreditweg, und 2) das Aufbewahren von Ersparnissen der Bevölkerung. Beide Funktionen haben keine inflationäre Wirkung. Problematisch wird es, sobald die Banken betrügerische Hinterlegungsscheine ausgeben – also Banknoten oder Sichtguthaben, die nicht oder nur teilweise durch Bargeld in den Banktresoren gedeckt sind. Diese Art der Vermehrung des Geldangebots ist inflationär. *Mises* bestätigte die Forderung der *Currency School* nach einer 100%-Reservehaltung in Bargeld für alle Bankverpflichtungen. Er zeigte aber auch, daß der sog. *Peel's Act* von 1844 in England, der auf den Prinzipien der *Currency School* basierte, die Urheber dieser Schule in Mißkredit gebracht hat, weil man nicht erkannt hatte, daß auch Sichtguthaben Geldersatz sind und deshalb zum Geldangebot gezählt werden müssen; im *Peel's Act* war nur vorgeschrieben, daß die ausgegebenen Banknoten zu 100% mit Bargeld unterlegt sein mußten. Als es danach trotzdem zu Inflationserscheinungen kam, wurden die Lehren der *Currency School* in Frage gestellt.

Mises suchte die Rettung jedoch nicht beim Staat, sondern befürwortete ein völlig freies Bankwesen. Er argumentierte, daß die einzelnen auf sich allein gestellten Banken nur einen geringen Spielraum zur Kreditexpansion hatten (jedenfalls solange die gültige Währung aus echtem Geld bestand – also aus Gold und Silber), und daß es der Staat mit seiner Zentralbank war, der das Bankensystem in die Lage versetzte, Inflation zu erzeugen. Die zentralisierten Reserven und die "Rettungsfunktion“ (*lender of last resort*) der Zentralbanken bei drohenden Bankpleiten waren die Grundlage dafür, daß das Bankensystem insgesamt das Geldangebot inflationieren konnte.

Doch damit nicht genug. Auf der Grundlage seiner Geld- und Banken-Theorie entwickelte *Mises* seine berühmte Theorie des Konjunkturzyklus, die einzige derartige Theorie, die sich in das allgemeine (mikroökonomische) Theoriegebäude der Nationalökonomie integrieren ließ. Diesen Teil seiner Lehre entwickelte er in der zweiten Ausgabe der ›*Theorie des Geldes und der Umlaufsmittel*‹ von 1924 weiter. Er zeigte, wie die Geld- und Kreditexpansion der zentralbankgestützten Banken zu einem künstlichen Boom mit steigenden Einkommen und Preisen führt, der früher oder später – durch Goldabfluß aus dem Land (d.h. durch Zahlungsbilanzdefizit) – in einer Kontraktion und im Kollaps der Banken und der Kredite enden muß.

Mises' Modell war zwar noch rudimentär, aber er hatte damit die Grundlage für eine *monetäre Theorie des Konjunkturzyklus* gelegt. Freilich hat *Mises* diesen Theoriekomplex nicht aus dem Nichts gezaubert. Er konnte sich dazu einiger Bausteine bedienen, die bereits vorhanden waren. Und zwar das Zyklen-Modell der *Currency-Schule*, die Unterscheidung des schwedischen Ökonomen *Knut Wicksell* zwischen “natürlichem Zins“ und Bankzinsrate, und die *Böhm-Bawerk'*sche Kapital- und Zinstheorie. Indem er diese – zuvor isoliert stehenden – Theorien miteinander verband, konnte er zeigen, wie der inflationistische Bankkredit Geld in die Wirtschaft pumpt und wie die damit unter das Zeitpräferenz-Niveau des freien Marktes sinkenden Zinssätze unvermeidlich zu Fehlinvestitionen in der Investitionsgüterindustrie führen. Je länger der vom inflationären Bankkredit erzeugte Boom dauert, desto größer wird der Umfang der Fehlinvestitionen – und umso schlimmer deren anschließende Liquidation. In dem Moment, wenn die Kreditexpansion stoppt oder sich gar umkehrt, werden die Fehlinvestitionen sichtbar und können nicht mehr aufrechterhalten werden.

Mises wies nach, daß es sich bei diesen Rezessionen keineswegs um unerklärliche Verirrungen der wirtschaftlichen Kräfte handelt, welche man bekämpfen müsse, sondern um notwendige Bereinigungsprozesse, mit welchen die Marktkräfte die ungesunden Investitionen der Boom-Zeit beseitigen und die Kapazitäten zum richtigen Verhältnis zwischen Konsum- und Investitionsgüterproduktion zurücklenken. ("richtig" heißt in diesem Zusammenhang: Jenes Verhältnis von Konsum- zu Investitionsgütern, bei dem die Konsumentenbedürfnisse am effizientesten befriedigt werden.)

Im Gegensatz zu den Interventionisten und Etatisten, die glauben, die Politik müsse eingreifen, um die angeblich vom Kapitalismus verursachte Rezession zu bekämpfen, hat *Mises* das Umgekehrte bewiesen, nämlich daß die Politik ihre Hände aus dem Rezessionsprozeß heraushalten soll, damit die Marktkräfte die Verzerrungen beseitigen können, die vom *politisch erzeugten* inflationären Boom verursacht worden sind.

Mises' ›*Theorie des Geldes und der Umlaufsmittel*‹ wurde erst 1934 ins Englische übersetzt. Daß sie in der angelsächsischen Ökonomie der damaligen Zeit weitgehend ignoriert wurde, lag hauptsächlich an der vorangegangenen Besprechung der *deutschsprachigen* Ausgabe durch *Lord Keynes* im Jahr 1914 – und zwar in der damals führenden wissenschaftlichen Ökonomie-Zeitschrift Großbritanniens, dem *Economic Journal*. Keynes' abschließendes Urteil lautete, das Buch sei weder "konstruktiv" noch "originell". Und das, obwohl *Keynes* 16 Jahre später (in seiner Schrift ›*A Treatise on Money*‹) bekannte, daß er in Deutsch nur das verstehen könne, was er bereits wisse, und daß ihm neue Ideen aufgrund der Sprachschwierigkeiten verschlossen blieben. *Murray N. Rothbard* hat deshalb Recht, wenn er schreibt: "Die atemberaubende Arroganz und die schiere Galle, ein Buch aus einer Sprache zu besprechen, in welcher er neue Ideen nicht verstehen konnte, und dann das Buch zu diffamieren, es enthalte nichts Neues, ist nur allzu charakteristisch für Keynes" (S.155).

Für den theoriegeschichtlich interessierten Leser sei noch angemerkt, daß *Mises* möglicherweise auch das Werk des scholastischen Naturphilosophen und Bischofs *Oresmius* (*Nikolaus Oresme*) ›*Tractatus de origine, natura, iure et mutationibus monetarum*‹ aus dem 14. Jahrhundert gekannt hat, sowie das Werk des italienischen Ökonomen *Ferdinando Galiani* ›*Della moneta*‹ aus dem Jahr 1750. Oresmius hatte bereits erstaunliche Erkenntnisse gewonnen, so bspw. daß die Inflation ein Werk der Regierenden ist, daß die Regierenden und ihre Entourage von der Inflation begünstigt werden, während die Bürger verlieren, und daß man die Herrscher vom Geld fernhalten muß, um den Weg in die Tyrannei zu vermeiden (s. dazu: *Hülsmann* 2004).

Der im Erscheinungsjahr seines Buches ›*Della moneta*‹ erst 23-jährige *Galiani* hat – 27 Jahre vor der ›*Wealth of Nations*‹ des *Adam Smith* – überaus luzide Ausführungen zu ökonomietheoretischen Fragen gemacht, die teilweise erst 100 bis 150 Jahre später als "neue Erkenntnisse" anderer Ökonomen in wissenschaftlichen Schriften auftauchten. Das gilt auch für seine Einsichten ins *Wesen* des Geldes. *Galiani* schrieb, daß Geld einen *realen Wert* haben müsse, der *zugleich allgemein und einheitlich anerkannt* sein müsse (Buch II, S.75). Es sei nämlich sicherer, über Güter zu verfügen, die wertvoll seien, weil sie für den Menschen notwendig und nützlich seien, als über ein Gut, dessen Wert vom öffentlichen Wohlwollen und Vertrauen abhänge (Buch II, S.76). *Galiani* hatte dabei wohl das gescheiterte Experiment des *John Law* vor Augen, der zwischen 1715 und 1720 in Frankreich gewaltsam Geld durchsetzte, das keinen inneren oder realen Wert hatte. Münzen aus wertvollen Metallen nannte *Galiani* "natürliches Münzgeld", weil sie auch als Ware (nicht nur als Geld) in einem Austauschverhältnis zu anderen Gütern stehen. Alle anderen Geldarten bezeichnete er als "imaginäres Geld" (s. Galiani 1750 / 1986).

Weitere verblüffende Einsichten Galianis: (Die nachfolgenden Seitenangaben beziehen sich auf die hervorragende deutsche Übersetzung von *Werner Tabarelli* (s. Tabarelli 1999):

> "Gold und Silber sind wegen ihrer Eigenschaften das naturgegebene Geld" (S.154).
>
> "Der Geldwert [wird] weder durch Gesetz noch durch Gewohnheit bestimmt und aufrechterhalten" (S.237).

"Die Geldmenge darf nicht mit Reichtum verwechselt werden" (S.321).

"Die Geldzeichen, die das eigentliche Edelmetallgeld vertreten, sind nichts anderes als die Beurkundung einer Schuld" (S.361).

Betrügerisches Kreditsystem

"Ich bin der ernsthaften Ansicht, daß Banken mit dem Recht, Geld herauszugeben, gefährlicher für die persönliche Freiheit sind als stehende Armeen."
(*Thomas Jefferson*, 3. Präsident der Vereinigten Staaten)

Das *fiat money* ist nicht das einzige betrügerische Element in den heutigen Finanz- und Währungssystemen. Es kommt etwas hinzu, was zwar nicht in unmittelbarer Verbindung mit dem Scheingeld steht, aber in mittelbarer. Und zwar das, was die Ökonomen *fractional reserve banking* nennen, zu Deutsch: Bruchteilsreserve-Bankwesen – oder besser bekannt als die Bank- und Zentralbanktechnik der Mindestreserve-Vorschriften. Was hat es damit auf sich?

Angenommen, ich bringe heute 10.000 Euro Bargeld zur Bank und zahle es auf mein Konto ein. Ich sage bei der Einzahlung nicht: "Sie können meine 10.000 Euro drei Jahre lang an irgend jemanden gegen Zinszahlung als Darlehen ausleihen", sondern ich zahle nur ein. Basta. Selbstverständlich gehe ich davon aus, daß ich das Geld morgen wieder abheben kann, wenn ich es bar benötigen sollte. In normalen Zeiten steht dem nichts entgegen. Aber mit meinen 10.000 Euro geschieht merkwürdiges. Bei einem geltenden Mindestreservesatz von bspw. 10% ist die Bank nämlich berechtigt, 90% meiner Einlage an Dritte auszuleihen, ohne mich um Erlaubnis zu fragen. Das ist aber noch lange nicht das Ende einer seltsamen Geld-(Kredit-)Vermehrung. Im schlimmsten Fall kann meine Bareinlage von 10.000 Euro zum Aufbau eines Kreditvolumens (*im gesamten Bankensystem*) von 90.000 Euro – also vom Neunfachen des ursprünglich eingezahlten Betrages führen.

Das kann wie folgt geschehen: Nehmen wir an, ein Bauherr leiht sich 9.000 Euro (also die laut Mindestreservebestimmung erlaubten 90% meiner Einlage bei Bank A) und zahlt damit seine Rechnungen bei drei Handwerkern. Diese Handwerker unterhalten Bankkonten bei den Banken B, C, und D (jeder Handwerker bei einer anderen Bank). Die dort eingehenden Überweisungen sind sogenannte Sichtguthaben und werden wie Bareinlagen behandelt. Das heißt: Es dürfen davon wiederum je 90% ausgeliehen werden. Die Banken B, C und D können also aus den insgesamt eingehenden 9.000 Euro neue Kredite in Höhe von 8.100 Euro ausleihen. Wenn sich die besagten Handwerker diese Kredite selber geben lassen und damit ihre Material-Lieferanten bezahlen, und wenn diese Lieferanten Konten bei wiederum anderen Banken – nämlich Bank E, F und G - unterhalten, dann setzt sich das Spiel fort: Insgesamt gehen 8.110 Euro ein; davon dürfen 90% = 7.290 Euro ausgeliehen werden. Und so weiter. Im schlimmsten Fall, das heißt, wenn jeder

der Beteiligten in der Zahlungskette sein Konto bei einer anderen Bank unterhält (und nicht zufällig zwei oder mehr der Beteiligten bei derselben Bank), können aus meiner Einlage in Höhe von 10.000 Euro bei einem Mindestreservesatz von 10% rund 90.000 Euro an Kreditgeld erzeugt werden. Aber auch, wenn zufällig einige der Zahlungsempfänger und Darlehensnehmer ihre Transaktionen bei derselben Bank vornehmen, ergibt meine ursprüngliche Bankeinzahlung noch ein Mehrfaches an Liquidität (Kreditgeld), das in den Geldkreislauf einströmt.

Daß mir mein Geld trotzdem ausgezahlt wird, wenn ich es morgen wieder abheben will, ist nicht der Tatsache zu verdanken, daß es noch bei der Bank läge, sondern ist lediglich dem Umstand zuzuschreiben, daß nicht viele Leute oder alle Bankkunden zugleich ihr Geld abheben wollen. Wenn das passiert – und es geschieht manchmal bei Vertrauenskrisen, wenn eine größere Bank oder mehrere Banken zahlungsunfähig werden, dann muß meine Bank schließen, weil ihr Bargeldvorrat nur einen Bruchteil der eingelegten und ausgeliehenen Summen ausmacht. Genau besehen, ist das ein Betrugstatbestand. Warum?

Die Geldpreise der Güter werden (unter anderem) bestimmt vom Gesamtangebot an Geld - inklusive des Kreditgeldes, das ohne meine ausdrückliche Zustimmung in einfacher oder mehrfacher Höhe meiner Einzahlung vergeben wird. Man beachte, daß sich das am Markt vorhandene Gütervolumen *nicht vermehrt* hat, wenn die zusätzlichen (Kredit-) Euro als Nachfrage am Markt auftreten. Das heißt: Das zusätzliche Kreditgeld erhöht sofort – oder jedenfalls innerhalb kurzer Zeit – die Güterpreise (oder hält sie davon ab, zu sinken). Es werden nun Bedürfnisse mit Gütern und Diensten befriedigt, die vorher submarginal waren – das heißt, die ohne das zusätzliche Kreditgeld zu den gegebenen Preisen oder zu den nunmehr höheren Preisen nicht verkäuflich gewesen wären. Die jetzt höheren Preise der betroffenen Güter und Dienste bedeuten aber, daß die Kaufkraft des vor der Kreditaufblähung vorhandenen Geldes sinkt – auch die Kaufkraft meiner eigenen Bankeinlage.

Damit ist das Trugspiel aber noch nicht abgeschlossen. Überlegen wir: Die meisten Ökonomen glauben, daß es zwischen Sparen und Investieren eine Differenz, eine Lücke geben könne. Dem ist aber nicht so. Sparen und Investieren sind immer identisch. Sie sind nur zwei Aspekte derselben Aktion – so wie auch Kauf und Verkauf zwei Aspekte derselben Markttransaktion sind. Sparen und Investieren müssen noch nicht einmal personell getrennte Vorgänge sein (obwohl sie das meistens sind). Sie können auch in einer Person zusammenfallen. Am besten kann man sich das klar machen, wenn man das echte Geld – also das Gold – mit ins Spiel bringt. Der deutsche (aber in den USA lebende) Ökonom *Jörg Guido Hülsmann* hat dafür ein schönes Beispiel formuliert. Es hat in etwa folgenden Wortlaut: Wenn ein Mann sein Auto verkauft und den Erlös in 50 Unzen Gold als Altersvorsorge investiert, dann sind Investieren und Sparen identisch bei einer Person und einem Vorgang. Nehmen wir an, dieser Mann (A) bringt die 50 Unzen Gold auf die Bank und läßt sie in ein (jederzeit wieder in Gold rückeinlösbares) Bankguthaben (ein sog. *Sichtguthaben*) umwandeln. Nehmen wir weiter an, die Bank gibt zwei Unzen von A's Einlage an B als Kredit – und B kauft sich dafür eine Waschmaschine. Die mainstream-Ökonomen (also die dem Zeitgeist verschriebenen Vertreter unseres Fachs – und das sind leider die meisten) beurteilen diese Kreditvergabe positiv und sagen, damit sei wenigstens aus einem Teil des sonst "nutzlos herumliegenden" Spargeldes eine Investition geworden.

Professor *Hülsmann* fragt jedoch: Hat die Bank (durch das Überlassen von zwei Unzen des A gehörenden Goldes an B) Gold geschaffen? Nein. Hat sie die Waschmaschine des B geschaffen? Nein. Hat sie irgendein anderes gegenwärtiges Gut geschaffen? Nein. Hat sie überhaupt etwas anderes als ein neues Guthabenkonto geschaffen? Nein. Wenn sie aber das alles nicht geschaffen hat und nicht schaffen konnte, wie soll sie dann eine zusätzliche Investition geschaffen haben können – das heißt ökonomisch präziser formuliert: wie sollte es ihr dann gelungen sein, ein Investitionsprojekt (Zukunftsprojekt) mit Gegenwartsgütern zu finanzieren?! Die Bank hat in Wirklichkeit nichts anderes gemacht als das Geld des A zu nehmen und dafür B etwas kaufen zu lassen. Sie hat damit nicht nur einen Teil von A's Ersparnissen weggenommen, sondern auch einen Teil seiner Investition (Altersvorsorge). Und das ist schlicht und einfach Raub. Die Bank hat das Investitionsprojekt des B finanziert, indem sie A beraubt hat (s. Hülsmann 1996).

Die Sachlage wäre natürlich anders, wenn A die zwei Unzen freiwillig an B ausgeliehen hätte. Aber das ist ein ganz anderes Geschäft. Dazu hätte er die Bank eigentlich gar nicht benötigt. Die Bank tritt hierbei lediglich als Vermittler zwischen A und

B auf. Es besteht also ein fundamentaler Unterschied zwischen "pyramidenartig aufgetürmten" Kreditvergaben, bei denen Kundeneinlagen nur als Bruchteilsreserven dienen – und solchen Krediten, bei denen Kundeneinlagen mit Zustimmung dieser Kunden und nur bis zur Höhe der Einlagen darlehensweise vergeben werden. Es ist eben *nicht möglich*, einen Wohlstandszuwachs durch das Drucken von Geld oder durch das Herbeizaubern von Krediten aus nichtvorhandenem Geld zu erzeugen. Keine Bank kann in Wahrheit mehr Darlehensmittel bereitstellen, als das Publikum willens ist, ihr zur Ausleihung zur Verfügung zu stellen – oder als sie selbst an Eigenkapital besitzt. Alles, was sie darüber hinaus ausleiht, beruht auf Täuschung. Sie täuscht - ökonomietheoretisch ausgedrückt - ihren Kunden und den übrigen Marktteilnehmern eine größere Menge an verfügbaren Produktionsfaktoren vor als tatsächlich vorhanden sind.

Was mit der Kreditausleihung nicht vorhandenen Geldes bewirkt wird, ist nicht ein Güterzuwachs, sondern Inflation. Und Inflation ist nicht identisch mit größerem Reichtum. Mit Inflation und scheinbar vermehrtem Geld kann man keine rentablen Investitionen anregen, sondern nur Fehlinvestitionen und Verzerrungen der relativen Preise. Mit Inflation und vermehrtem Angebot an Scheingeld werden Investoren systematisch in die Irre geführt.

Weil die mainstream-Ökonomen nicht wissen, was Geld ist, bleiben ihnen auch die tatsächlichen Ursachen und Zusammenhänge von übertriebenen Booms und nachfolgenden schweren

Krisen und Zusammenbrüchen verborgen. Das, was sie als Geld betrachten, paßt nicht in ihre Gleichgewichts-Modelle. Also klammern sie es weitgehend aus und behandeln es nur als "modellneutralen Faktor" und als "externen Faktor" - das heißt als Instrument der politischen Geldpolitik. Ihre Erklärungen von Wirtschaftszyklen sind entsprechend erbärmlich. Die Unternehmer, die in den sog. neoklassischen Modellen mehrheitlich so klug und mit so weiser Voraussicht agieren, daß es an den Märkten der Modellwelt stets zum Gleichgewicht kommt (wenigstens tendenziell): Genau dieselben Unternehmer werden (gemäß dieser Modellwelt) plötzlich zu Schwachköpfen, die mit ihren falschen Erwartungen und Fehlkalkulationen schwere Krisen auslösen; und sie werden scheinbar zu Versagern, welche die zukünftigen Konsumentenwünsche und Marktgegebenheiten mehrheitlich so falsch einschätzen, daß es zu Konkurswellen, Zusammenbrüchen der Konjunktur und zu Wirtschafts- und Finanzkrisen kommt. Es leuchtet unmittelbar ein, daß Modelle mit solch schizophrenen Unternehmer-Figuren nicht richtig sein können - und somit auch nicht die Erklärungen der Wirtschaftszyklen, die "von außen" (als "externe Schocks") auf diese Modelle aufgepfropft werden, um sie wieder "stimmig" machen zu können.

Die Ökonomen - mit Ausnahme der *Austrians* (also mit Ausnahme der Vertreter der *Österreichischen Schule*) sehen nicht, daß diese Irrtümer der Unternehmer (die zu schweren Krisen führen) *systematisch* vom System des *fiat money* und des *fractional reserve banking* ausgehen, indem beide zu falschen Preis- und Zinssignalen führen, zu falschen Marktinformationen über die tatsächlich vorhandenen Mengen und die tatsächlich gegebenen Strukturen und Knappheiten an Gegenwartsgütern, sowie zu falschen Informationen über die tatsächlichen Mengen, Preise und Strukturen der den Konsumentenpräferenzen entsprechenden Zukunftsgüter.

Eine Folge davon und ein Beleg dafür, daß die meisten Ökonomen das Wesen des Geldes nicht kennen, ist die Tatsache, daß sie das bestehende Falschgeldsystem kritiklos hinnehmen, obwohl es immer und immer wieder und ausnahmslos gescheitert ist. Sie streiten sich lediglich darum, ob und wann und um wie viel die Zinsen gesenkt oder angehoben werden sollten, und ob und wie und um wie viel die Staatsausgaben gesteigert oder reduziert werden sollten. Aber das *fiat money*, das *fractional reserve banking*, das Zentralbankwesen und die staatlich gesteuerte Geld- und Fiskalpolitik nehmen sie hin wie unabwendbare Wetterereignisse – oder preisen sie gar als fortschrittliche Innovationen des modernen Wirtschaftslebens und als Beleg hoch entwickelter Geld-, Finanz- und Währungsinstitutionen. Somit sind die Ökonomen zu Ideenlieferanten der staatlichen und banktechnischen Falschmünzer geworden – man könnte auch sagen: zu akademischen Zuhältern der politischen Machteliten und der mit der Politik küngelnden Hochfinanz-Kaste. Die moderne Nationalökonomie hat sich von einer Moralphilosophie in eine Prostitutionswissenschaft verwandelt.

Blutvergiftung

Das Schlimmste am falschen Geld- und Kreditsystem sind noch nicht einmal die immer wiederkehrenden Boom-Blasen mit ihren Verschuldungsexzessen und Inflationsschüben, sowie die nachfolgenden Rezessionen, Depressionen und Währungskrisen (mit neuen Verschuldungs- und Inflations-Veitstänzen zur angeblichen "Bekämpfung" der konjunkturellen Einbrüche und zur angeblichen "Stabilisierung" der nationalen Währungen oder des Weltfinanzsystems) – so furchtbare Folgen diese Auswüchse auch jeweils zeitigen. Noch verheerender ist eine andere Wirkung: Diese Krisen und Miseren werden mehr und mehr der Marktwirtschaft oder dem Kapitalismus zugeschrieben. In den Augen der Menschen scheint *Marx* recht zu behalten mit seiner (eigentlich abstrusen) Krisen- und Zusammenbruchstheorie des Kapitalismus.

Die Wirklichkeit sieht aber ganz anders aus: Von allen staatlichen Interventionen und politischen Manipulationen, mit denen die Märkte gestört, gefesselt, verzerrt, gelähmt und irregeleitet werden, sind die zerstörerischsten: das staatliche Scheingeld und das staatlich gestützte Betrugssystem des *fractional reserve banking* (jedenfalls in der sogenannten "freien Welt"; im offenen hardcore-Sozialismus, wo alles verstaatlicht ist – inklusive der Menschen, kommt es auf den Faktor *verstaatlichtes Geld* nicht mehr an). Der ohnehin nur noch als staatsverkrüppelter Torso dahinvegetierende Kapitalismus *muß* letztlich ganz zugrunde gehen, wenn – zu allen üblichen Bürden hin – in seinen Adern auch noch unablässig das verstaatlichte, also sozialistische *fiat money* und die heiße Luft des falschen Kreditgeldes fließen. Der geschundene Kapitalismus leidet dann an Blutvergiftung und Embolie. Das heißt: Mit diesen politisch injizierten Krankheiten ist der Zusammenbruch seines Kreislaufs programmiert und sein finaler Exitus nur eine Frage der Zeit

II. Der PATIENT: "Kapitalismus"

Eine beispiellose Erfolgsgeschichte

Entgegen allen anders lautenden Irrlehren und Lügen hat der Kapitalismus im 19. Jahrhundert - seit Beginn der Industriellen Revolution - ungezählte Millionen von Menschen vor dem Hungertod bewahrt. Und ungezählte Millionen verdanken ihm, daß sie überhaupt gelebt haben oder leben, weil sie ohne die gewaltige Verbesserung der materiellen Lebensverhältnisse, die der Kapitalismus bewirkt hat, gar nicht geboren worden wären.

(Auf die Bibliotheken füllenden Lügenmärchen über den Frühkapitalismus - allen voran die sog. "Manchesterlüge" - kann ich hier nicht eingehen. Das Thema ist in meinen früheren Publikationen hinreichend behandelt worden.) (Zum "Manchester-Kapitalismus" s.a. Doering 1994.)

Der kapitalistische Ausweg aus der Massenarmut und dem Massenelend im Verlauf des 19. Jahrhunderts war bereits damals eine einzigartige Erfolgsgeschichte. Was der Kapitalismus jedoch im 20. Jahrhundert an Wohlstand und Forschritt erzeugt hat, ist ohne Beispiel in der gesamten Menschheitsgeschichte. Hier seien nur wenige Beispiele (vorwiegend mit Zahlen für die USA) genannt: Die Lebenserwartung der Bevölkerung in den westlichen Industrieländern ist im Verlauf des 20. Jahrhunderts um 30 Jahre gestiegen; die Kindersterblichkeit ist um 90% gesunken; die Todesfälle infolge der schweren Infektionskrankheiten wie Tuberkulose, Kinderlähmung, Typhus, Keuchhusten und Lungenentzündung sind von 700 je hunderttausend Köpfen auf 50 gefallen; die Produktivität der Landwirtschaft hat sich verzehnfacht; das reale Sozialprodukt je Kopf der Bevölkerung ist von 4.800$ auf 31.500$ gestiegen; die Reallöhne haben sich rund vervierfacht, obwohl sich die Wochen- und Jahresarbeitszeiten fast halbiert haben. Ganz zu schweigen von den lebens- und arbeitserleichternden Dingen wie Strom, Telefon, Wasserklosett, Autos, Wasch- und Trockenmaschinen, Spülmaschinen, Radio und Fernseher, Ölheizung, Warmwasser, Klimaanlagen usw. usf., welche zu Beginn des 20. Jahrhunderts nur in ganz wenigen Haushalten oder überhaupt noch nicht vorhanden waren, während sie heute Verbreitungszahlen von 70 bis 99% aufweisen (s. Moore 1999).

Oft hört man auf solche Ausführungen den Einwand: "Aber das war doch das Ergebnis des technischen Fortschritts. Forscher, Ingenieure und Medizin-Wissenschaftler haben das alles erfunden." Die Antwort: Natürlich! Doch fast alle diese Erfindungen, Entdeckungen und Erforschungen hatten (und haben) zur Voraussetzung, daß 1) hinreichend Kapital (Geld, Zeit und Ressourcen) zur Verfügung stand, und daß 2) die Absatzmöglichkeiten der technischen und wissenschaftlichen Neuerungen an eine im Kapitalismus immer wohlhabender gewordene Bevölkerung gegeben waren. *F.A. von Hayek* hat das in den lapidaren Satz gegossen: "Die Länder des Westens sind nicht bloß reicher, weil sie fortgeschrittenere technische Kenntnisse haben, sondern sie haben auch größere fortgeschrittene technische Kenntnisse, weil sie reicher sind" (Hayek 1957, S.33).

Außerdem hat *Hayek* in unzähligen Schriften gezeigt, wie der marktwirtschaftliche Wettbewerb "als Entdeckungsverfahren" wirkt und daß das für den menschlichen Fortschritt notwendige Wissen überwiegend nur in freien Eigentümer-Gesellschaften entstehen und sich verbreiten kann. Nichts belegt diese Tatsachen eindrücklicher als die Ergebnisse der Spaltung der Deutschen (also von Menschen einer gemeinsamen Kultur) in zwei Hälften: in eine Marktwirtschaft im Westen und eine sozialistische Wirtschaft im Osten. Während Deutschland West zur bedeutendsten Automobil-Nation der Welt wurde, brachten fünfzig Jahre Ingenieurkunst in Deutschland Ost gerade mal den Trabi hervor.

Gleichwohl ist der genannte beispiellose Erfolg nur ein Schatten dessen, was der Kapitalismus geschaffen hätte, wenn die politischen Eliten ihn nicht verstümmelt, gefesselt, niedergedrückt, eingesperrt, erstickt und ausgesaugt hätten – und wenn diese politischen Eliten seine Produktivität nicht – zu allem Übel hin – auch noch zur Führung von Kriegen und zum Aufbau von Machtimperien mißbraucht hätten. Trotz ihrer überwältigenden Leistungen und Erfolge hat man die Reichtumsmaschine *Kapitalismus* nirgendwo richtig "in Fahrt kommen" lassen. Damit ist nicht nur die Tatsache gemeint, daß im Verlauf des 20. Jahrhunderts mehr als der halbe Globus im Morast des Sozialismus / Kommunismus versunken ist (wozu natürlich auch der braune Sozialismus gehört hat), sondern auch das Faktum, daß der Teil der Welt, der sich "kapitalistisch" oder "marktwirtschaftlich" genannt hat (und nach wie vor so nennt), nie richtig kapitalistisch gewesen ist.

(Zur langen Geschichte des deutschen Wohlfahrtsstaates: s. bes. Habermann 1994.)

Oasen-Kapitalismus

Was wir spätestens seit Beginn des 1. Weltkriegs überall in den westlichen Industrienationen vorfinden, ist nur ein trauriger Rest-Kapitalismus, überlagert und verdrängt von großen Segmenten des Kollektivismus, Dirigismus, Interventionismus und Wohlfahrts-Sozialismus unter der Fuchtel von Funktionären und Bürokraten. Kurz: Was heute – und schon lange – *Kapitalismus* oder *Marktwirtschaft* genannt wird, ist in Wirklichkeit ein staatsversumpftes und politverkrüppeltes Wirtschafts- und Gesellschaftsgebilde mit einigen kapitalistischen Nischen; eine kollektivistische Wüste mit marktwirtschaftlichen Oasen.

Um so erstaunlicher ist es, daß in diesen Oasen noch der gesamte Wohlstand erwirtschaftet werden kann, der uns verblieben ist, und daß die Produktivität der marktwirtschaftlichen Restkräfte bisher sogar noch ausgereicht hat, die parasitären Bereiche zu alimentieren, die in vielen Ländern inzwischen mehr als die Hälfte der Bevölkerung umfassen und eine ungeheure Reichtumsvernichtung betreiben (In Deutschland beziehen 40% der Erwachsenen ihr *Haupteinkommen* vom Staat; die Nettosteuerzahler sind nur noch eine Minderheit.) Nicht wenig von dieser verbliebenen Leistungskraft ist den kapitalistischen Mechanismen der grauen und schwarzen Märkte zu verdanken, jenen Rückzugsbiotopen, in welche die aussterbende Spezies der Leistungswilligen vor den blutsaugenden Schmarotzer-Eliten flieht.

Diese Lebens- und Überlebenskraft des Kapitalismus hat der scharfsinnige Beobachter *Fritz Goergen* in den Satz gegossen:

"Der Markt funktioniert immer, entweder legal oder illegal." Einige Ökonomen schreiben die lange Überlebensdauer des Sozialismus im vormaligen Ostblock nicht nur der jahrzehntelangen Sklavenarbeit der Bevölkerung zu, sondern daneben auch der Tatsache, daß die Versorgung der Menschen in einem Umfang von bis zu 50% auf grauen und schwarzen Märkten - und somit auf "kapitalistische" Weise - erfolgt ist.

Vielleicht werden sich Ökonomen und Historiker eines fernen Tages die Frage stellen, wieso man die Wirtschafts- und Gesellschaftssysteme der westlichen Welt einmal *kapitalistisch* genannt hat - und zwar allen Ernstes und keineswegs nur scherzhaft, etwa so wie viele Katzenbesitzer von ihrem "Tiger" reden.

Man schaue sich diesen sogenannten "Kapitalismus" einmal am Beispiel *Deutschland* an. Wir finden vor: Ein fast zu 100% kollektivistisches Rentensystem, ein bis zu 90% kollektivistisches Gesundheitswesen, ein zu fast 100% verstaatlichtes Bildungswesen, staatlich und korporativistisch gefesselte Arbeitsmärkte, einen staatlich dirigierten Wohnungsmarkt, staatsgelenkte Agrarmärkte, staatlich erzwungener Wehrdienst, Zwangsgebühren für Rundfunk und Fernsehen, mehr als hunderttausend Betriebe in öffentlicher Hand, und eine fiskalische Zwangsausbeutung, die den Bürgern zwei Drittel ihrer gesamten Lebensarbeitserträge wegnimmt.

("Zwei Drittel" sei eine übertriebene Ziffer, meint so mancher Zeitgenosse. Die meisten Leute sehen nur die direkte Steuer- und Sozialabgaben-Belastung auf ihre Einkommen.

Hinzu treten aber öffentliche Lasten der verschiedensten Art, von der Grundsteuer über die Kfz-Steuer und die Versicherungs-Steuer bis zum Dosenpfand, sowie die Mehrwertsteuer, die Mineralölsteuer, die Tabaksteuer, die Branntweinsteuer und noch ein Dutzend verdeckte Abgaben. Und nicht zu vergessen die in allen Waren und Dienstleistungen enthaltenen Einkommensteuern und Sozialabgaben der Unternehmer, welche - wenigstens teilweise - auf die Endverbraucherpreise überwälzt werden (wohin auch sonst?). Auch die Erbschaftsteuer frißt nach dem Tod noch einen satten Teil der Lebensarbeitserträge eines Menschen auf. Und die Inflation, die heimliche Besteuerung, enteignet die Bürger in einem viel größeren Ausmaß als sie sich gemeinhin vorstellen. Auch können die *opportunity costs* bei manchen Abgaben enorme Größenordnungen annehmen. So kann z.B. der Fall eintreten, daß ein Bürger, der 40 Jahre lang in die gesetzliche Rentenversicherung einbezahlt hat, noch vor dem Rentenalter oder bald danach stirbt. Die Summe, die er hätte ansparen können, wenn er die entsprechenden Beiträge in private Vermögensanlagen gesteckt hätte, kann Millionenhöhe erreichen und wäre, wenn nicht ihm selber, dann wenigstens seinen Erben zugute gekommen. Im Gegensatz dazu gehen die Erben bei der staatlichen Rentenversicherung leer aus. Wenn man alle Belastungen addiert, sind die besagten "zwei Drittel" alles andere als eine Übertreibung.)

Die Bezeichnung *Kapitalismus* für die Systeme, die wir in der polit- ökonomischen Realität vorfinden, ist aber nicht nur aus den aufgezählten Gründen absurd. Wie bereits ausgeführt, kommt als Widerspruch das gegen alle Marktlogik gerichtete

Papiergeld hinzu, das den Kapitalismus systematisch zersetzt und die Disziplin aushebelt, die für sein Funktionieren unerläßlich ist.

Mit welcher buchstäblich todsicheren Gewißheit das *fiat money* den Wirtschaftskörper und die Früchte der Arbeit der Menschen zerstört, zeigt ein Blick in die Geldgeschichte aller Nationen der Erde: Keine einzige *fiat money*-Währung auf dem gesamten Globus hat ihren Wert (ihre Kaufkraft) auch nur einigermaßen bewahrt. Auch nicht die als Stabilitäts-Weltmeister gerühmte Deutsche Mark. Bei ihrem Begräbnis durch den Euro war sie – in der Kaufkraft von 1949/50 gemessen – gerade noch fünf Pfennige wert. Nicht anders der angeblich so grundsolide Schweizer Franken. Bei anderen europäischen Währungen mußte man in den letzten 50 Jahren schon zwei oder drei Nullen streichen, um überhaupt noch mit ihnen zählen und rechnen zu können; von *fiat money*-Währungen in anderen Regionen der Erde ganz zu schweigen. (Im 20. Jahrhundert konnte man weltweit nicht weniger als 25 Hyperinflationen beobachten, wobei *Hyperinflation* definiert ist als eine Inflationsrate von mehr als 50% *im Monat*.

Zum Thema Inflation sei besonders auf das herausragende Werk von Professor Peter Bernholz hingewiesen (Bernholz 2003).

Man vergleiche das einmal mit Zeiten der Goldwährung: Die britischen Preise waren im Jahr 1914 – also zu Beginn des Ersten Weltkrieges – noch annähernd die gleichen wie 200 Jahre vorher; und die amerikanischen Preise von 1939 – also vor Ausbruch des Zweiten Weltkriegs – waren ebenfalls fast gleich jenen, die 200 Jahre vorher gegolten hatten. Diese Preisstabilität bedeutete zugleich einen enormen Wohlstandszuwachs, weil sich die Einkommen der Briten und Amerikaner im Verlauf jener 200 Jahre – besonders seit der Industrialisierung – vervielfacht hatten.

Nur Gold ist das einer kapitalistischen Ordnung angemessene Geld, weil das (Gold-)Geldsystem in einer echten freien Marktwirtschaft Teil dieser Marktwirtschaft wäre – wie alle anderen Güter auch. Auf die Frage: "Welche Art von Geld sollten wir haben?" hat *Ludwig von Mises* geantwortet: "Geld soll das Material sein, für welches auch immer die Individuen sich freiwillig entscheiden. Geld ist ein Produkt der Konsumentensouveränität, nicht der Staatssouveränität." Daraus folgt: Wenn die Bürger frei entscheiden könnten, was Geld sein soll, dann würden sie das Material wählen, in das die Menschen seit Jahrtausenden das größte Vertrauen gesetzt haben, nämlich ins Gold als indirektes Tauschmittel und als Zahlungsmittel. Nur Gold, privates Goldgeld, ist kapitalistisches Geld.

Alles das zusammengenommen, scheut man sich, im Zusammenhang mit den traurigen Resten an Eigentums- und persönlichen Verfügungsrechten, die den Menschen im Samtpfotensozialismus des Wohlfahrts- und Umverteilungsstaates verblieben sind, überhaupt noch von "Kapitalismus", von "Bürgern", und von "Markt" zu sprechen. Was als "Turbokapitalismus" und "Neoliberalismus" beschimpft wird, ist eine Schimäre und in Wahrheit ein *Turbo-Etatismus*.

Was auch immer auf Erden den idealisierten Paradiesvorstellungen der sozialistischen oder etatistischen Intellektuellen nicht paßgenau entspricht, wird mit dem Etikett *Neoliberalismus* oder *Ellenbogen-Kapitalismus* versehen. Ebenso die Boom- und Blasen-Erscheinungen an den Finanzmärkten und die nachfolgenden Zusammenbrüche und Krisen. Aber wie so viele Dummheiten in der menschlichen Geschichte, ist auch diese nicht neu. So wurde bereits die große Weltwirtschaftskrise der 30er Jahre unisono als Auswuchs und Ergebnis eines zügellosen Kapitalismus beurteilt. *Ludwig von Mises* schrieb dazu im Jahr 1931: "Nahezu allgemein wird behauptet, die schwere Wirtschaftskrise, unter der die Welt gegenwärtig leidet, habe den Beweis für die Unmöglichkeit des Festhaltens am kapitalistischen System erbracht. Der Kapitalismus, meint man, habe versagt, und man müsse an seine Stelle ein besseres System treten lassen... Daß das gegenwärtige System versagt hat, kann wohl niemand bestreiten. Doch eine andere Frage ist es, ob dieses System, das versagt hat, das kapitalistische System gewesen ist, oder ob nicht gerade die antikapitalistische Politik, Interventionismus und Staats- und Kommunalsozialismus an der Katastrophe Schuld tragen." Und nach Erörterung der tatsächlichen Zusammenhänge schließt *Mises* seinen Artikel mit den Sätzen: "Nicht der Kapitalismus hat versagt, sondern die Wirtschaftspolitik des Interventionismus, Etatismus und Sozialismus, die seit Jahrzehnten am Ruder ist. Nicht noch mehr Staatseingriffe, Sozialismus, Planwirtschaft, Staatskapitalismus können uns helfen, sondern allein die Einsicht, daß eine Hebung der Lebenshaltung nur durch mehr Arbeit und durch Bildung von neuem Kapital bewirkt werden kann. Das aber heißt, daß wir die antikapitalistische Politik, die in Europa seit Jahrzehnten herrscht, aufgeben müssen“ (Mises 1931).

Man sieht: Inzwischen sind weitere sieben Jahrzehnte vergangen, und die Politik ist keinen Deut besser geworden.

Ein Non-System

Es muß an dieser Stelle wenigstens gestreift werden, was *Kapitalismus* ist und bedeutet. Als *Kapitalismus* sollte man nur eine Privatrechtsordnung bezeichnen, in der die wesentlichen Freiheitselemente der Person unangetastet bleiben: Körper und Leben der Person, sowie ihr Eigentum und die Vertragsfreiheit. Das Privateigentum an den Produktionsmitteln ist nur eine abgeleitete Bedingung dieser Grundprinzipien, keinesfalls ein Hauptmerkmal des Kapitalismus (wenngleich er ohne Privateigentum an den Produktionsmitteln nicht funktionieren kann). Von der zentralen Figur des nationalistisch geprägten Sozialismus, *Adolf Hitler*, ist die Aussage überliefert: “Wieso soll ich die Unternehmen sozialisieren? Es reicht doch, wenn ich die Menschen sozialisiere.“ Zum Kapitalismus gehört also nicht nur das Privateigentum an Geld und Sachen, sondern auch das unantastbare Eigentum an der eigenen Person. Dieses Eigentum ist die *Essenz der Freiheit*.

(Zum Zusammenhang zwischen Freiheit und Eigentum s. bes. Bouillon 1997a und 1997b).

Eigentlich sollte man diese Ordnung der *persönlichen Freiheit* (eine andere Freiheit gibt es nicht!) gar nicht als *Kapitalismus* bezeichnen, sondern als eine *Natürliche Ordnung freier Menschen*. Denn es handelt sich in Wahrheit um keinen -ismus, sondern - wie der Schweizer Sozialphilosoph *Robert Nef* es trefflich formuliert hat - um ein *Non-System*.

Ein Non-System ist kein System, nichts "Organisiertes", sondern eine Ordnung, ein offenes, spontanes, wettbewerbliches, sich selbst steuerndes und sich selbst (über Gewinn und Verlust) kontrollierendes Naturphänomen, das in der Natur des Menschen verankert ist; ein Wechselspiel des Lernens und der Wissensvermehrung vermittels des Mechanismus' von *Versuch und Irrtum*. "Wer das begriffen hat", so *Nef*, "weiß um die Anmaßung von Wissen, um die Unmöglichkeit der rationalen Kalkulation von Preisen, von zentraler Planung usw. ... Nur Gott kennt den ›wahren Preis‹ und die ›soziale Gerechtigkeit‹, oder - säkularisiert ausgedrückt: niemand darf sich anmaßen, solche Größen zu kennen, ›wissenschaftlich‹ zu beweisen und allgemeinverbindlich vorzuschreiben. Es steht also nicht -ismus gegen -ismus, sondern System versus Non-System, Eingriffsideologie gegen Erfahrung, pathetischer gesagt: Knechtschaft gegen Freiheit" (Nef 2003).

In dieser Ordnung muß alles friedlich und freiwillig sein, auch die Wahl der Geldart. Zwang, hoheitlichen Zwang, darf es *allenfalls* nur *einen* geben, nämlich den richterlichen Zwang zur Einhaltung freiwillig geschlossener Verträge. Und Herrschaft, die Herrschaft von Menschen über Menschen, ist ganz auszuschließen. Herrschen darf allein das gewachsene Recht (wohlgemerkt nicht das beliebig gesetzte "positive" Recht, das nicht nur ein Element der Diktatur ist, sondern auch der unbeschränkten Demokratie. Ganz so wie der große Demokratie-Theoretiker *Sartori* geschrieben hat: "Löst sich die Herrschaft des Rechts in die des Gesetzgebers auf, so steht grundsätzlich der Weg zur subtilsten Form der Unterdrückung offen: der ›im Namen des Gesetzes‹"

(s. zu diesem Thema auch: Hoppe 2004).

In dem Maße wie man sich von den Markt-Kooperationen und Regeln des Kapitalismus entfernt, verläßt man den Raum des Freiwilligen und betritt die Sphäre des Zwangs. Märkte sind kein politisches Konstrukt, sondern sind das Ergebnis des Respekts vor den Rechten der Person und des Eigentums. Es ist deshalb unmöglich, sich von den Elementen des Marktes zu entfernen ohne damit zugleich die Rechte der Person und ihres Eigentums zu verletzen. "Weil Märkte, Handel und Freiwilligkeit die Grundlage der Zivilisation sind", schreibt *Lew Rockwell*, "bedeutet jede andere Zielsetzung eine Bewegung in Richtung Entzivilisierung und Gewaltherrschaft." (Rockwell 2004).

Leider wird der Kapitalismus in seinem Wesen schon lange nicht mehr verstanden, auch von den meisten Ökonomen nicht; sonst würden sie – um nur ein Symptom herauszugreifen – nicht mehrheitlich das reine Papiergeld und die auf das *fiat money* fixierte Geld- und Fiskalpolitik widerspruchslos akzeptieren - wenn nicht gar mit Überzeugung verteidigen.

Wenn ich hier – trotz der *Nef*'schen Gemahnung – dennoch den Ausdruck *Kapitalismus* weiterverwende, so deshalb, weil er zum beliebtesten Anfeindungs- und Diffamierungsbegriff aus dem Mund seiner Gegner geworden ist, und weil es deshalb gilt, diesen seinen Feinden mit ihren eigenen Waffen entgegenzutreten. Wem die Freiheitsdimension des Kapitalismus nicht sonderlich wichtig erscheint, der sollte wenigstens seine Funktion als Reichtumsmaschine schätzen. Es ist eines der schlimmsten Verbrechen an der Menschheit – und eine nachtschwarze Dummheit dazu, diesen effizientesten und einzigen uns bekannten Wohlstandsgenerierer unablässig politisch abzuwürgen und diese einzig ergiebige Quelle allen Fortschritts und aller Zivilisation endlos mit dem ideologischen Unrat partei- und interessenpolitischer Machtkalküle zuzuschütten.

Die kapitalistische Ordnung ist nun mal die einzig richtige Antwort auf die Frage "Wohlstand oder Hungertod?". Als einer der weltweit ganz seltenen Soziologen-Exemplare, die neben ihren Fachkenntnissen zugleich etwas von Ökonomie verstehen (ja sogar sehr viel davon verstehen), hat Professor *Erich Weede* dieses ultimative *Entweder-Oder* beispielhaft herausgestellt, indem er schrieb: "Als *Mao Zedong* mit seinem sogenannten ›großen Sprung nach vorn‹ die Sowjetunion im Ausmaß der alltäglichen wirtschaftlichen Reglementierung noch zu übertreffen versuchte, trieb er 30 Millionen Chinesen in den Hungertod. Als *Deng Xiaoping* dagegen vor 25 Jahren den schleichenden Kapitalismus nach China brachte, hat er den jetzt begonnenen Aufstieg Chinas zur Weltmacht eingeleitet" (Weede 2003, S.42; s. auch Weede 2000).

III. Die SYMPTOME: Realitätsverlust und Machtkalkül

> Wenn die amerikanischen Bürger es jemals erlauben sollten, daß die Banken als Geldherausgeber fungieren, dann wird die Körperschaft, die daraus erwächst, die Bürger all ihres Eigentums berauben, erst durch Inflation und dann durch Deflation, bis ihre Kinder obdachlos auf jenem Kontinent aufwachen, den ihre Vorfahren erobert haben.“
>
> (*Thomas Jefferson*, 3. Präsident der USA)

Zahlen und Vorstellungen

In diesem Kapitel werden viele große Zahlen genannt, Milliarden und Billionen. Da sich solche Ziffern unserem Vorstellungsvermögen entziehen, sei zunächst der Versuch unternommen, sie anschaulicher zu machen.

Was ist eine Milliarde? Eine Milliarde sind Tausend Millionen. Würde man eine Milliarde Stunden lang rückwärts durch die Zeit fahren, so würde man in der frühen Steinzeit vor rund 115.000 Jahren landen. Im Fiskaljahr 2003 hat die US-Regierung in Washington für das Ausgeben einer Milliarde Dollar vier Stunden und sechs Minuten gebraucht.

Was ist eine Billion? (Wir reden von einer europäischen Billion; die Amerikaner verstehen unter *billion* eine Milliarde, weil sie das Wort *Milliarde* nicht kennen; eine Quelle vieler Mißverständnisse.) Eine Billion sind Tausend Milliarden. Wollte man eine Billion Kilometer fahren, so müßte man die Erde fünfundzwanzig Millionen Mal umrunden. Für eine Billion Dollar (Tausend Milliarden Dollar) Neuverschuldung (=*zusätzliche* Verschuldung) benötigte die US-Volkswirtschaft im Jahr 2003 gerade mal 17 Wochen. Die Verschuldung ist damit fast fünfeinhalb Mal schneller gestiegen als das Sozialprodukt.

Unklare Vorstellungen herrschen in vielen Köpfen auch hinsichtlich des Wesens von Staatsschulden. Zwischen den Schulden von Privatleuten oder Unternehmen und den Schulden des Staates oder der Gebietskörperschaften wird meistens kein besonderer Unterschied gesehen. In Wahrheit sind die Unterschiede aber gravierend: Ein privater Schuldner haftet für Zins und Tilgung seiner Schuld mit seiner Arbeitskraft, seinem Einkommen und Vermögen. Kurz: Ein privater Schuldner haftet selber für seine Schulden. Bei Staatsschulden sieht die Sache ganz anders aus: Für die Schulden des Staates haftet nicht der Staat selber, sondern wir, die Bürger. Wenn der Staat Bankrott macht, verliert nicht er sein Vermögen, sondern wir das unsrige. Aber auch bevor der Staat zu Konkurs geht, also solange er die Zinsen für seine Schulden und eventuelle Tilgungsraten noch zahlen kann, macht er das nicht mit seinem Geld und seiner Arbeitskraft, sondern mit unserem Geld und unserer Arbeitsleistung. Außerdem handelt es sich bei privaten Schulden um freiwillig geschlossene Verträge zwischen Gläubigern und Schuldnern; bei Staatsschulden aber ist nichts freiwillig; sie werden uns aufgebrummt, ob wir wollen oder nicht. Und wir müssen sie verzinsen und tilgen, ob wir wollen oder nicht; entweder durch Steuern oder/und durch Inflation oder/und durch ausbleibende Wohlstandsgewinne wegen Ineffizienz der unter der Abgabenlast leidenden Märkte, oder/und letztlich durch Staatsbankrott (der nichts anderes ist als ein massenhafter Bürgerbankrott).

Meistens denken Anleger nichts Böses dabei, wenn sie Staatsanleihen kaufen. Genau besehen, handelt es sich dabei jedoch um einen Gläubiger-Schuldner-Vertrag zulasten Dritter, der im deutschen Recht verboten ist. Ein Vertrag "zulasten Dritter" liegt deshalb vor, weil mit Abschluß des Geschäfts (Kauf einer Staatsanleihe) auch jene Bürger belastet werden (für Zins und Tilgungsleistungen), die mit dem Geschäft überhaupt nichts zu tun haben. Es sollte aufgrund der aufgezählten Fakten klar sein: Staatsverschuldung ist ein krimineller Akt (s. dazu: Rothbard 1992/2004).

Ozeane aus Scheingeld und Schulden

> "Der Zustand des Geldwesens eines Volkes ist ein Symptom aller seiner Zustände."
>
> (*Joseph A. Schumpeter* (Schumpeter 1970))

In den letzten 30 Jahren hat sich das Volumen der Güterproduktion in den Industrieländern – unter Führung der USA –

vervierfacht. Im selben Zeitraum hat sich das Geld- und Kreditvolumen dieser Länder vervierzigfacht.

In Deutschland liegt die Staatsschuld (Bund, Länder, Gemeinden, aber *ohne* Sozialversicherungen) inzwischen bei knapp 1,4 Billionen Euro. Geht man von einer durchschnittlichen Zinslast von 5% aus, so betragen allein die Zinsen hierauf (keine Tilgung!) 70 Milliarden Euro (= Siebzigtausend Millionen Euro); das entspricht einer Zinszahlung von fast 192 Millionen Euro *pro Tag* – oder knapp 8 Millionen Euro *in jeder Stunde*.

Die Neuverschuldung der deutschen Gebietskörperschaften (ohne Sozialversicherungen) belief sich im Jahr 2003 auf knapp 75 Milliarden Euro. (Die tatsächliche Neuverschuldung ist deutlich höher. Kreditaufnahmen großen Umfangs werden kaschiert; so bspw. mit den sog. "Platzhaltergeschäften" über die *Kreditanstalt für Wiederaufbau*.) Auf jedem deutschen Bürger lastet inzwischen eine Staatsschuld von über 16.000 €, auf einer vierköpfigen Familie also eine Summe von 65.000 Euro (in der alten D-Mark gerechnet: fast 130.000 DM).

Die offizielle Staatsschuld liegt zwar noch unter 70% des Sozialprodukts (Bruttoinlandsprodukt, BIP), aber die tatsächliche Schuld (inklusive der verdeckten) beläuft sich nach vorsichtigen Schätzungen des Sachverständigenrats auf 270% des BIP (s. Siebert 2004).

Auch die Sozialversicherungen leben "auf Pump". Die bankrotten deutschen Sozialsysteme werden nur noch mit Täuschungsmanövern aufrecht erhalten, so z.B. durch die Senkung der Schwankungsreserven bei der Rentenversicherung von einem Monat auf nur noch 6 Tage, sowie durch Transfer von Steuermitteln an die Sozialversicherungen. Diese Transfers beanspruchen beim Bund bereits ein Viertel der Gesamtausgaben.

Die USA liegen nicht nur bei den sportlichen Rekorden an der Weltspitze; sie haben es auch bei der Verschuldung zur Weltmeisterschaft gebracht. Im Fünfjahreszeitraum von Ende 1997 bis Ende 2002 stiegen die Schulden wie folgt: Bei den öffentlichen Händen von 2.350 Milliarden auf 6.405 Milliarden Dollar; bei den Privathaushalten von 2.752 Milliarden auf 8.455 Milliarden Dollar; bei den Unternehmen von 3.134 Milliarden auf 7.144 Milliarden Dollar; und die Schulden ausländischer Investoren von 247 auf 723 Milliarden Dollar. Die offizielle US-Gesamtschuld ist also im besagten Fünfjahreszeitraum von 10.280 Milliarden (Stand Ende 1997) auf 33.100 Milliarden Dollar (Ende 2002) gestiegen und hat sich damit mehr als verdreifacht. Rechnet man die nicht gedeckten Ansprüche der *Social Security* (Pensionsansprüche) mit 4.600 Milliarden Dollar hinzu, kommt man per Ende 2002 auf nahezu 38.000 Milliarden Dollar - und das ist fast das Vierfache des Sozialprodukts (BIP) des Jahres 2002 in Höhe von 10.586 Milliarden Dollar. (Deutschland steht mit dem fast Dreifachen nicht wesentlich besser da.)

Diese Zahlen entziehen sich unserem Vorstellungsvermögen. Am ehesten gelingt ein Einblick in die Größenordnungen noch, wenn man den Betrag hört, um den die Staatsschulden der USA (offizielle Staatsschuld plus nicht gedeckte Verbindlichkeiten der US-Regierung) *pro Tag* wachsen. Das *Mises Institute* in Auburn, Alabama nennt eine Ziffer von täglich 1,72 Milliarden – also Eintausendsiebenhundertundzwanzig Millionen Dollar *an jedem einzelnen Tag*.

Diese Rekordjagd geht natürlich weiter. Die Neuverschuldung (Staat, Unternehmen, Private) stieg im ersten Quartal 2003 um 7,4%. Im selben Zeitraum wies das nominelle Sozialprodukt einen Zuwachs von 3,82% aus. Der oberflächliche Betrachter könnte daraus schließen, daß die Schulden doppelt so schnell steigen wie das Sozialprodukt. Die Wahrheit sieht jedoch viel schlimmer aus: Da die Gesamtschulden der Amerikaner – nach optimistischer Berechnung – beim Dreifachen des Sozialprodukts liegen, besagt die Relation 7,4% zu 3,82%, daß das Verschuldungswachstum im betrachteten Quartal das Sechsfache des Sozialproduktswachstums betragen hat. Anders gesagt: Um einen Dollar mehr Sozialprodukt zu erzeugen, machen die Amerikaner sechs Dollar neue Schulden.

Auch ein anderer Vergleich ist aufschlußreich: Bei der Inlandsverschuldung der USA steht jedem Schuldendollar nur noch ein heimisches Sachwertvolumen (Marktwert aller Immobilien plus kapitalisierter Wert aller amerikanischen Unternehmen) von 70 Cents gegenüber. Das heißt: In der Bilanz der *USA-AG* sind die Schulden weit höher als die Summe aller Aktiva. (Mit einem vorweggenommenen Sprung von den Symptomen zur Diagnose kann man also sagen: Die USA sind bankrott.)

Krieg gegen die Zivilisation

> "Die Substanz des ökonomischen Wissens ist ein wesentlicher Bestandteil des Gefüges der menschlichen Zivilisation; dieses Wissen ist das Fundament, auf welchem die moderne Industriegesellschaft und all die moralischen, intellektuellen, technologischen und therapeutischen Errungenschaften der letzten Jahrhunderte errichtet wurden... Wenn die Menschen es versäumen, sich dieses Wissen zunutze zu machen und seine Lehren und Warnungen unbeachtet lassen, werden sie damit nicht die ökonomischen Gesetze abschaffen, sondern die Gesellschaft und die menschliche Rasse ausmerzen."
> (*Ludwig von Mises*, Schlußsentenz seines Werkes ›Human Action‹)

Wem die Grundprinzipien der Politischen Ökonomie nur halbwegs geläufig sind, der kann sich nur wundern, mit welcher Gleichgültigkeit die Bürger Staatsschulden und öffentliche Haushaltsdefizite hinnehmen. Sie halten das Geschehen entweder für ein trauriges Buchhalter-Gewürge oder für einen lächerlichen Eiertanz des Finanzministers. Sie durchschauen nicht, daß es sich bei den staatlichen Verschuldungs-Kaskaden um einen zerstörerischen Krieg gegen die Zivilisation handelt. Überlegen wir:

Haushaltsdefizite erhöhen die Staatsschulden – und diese wiederum lähmen die langfristige Fähigkeit einer Ökonomie, Wohlstand zu schaffen. Staatsschulden werden nicht in der Absicht gemacht, die Reichtumsmaschine namens *Marktwirtschaft* oder *Kapitalismus* zu stärken, sondern Umverteilung zu betreiben. Und das schwächt die Marktkräfte und vermindert ihre physische Produktionsbasis. Die Staatsverschuldung reduziert die Fähigkeit einer Volkswirtschaft zur Kapitalbildung und verdrängt produktive Investitionen des privaten Sektors. Von Bedeutung ist weniger die Höhe der Defizite in Relation zum Sozialprodukt, sondern – noch weit mehr – deren Relation zu den Ersparnissen. Es ist das gesamtwirtschaftliche Sparvolumen, das über die nachhaltige Kapitalbildung einer Volkswirtschaft entscheidet – und diese Kapitalbildung wiederum ist bestimmend für die Mehrung oder Minderung des Wohlstands einer Nation.

Entscheidend ist also die Frage: Um wieviel verdrängen und verhindern Haushaltsdefizite und Staatsverschuldung die privaten Investitionen und die nachhaltige Kapitalbildung? In den USA der 1970er Jahre belief sich das Bundesdefizit auf 11% der privaten Ersparnisse. Heute, bei einem projektierten Haushaltsdefizit von 520 Milliarden Dollar, liegt diese Quote bei fast 30% der Bruttoersparnisse – und das bedeutet: Höchste Alarmstufe (s. Denning 2004). Je mehr Ersparnisse in Regierungsanleihen gesteckt werden, desto weniger fließen in Unternehmensanleihen und Aktien, in eigene betriebliche Aktivitäten oder in Wagnisbeteiligungen bei fremden Unternehmen - und um so mehr fließen in die verschwenderischen und unproduktiven Aktivitäten des Staates und seiner Bürokratien. Das summiert sich im Zeitablauf mehr und mehr zulasten des Kapitalbildungsprozesses und höhlt somit die Wohlstandserzeugungskraft einer Volkswirtschaft aus.

Der materielle Schaden ist aber noch nicht das Schlimmste an der Staatsverschuldung. Noch verheerender ist ihre Wirkung auf die Moral der Bevölkerung. Mit der wachsenden Staatsverschuldung steigt nämlich auch unablässig die Abhängigkeit der Bürger vom Staat. Die Menschen gewöhnen sich daran, daß mehr und mehr Aufgaben vom Staat übernommen – und daß mehr und mehr Güter und Leistungen von ihm bezahlt und bereitgestellt werden. Die Bürokratie und die mit dem politischen Apparat verbundenen Funktionärsorganisationen wuchern unaufhörlich. So verwandelt sich der demokratische Prozeß zunehmend in ein schamloses und erniedrigendes Gerangel, bei dem sich jedermann zulasten seiner Nachbarn und zulasten der nachfolgenden Generation um die fettesten Brocken schlägt. Die auf dem Verschuldungsweg finanzierten Geschenke und Bestechungsgelder an bestimmte Bevölkerungsgruppen werden zunehmend wahlentscheidend und blähen die politische Sphäre zulasten der privaten auf. Das gesamte Leben der Bürger wird politisiert, und die private Moral erodiert. (*Moral* kann immer nur *private Moral* sein! Apparate können nicht moralisch oder unmoralisch sein, sondern nur die dort tätigen Individuen.)

Letztlich kümmern sich die Menschen nur noch um sich selber, weil sie der Meinung sind, mit ihren maßlosen Steuern und

Sozialabgaben genug für andere getan zu haben. Mindestens 70% der Staatsausgaben werden heutzutage für Staatsleistungen getätigt, die vor fünfzig Jahren noch von den Familien, den Kirchen und vom privaten Leistungssektor erbracht worden sind. Es ist natürlich bequem, sich einzureden, die Staatsschulden-Gelder würden für das "Gemeinwohl" verwendet. "Damit", schreibt *Dan Denning*," bekommt Verantwortungslosigkeit nur einen schöneren Namen." Wer sich als Bürger mit der Staatsverschuldung abfindet, stimmt nicht nur der Verarmung der Volkswirtschaft zu, in welcher er lebt, sondern auch der Erosion seiner eigenen Moral und der aller anderen Bürger.

Walter Hirt vom Schweizer Informationsdienst *Wirtschaft aktuell* hat die tristen Vorgänge wie folgt zusammengefaßt: "Die absurde, nicht mehr steuerbare Liquidität, die als Gegenbuchung zur aberwitzigen Verschuldung... stehen geblieben ist, hat zu falschen Allokationen...geführt; sie hat aber auch die Menschen nachlässig und unkritisch werden lassen; sie hat die Arroganz der Mächtigen gesteigert; sie hat der Hochfinanz das Pulver geliefert, mit dem das Feuerwerk der 80er und 90er Jahre an den Finanzmärkten gezündet worden ist; sie hat die Sitten und die Moral in weiten Teilen der Gesellschaft erodieren lassen; sie hat auch die Machtverhältnisse und die Besitztümer verschoben und damit viele gesellschaftliche Probleme geschaffen; sie hat die wohlfahrtsstaatliche Verluderung vorangetrieben und einen Teil der Bonitäten an den Finanzmärkten zerstört... Kurzum: die ausufernde Liquidität hat die Menschen verdorben." (Hirt 2003, S.9).

Wie rasch und gründlich die babylonischen Türme der westlichen Welt einstürzen und die Zivilisation unter sich begraben können, sei am Beispiel einer jederzeit möglichen Finanz- und Wirtschaftskatastrophe demonstriert: Seit vielen Jahren ist der chinesische Yuan an den Dollar gebunden. Wenn also der Dollarkurs sinkt, werden die amerikanischen Waren für Chinesen nicht billiger, weil der Yuan mitsinkt (Der Wechselkurs Yuan / Dollar bleibt gleich.) Die USA gewinnen deshalb bei sinkendem Außenwert ihrer Währung keinen Exportvorteil gegenüber China, und Chinas Exportvorteil gegenüber den USA bleibt trotzdem bestehen, ganz einfach, weil die chinesischen Waren unvergleichlich viel billiger sind als die US-Waren (und weil sie das wegen des *Dollar-pegs* auch bleiben, egal wohin der Dollar sinkt).

Nun haben die Chinesen (Chinesische Nationalbank, Staatsbanken und Unternehmen) ihre gigantischen Erlöse aus ihren Exportüberschüssen in US-Schatzanleihen und anderen Dollarpapieren angelegt. Die Dollarguthaben der Chinesen (und der anderen asiatischen Länder) summieren sich inzwischen zu einigen Tausend Milliarden. Nehmen wir nun an, die chinesischen Partei- und Militärkader kämen zu der Überzeugung, die USA müßten als führende Weltmacht ausradiert werden. Sie bräuchten dazu weder Atombomben noch sonstige Massenvernichtungswaffen, ja überhaupt keine militärischen Aktionen. Sie müßten lediglich verkünden, den Yuan von seiner Bindung an den Dollar lösen zu wollen - und die (ziemlich realistische) Erwartung offenkundig machen, daß sich der Yuan in diesem Fall gegenüber dem Dollar um 30 bis 50%

aufwerten würde. Innerhalb nur weniger Tage würden alle chinesischen und generell alle asiatischen Dollarbesitzer - inklusive der Zentralbanken - ihre Dollaranlagen verkaufen, oder jedenfalls versuchen, sie zu verkaufen. Das Ergebnis wäre, daß die US-Zinsen himmelwärts stürmen würden. Und damit käme es zum Einsturz der zu Wolkenkratzern hochgeschossenen Schuldentürme der Amerikaner (Staat, Unternehmen und Private). Das wäre der GAU des Weltfinanzsystems und zugleich der westlichen Volkswirtschaften. Die Weltwirtschaftskrise der frühen 30er Jahre, die - wie wir wissen - im Ergebnis zur Entzivilisierung der Menschheit in einem verheerenden Weltkrieg geführt hat, könnte sich gegen diese neue Große Weltdepression als Spaziergang erweisen.

Was die Chinesen von einem solchen Schritt (noch) abhalten mag, ist die Tatsache, daß man mit einer Leiche keine Geschäfte mehr machen kann. Aber der binnenwirtschaftliche Nachholbedarf des Koloß China ist so unvorstellbar gewaltig, daß dieses Kalkül nicht auf allzu sicheren Beinen steht. Ob und wann das geschieht - oder ob nicht (oder ob das Schlimmste vielleicht noch von unzählbaren Milliarden des Internationalen Währungsfonds verhindert oder "abgefedert" werden könnte), sei dahingestellt. Es sei damit nur gezeigt, daß es sich beim "Krieg gegen die Zivilisation" keineswegs nur um ein theoretisches Konstrukt handelt.

Ein Fazit: Die Unterminierung der materiellen Grundlagen einer Gesellschaft *und* ihres ethisch-moralischen Werte- und Regelgerüsts - auch und besonders durch das Regime eines betrügerischen Falschgeldsystems: das ist nicht nur bedenkenloses Fehlverhalten; das ist zerstörerischer Krieg gegen die unerläßlichen Voraussetzungen und Überlebensbedingungen der Zivilisation.

Die Welt-Katastrophe

"Die Geschichte der öffentlichen Finanzen ist jene der Bankrotte: Sie reicht vom Altertum bis in die Gegenwart." (S.109) "Wohlfahrtsstaat, Bürokratie und Verschuldung bilden seit der Antike stets den Auftakt zum späteren Bankrott, zum Nieder- und Untergang von Nationen. Die Geldwirtschaft wird ruiniert, die Natural- und Schattenwirtschaft blüht. Der alles dominierende Protektionismus be- und verhindert den weltweiten Handel, läßt ihn zusammenbrechen. Die Weltwirtschaft gerät in eine tiefe Krise, Depression breitet sich aus. Der freie Kapitalverkehr wird unterbrochen, die Anleger sind ihrem Staat gnadenlos ausgeliefert. Armut breitet sich ungehindert aus, die soziale Sicherheit versagt. Im Zuge sozialer und politischer Unrast geht die innere Sicherheit verloren. Das Chaos wird nicht selten durch Diktaturen von links oder rechts beendet. Die Demokra-

tie geht sowohl finanziell als auch existentiell bankrott."
(*Walter Wittmann* 1995, S.113)

Verschuldung und Geldschöpfung bedingen einander. Die von der Zentralbank der USA, der FED (Federal Reserve System) und dem übrigen Bankensystem erzeugte Liquiditätsschwemme kann ja nur durch Neuverschuldung in die Welt kommen. Wenn sich niemand verschuldet, gelangen die neugedruckten Geldscheine nicht unters Volk (es sei denn, man würde sie aus Hubschraubern über den Städten und Dörfern abwerfen), und das Kreditgeld kann ohne Schuldner ebenfalls nicht das Licht der Welt erblicken. Um so irrwitziger mutet einem die Tatsache an, daß die meisten Leute – inklusive vieler Ökonomen – glauben, die Völker würden vermittels Geldvermehrung (=Schuldenvermehrung) reicher werden.

Was die FED in den letzten 30 Jahren – und ganz besonders während der Greenspan-Ära – betrieben hat, ist eine Weltkatastrophe. Während der Zeit des *Bretton Woods-Abkommens* (1948 bis 1971, dem Jahr der letzten und vollständigen Lösung des Dollars vom Gold) waren die Dollar-Reserven der wichtigsten Zentralbanken um rund 55% gewachsen. In den darauffolgenden 30 Jahren wuchsen sie um mehr als zweitausend Prozent. Rund um den Globus verminderten die Zentralbanken ihre Goldreserven und türmten Papierdollar-Gebirge auf. Unter der Leitung von *Alan Greenspan* hat die FED mehr Geld erzeugt als unter allen vorherigen FED-Präsidenten zusammen. Diese Dollarschwemme hat die Amerikaner in einen Ausgabenrausch versetzt und an den Anlagemärkten der Welt lodernde Feuer entfacht – mit anschließenden Crashs natürlich. Nicht nur die Aktienkurse brachen zusammen (wie nach jedem Boom), sondern auch viele Währungen. So in Japan, Thailand, Rußland, Mexiko und Argentinien. Danach schwappten die Dollar-Billionen wieder zurück in die USA und bliesen dort Aktien- und Immobilienblasen astronomischer Größenordnung auf.

Natürlich tragen FED und *Greenspan* (und die hinter ihnen stehende US-Regierung) nicht allein die Schuld an den Ozeanen aus Scheingeld und Krediten, in denen die Welt ertrinkt. Die deckungslose Papiergeld-Sintflut *auf dem ganzen Globus* macht den Wahnwitz erst möglich. Ein kurzer Rückblick ins letzte Jahrzehnt soll das verdeutlichen: 1992 fiel die Inflation in Brasilien vom Schritt in den Galopp, was schließlich in einer vollständigen Entwertung der brasilianischen Währung und einer Währungsreform endete. Von 1992 bis 1994 flohen gewaltige Beträge an brasilianischen Geldern vor der Inflation in den US-Dollar, was den Beginn des größten Börsen-, Immobilien- und Finanzbooms aller Zeiten markierte. Ein Jahr später, 1995, sackte der mexikanische Peso um 50% ab, was einen erneuten Zufluß von Finanzkapital in den Dollar auslöste. Der Dollar stieg. 1996 wurde der Devisenzufluß aus Südostasien schwindelerregend. Dann kam 1998 das Schuldendebakel in Rußland. Noch mehr Geld floß in die USA, und der Dollar stieg in den darauffolgenden zwei Jahren gegenüber dem Euro um mehr als 30%. Die Aktien-, Anleihen- und Immobilienblasen in den USA blähten sich immer weiter auf.

Zwischen 1992 und 1999 flossen netto 1.200 Milliarden Dollar in die US-Wirtschaft. Die Zinsen sanken und regten damit Unternehmen und Verbraucher zu wahren Verschuldungsorgien an. Zwischen 1992 und 2002 stiegen die Konsumentenkredite um 119% und die Unternehmensschulden um fast 100%. Der starke Dollar regte die Importnachfrage an und führte zu einem aberwitzigen Handelsbilanzdefizit , das von 36 Milliarden Dollar im Jahr 1992 auf 420 Milliarden Dollar im Jahr 2002 explodierte. Inzwischen hat es die 500-Milliardenmarke überschritten. Vielleicht sehen wir demnächst die Horror-Zahl 700 Milliarden. Dieses größte Handelsbilanzdefizit der Weltgeschichte wird natürlich eines grausamen Tages "bereinigt" werden müssen.

Ganz "nebenbei" haben diese globalen Ebbe- und Flut-Wellen des *fiat money* ein Dutzend Währungen ruiniert und Millionen von Menschen um ihre Ersparnisse gebracht. Und weitere Millionen Unschuldige werden beim nächsten Währungsdesaster ihr Vermögen, ihre Ersparnisse und ihre materiellen Lebenschancen verlieren, während etliche Mitglieder der "Hochfinanz" wiederum Milliarden scheffeln werden. (Das liegt aber nicht an den Hochfinanz-Figuren, sondern am *fiat money*. Schuld trifft die Finanz-Tycoons nur insoweit als sie für die Aufrechterhaltung des gegenwärtigen Papiergeld-Systems und des Dollars als Weltreservewährung agieren.)

Der Herr der Blasen

Auch wenn *Alan Greenspan*, wie ausgeführt, nicht der Alleinschuldige an der Geld- und Kredit-Sintflut ist, die den Globus überschwemmt, so ist er doch der Oberheizer der Geld- und Schulden-Lokomotive. Seit er Präsident der FED ist (seit August 1987), hat er den babylonischen Turm aus Papierdollars um Fünfeinhalbtausend Milliarden erhöht (Stand Mitte 2003). Damit man einen besseren Eindruck von der Größenordnung solchen Wahnwitzes gewinnt, sei ein Vergleich angestellt: Alles Gold, das im Verlauf der Menschheitsgeschichte jemals gefördert worden ist, wird – zum heutigen Goldpreis (von ca. 400$ die Unze) – auf einen Gesamtwert von 1.300 Milliarden Dollar geschätzt. Alles noch in der Erde ruhende und förderungswürdige Gold wird auf 100 Milliarden Dollar geschätzt (indem man als Näherungsrechnung den Börsenwert sämtlicher Goldminen der Welt addiert). Zusammen ergibt das eine Summe von 1.400 Milliarden Dollar. *Alan Greenspan* hat für die Erzeugung einer gleich hohen Schein- und Kreditgeldsumme gerade mal zwei Jahre gebraucht.

Mit dieser heißen Luft blies sich im Verlauf der 90er Jahre eine gigantische Aktienblase auf. Kurs/Gewinn-Verhältnisse von über 100 waren keine Seltenheit. (Die langfristige Durchschnittszahl liegt irgendwo zwischen 13 und 17. Mit dieser Verhältniszahl, im Englischen *Price Earning Ratio / PER*, genannt, geben die Börsianer an, das Wievielfache des auf eine Aktie entfallenden Jahresgewinns eines Unternehmens benötigt wird, um eine Aktie des Unternehmens kaufen zu können.) Der

Aktienblase folgte die Hypothekenblase. Vor 1997 hatte es 13 Jahre gedauert, bis die Amerikaner Hypothekenschulden von 3.000 Milliarden $ aufgehäuft hatten. Die Verdoppelung dieser Summe, also weitere dreitausend Milliarden Dollar, schafften sie dank der Niedrigzinspolitik der FED in weniger als fünf Jahren. Mitte 2003 beliefen sich die Hypothekenverbindlichkeiten der amerikanischen Haushalte auf 8.200 Milliarden Dollar.

Die von der FED verantwortete Talfahrt der Zinsen (13 Zinssenkungen in Folge) lösten einen Refinanzierungsboom bei den Hypotheken aus – und dieser war wiederum das "Gas" für eine Immobilienblase. In den USA sind die meisten Hypotheken mit einer Refinanzierungs-Option versehen. Das heißt: Bei fallenden Zinsen hat der Schuldner das Recht, seine Hypothek auf den neuen, niedrigeren Zinssatz umzuschulden. Millionen Amerikaner nutzten diese Gelegenheit, paßten zugleich die Hypothekensumme an die inflationär gestiegenen Immobilienpreise an und ließen sich den überschießenden Betrag (insgesamt 200 Milliarden Dollar) auszahlen – überwiegend für Konsumausgaben. Hypotheken- und Immobilien-Bubble bliesen sich gegenseitig auf.
(Sprachlicher Hinweis: Eigentlich müßte es DAS Fed heißen und nicht DIE Fed, denn Fed oder FED steht für DAS Federal Reserve-System; ich bevorzuge DIE Fed, weil man auch ›DIE Federal Reserve-Bank‹ sagen kann.)

Rund die Hälfte der Hypotheken werden von den staatlich gesponsorten Mammut-Instituten *Fannie Mae (Federal National Mortgage Association)* und *Freddie Mac (Federal Home Loan Mortgage Association)* gehalten. In dem von ihnen und dem Greenspan-Geld geschaffenen Sumpf haben die Zinsdifferenz-Spekulanten (Leihe kurzfristig zu Niedrigzinsen und lege langfristig zu Hochzinsen an), meistens Fonds, Derivate-Geschäfte mit Hebeln von 20 und mehr aufgebaut, eine babylonische Stadt aus heißer Luft, die ihren Charakter als Fata Morgana offenbaren wird, sobald die Zinsen steigen. Dabei sind *Fannie Mae* und *Freddie Mac* selber die größten Derivate-Händler der Welt. Mitte 2003 gab es das erste Wetterleuchten über den beiden Hypothekenbanken, das rasch von Garantieerklärungen der Regierung zugedeckt wurde. Der amerikanische Steuerzahler haftet nun auch offiziell in Billionenhöhe. (Fast lautlos und kommentarlos hat der US-Senat im Herbst 2003 der staatlichen Haftungsgarantie für die beiden Hypotheken-Giganten zugestimmt.)

Wie lange sich ein gefährlicher Hurrikan über den beiden Instituten vermeiden läßt, ist eine offene und furchterregende Frage. *Bruno Bandulet* schrieb dazu im Juli 2003: "Beide [Freddie Mac und Fannie Mae] haben ein Kartenhaus an Derivaten aufgetürmt. [Derivate sind Optionen, Futures, Swaps u.ä., mit welchen die in den normalen Finanzanlagen enthaltenen Risiken berausgelöst, neu gebündelt und dann eigenständig gehandelt werden, R.B.] Allein bei *Freddie Mac*, dem kleineren Institut, sind sie seit 1993 von 72 auf weit über 1.600 Milliarden Dollar explodiert. Wie üblich, wurden auch noch die Bilanzen frisiert. Vorerst versucht man, den Skandal zu überkleistern. Das Platzen dieser Blase wäre der absolute Ernstfall für das US-Finanzsystem. Dann muß die Federal Reserve im großen Stil Geld drucken" (Bandulet 2003).

Der Hypotheken- und Immobilien-Blase folgte die Bond-Blase. Die Warnungen *Greenspans* vor den Gefahren einer Deflation trieben die Anleger in riesigem Ausmaß in Staatsanleihen, weil sie noch niedrigere Zinsen erwarteten. Diese panikartigen Käufe machten sich auch die Konzerne zunutze. *General Motors* z.B. brachte mit einem 17 Milliarden Dollar-Bond die größte Anleihe auf den Markt, die jemals von einem amerikanischen Unternehmen aufgelegt worden ist. Sie wurde nicht aufgelegt, um damit Investitionen zu finanzieren, sondern nur um Schulden des Unternehmens in der Bilanz von einer Ecke in die andere zu verschieben. Die meisten Mittel wurden dazu benötigt, die gigantischen Pensionsverpflichtungen zu unterfüttern. Schulden für andere Schulden also. Genauer: Weil ein großer Teil der Pensionsverpflichtungen (Altersruhegelder an die Arbeitnehmer des Konzerns) gar nicht in der Bilanz stehen, dort aber spätestens auftauchen müssen, wenn die Pensionszahlungen einsetzen, wurden mit der Anleihe unsichtbare Schulden in sichtbare umgewandelt. Aber selbst diese Giga-Anleihe von 17 Milliarden Dollar war nur ein Tropfen auf den heißen Stein, denn die Pensionsverpflichtungen von *General Motors* türmen sich zu astronomischen 75 Milliarden Dollar.

Der hauptsächliche Sturm der Anleger ging jedoch in die Staatsanleihen. Die Vermutung liegt sehr nahe, daß es sich dabei um ein abgekartetes Spiel *Greenspans* und des US-Schatzamts gehandelt hat, mit dem die langfristigen Zinsen trotz der deutlich anziehenden Inflation nach unten manipuliert werden sollten. Offiziell wurde die Inflation in den USA zwar mit 2,5% (2002) und 2% (2003) ausgewiesen, aber jeder US-Bürger wußte aufgrund eigener Erfahrung bei seinem Haushaltsbudget, daß diese Ziffern nicht stimmen konnten. In der Tat gehen in die Preisindex-Berechnungen schwergewichtig die Preise des Produktionssektors ein, während der Dienstleistungssektor unterrepräsentiert ist. Nun entfallen aber nur noch 16% der US-Volkswirtschaft auf den Produktionssektor, wo die Preise im besagten Zeitraum nicht oder nur moderat stiegen, während sich der Dienstleistungssektor mit Raten von 10 bis 20 Prozent aufblähte.

Mit seinem wiederholt vorgetragenen Deflationsgemurmel gelang *Greenspan* also der Trick, die Zinsen trotz scharf anziehender Inflation nochmals zu drücken. Damit blies er zugleich die Bond-Blase noch weiter auf. Ja, es gelang ihm sogar das Kunststück, die ab 2000 spektakulär geplatzte Aktienbubble (der 90er Jahre) ab Sommer 2003 nochmals aufzublasen – und das vor dem Hintergrund noch immer (trotz des crashs) weit überhöhter Aktienkurse. Gigantische Blasen also bei Aktien, dann bei Hypotheken, dann bei Immobilien, dann bei Bonds, und nun wieder bei Aktien: *Greenspan*, der Meister aller Blasen, ein wahrer Serien-Bubble-Künstler. Ganz am Ende wird er natürlich recht behalten mit seiner Furcht vor Deflation und Depression, aber die tödliche Fallhöhe des Absturzes und die Tiefe des Abgrunds, in den die US-Wirtschaft (und mit ihr die Weltwirtschaft) stürzen wird, hat er selber mit seinem bis zu den Sternen aufgetürmten Scheingeld geschaffen.

Dieser Herr der Blasen, *Alan Greenspan*, ist derselbe Mann, der 1966 geschrieben hat: "Die Abschaffung des Goldstandards machte es den Politikern des Wohlfahrtsstaates möglich, das Bankensystem als Mittel zur unbegrenzten Erweiterung des Kredits zu nutzen... Ohne Goldstandard gibt es keine Möglichkeit, Ersparnisse vor Aufzehrung durch Inflation zu schützen. Es gibt keinen sicheren Wertspeicher. Wenn es den gäbe, müßte die Regierung seinen Besitz für illegal erklären, wie es im Fall von Gold geschehen ist... Die Finanzpolitik des Wohlfahrtsstaats erfordert, daß es für die Besitzer von Vermögen keinen Weg geben darf, sich zu schützen. Dies ist das schäbige Geheimnis, das hinter den Tiraden der Vertreter des Wohlfahrtsstaates gegen das Gold steckt. Die Defizitfinanzierung ist einfach eine Methode zur ›heimlichen‹ Aufzehrung von Vermögen" (Greenspan 1966).

Nun könnte man sagen, *Greenspan* habe den betreffenden Artikel vor fast 40 Jahren geschrieben und betrachte das heute wohl als "Jugendsünde". Doch dem ist nicht so. Im Jahr 2002 hat ihm der amerikanische Abgeordnete *Ron Paul* eine Kopie des Artikels übergeben und gefragt: "Möchten Sie, Mr. Greenspan, gerne einen Widerruf ausbringen?" Die Antwort des Mannes, der mehr nicht gedecktes Papiergeld geschaffen hat als jeder andere in der Menschheitsgeschichte, lautete: "Nein, ich würde kein einziges Wort verändern" (s. North 2003).

Ein anderer, nicht weniger bedenklicher Aspekt des *Greenspan*-Wahnsinns: Der FED-Präsident versteht ganz bestimmt viel, sehr viel sogar, von Geldtheorie und Geldpolitik. Und seine aktuelle Sicht der Geschehnisse ist nicht weit (wenn überhaupt) von den "wissenschaftlichen" Überzeugungen der meisten Ökonomen entfernt. Genau das aber wirft ein bezeichnendes Licht auf die "Qualität" der mainstream-Ökonomie: Was soll man von einer "wissenschaftlichen" Theorie und ihren Vertretern auf den Lehrstühlen und in den Redaktionsstuben halten, die seit Jahren erklären, die Inflation sei derzeit "kein Thema", es bestehe eher die Gefahr von "zu wenig Inflation" (nämlich Deflation) – und das in einer Zeitperiode (1990 bis 2002), in welcher die größte *asset inflation* (Inflation der Vermögens- und Finanzanlagen-Preise) der Menschheitsgeschichte stattgefunden hat?! Welch eine "Wissenschaft"! Welch eine "Geldtheorie"! *Kurt Richebächer*, einer der international bekanntesten Bankiers und Finanzexperten (sowie mit 85 Jahren einer der *grand old men* der Finanzgeschichte), hat den Nagel auf den Kopf getroffen mit seinem Satz: "Unsere Zeit hat die schlechtesten Ökonomen seit 200 Jahren."

Dabei ist es eine Binsenweisheit, daß die Inflation in vielen Gewändern auftauchen und wüten kann, nicht nur in Form steigender Konsumgüterpreise. Und bei der Börsenerfahrung, daß "Überschußliquidität" (Geldmengenzuwachs minus Sozialproduktszuwachs) die Börsen in irreale Höhen treibt, handelt es sich ebenfalls um eine Binsenweisheit. Die Aktienkurse folgen in der Regel mit einer Verzögerung von zwei bis fünf Quartalen den Liquiditätsveränderungen. Auch in Deutschland konnte man das im Jahr 2003 erneut beobachten: Im ersten Halbjahr stieg das Geldangebot in einer Bandbreite von 6,5 bis 14%. Da das Wirtschaftswachstum nur bei Null bis 0.5% lag, sprangen die Börsenkurse trotz der vorangegangenen schweren Einbrüche und trotz des maroden Zustands der deutschen Wirtschaft wieder an (wenngleich nicht bei Kurs/ Gewinn-Verhältnissen vom Illusionsniveau der amerikanischen Aktien).

Sonnenfinsternis

> "Die erste Lektion der Ökonomie ist die Knappheit: Es gibt niemals genug von irgend etwas, um alle befriedigen zu können, die es haben wollen. Die erste Lektion der Politik ist die Nichtbeachtung der ersten Lektion der Ökonomie."
> (*Thomas Sowell*, amerikan. Ökonom)

Ein Blick ins "Land des Sonnenursprungs" (Nippon) - also nach Japan - bietet sich an dieser Stelle an, weil die dortige Regierung und ihre Notenbank ein Jahrzehnt vor den USA demonstriert haben, wie man ein reiches und blühendes Land mit Geld- und Finanzpolitik ruiniert.

Daß die Japaner nach dem 2. Weltkrieg mit Bienen-Fleiß, hohen Sparleistungen und dem Übergang zu einer marktwirtschaftlichen Ordnung einen sagenhaften Reichtum errungen haben, ist jedermann bekannt. Von Anfang an aber hatte die japanische Marktwirtschaft einen politischen Geburtsfehler (neben *dem fiat money* natürlich): die sog. "Japan connection", eine enge Verfilzung zwischen Staat, Notenbank, Handelsministerium, Banken und Konzernen. Wie jede "politische" Marktwirtschaft, trug auch die japanische den Keim ihrer späteren Erkrankung in sich.

Mitte der 80er Jahre begann die japanische Notenbank, die Geldmenge aufzublähen. Der beginnende Boom an den Aktien- und Immobilienmärkten wurde mit einer geradezu irrwitzigen *easy money*-Politik (Politik des leichten Geldes) so kräftig genährt, daß die Bodenpreise im Stadtgebiet von Tokio 1986/87 mit Jahresraten von 70 bis 80% stiegen. Der *Rheinische Merkur* schrieb damals: "Das Staatsgebiet Japans geht fünfundzwanzig Mal in das Staatsgebiet der Vereinigten Staaten hinein; als Immobilie gesehen, ist es jedoch doppelt so viel wert" (16.10.1987). An der Börse stieg der Nikkei-Index von rund 7.500 im Jahr 1982 auf sagenhafte 38.916 bei seinem Höhepunkt am 29.Dezember 1989.

Als die Inflation der Vermögenswerte völlig absurde Dimensionen angenommen hatte, begann die *Bank of Japan*, die Leitzinsen kontinuierlich zu erhöhen. Es kam wie es kommen mußte: Ende 1989 platzten die Blasen, und Aktienkurse und Immobilienpreise stürzten ins Bodenlose. Bis Anfang September 2002 war der Nikkei-Index – nach einigen Zwischenerholungen in den 90er Jahren – um 76% gefallen, und am 11.März 2003 sank er erstmals seit zwanzig Jahren unter die Marke von 8.000 Punkten (genau: auf 7.862 Punkte). Damit war er fast wieder da angelangt, wo er 1982 seinen Höhenflug begonnen hatte, aber mit dem Unterschied, daß inzwischen zwanzig Inflationsjahre ins Land gegangen waren. Auch am Immobilienmarkt ging es zwölf Jahre lang abwärts, bis im Jahr 2002 das Preisniveau der 70er Jahre – also von dreißig Jahren vorher – erreicht war.

Doch damit war der keynesianische Wahn keineswegs zu Ende. Im Gegenteil: Jetzt begann er erst richtig. (Was es mit *Keynes* und der *keynesianischen Politik* auf sich hat, wird im Oberkapitel *IV Die ANAMNESE* behandelt.) Mitte der 90er Jahre stellte die Gelddruck-Lokomotive in Tokio sogar die amerikanische FED weit in den Schatten (obwohl letztere allein zur "Bereinigung" des Debakels der *Savings and Loan*-Banken rund Hundert Milliarden Dollar "herbeizaubern" mußte). Als Spiegelbild der Turbo-Gelddruckerei betrug das 1998 treuhänderisch verwaltete Finanzkapital in Japan Neuntausend Milliarden Dollar. Das entsprach damals 40% aller Ersparnisse der Welt.

In der Absicht, die desaströsen Folgen der geplatzten Blasen zu mildern und den Abwärtstrend zu stoppen oder gar wieder umzukehren, schoß die *BoJ* (Bank of Japan) in den 90er Jahren aus vollen Rohren ihrer Papiergeld-Kanonen. Aber ohne auch nur ein Quentchen des angestrebten Erfolgs zu erreichen. Von 1997 bis Mitte 2003 ist die Geldversorgung um 84% gestiegen, das Sozialprodukt (BIP) aber in derselben Zeit um 6% gefallen. Noch wilder trieb es die japanische Regierung. Mit dicht aufeinander folgenden "Konjunkturprogrammen" astronomischer Dimension geriet die Fiskalpolitik (staatliche Ausgabenpolitik) regelrecht zur Raserei. Immer wenn die Arbeitslosenquote einen neuen Anstieg verzeichnete, wurden sofort riesige Nachtragshaushalte verabschiedet. Zwischen 1992 und 2000 gab es elf Nachtragshaushalte mit einem Gesamtvolumen von umgerechnet Eintausenddreihundert Milliarden Euro. Staatliche Bauprojekte wurden gestartet und kleinere und mittlere Unternehmen massiv unterstützt. Also Keynesianismus pur. Die

Effekte waren jedoch nur kleinere Auf- und Abwärts-Zyklen innerhalb des dreizehnjährigen Niedergangs. Per Saldo haben auch die begünstigten Unternehmen viel mehr verloren als gewonnen.

Die öffentlichen Aufträge – vor allem an die Bauindustrie – summierten sich zu Beträgen und Größenordnungen, die alles überstiegen, was die Welt bislang gesehen hatte. Allein im Jahr 2000 hat der japanische Staat fast 40% des gesamten Staatshaushalts in Baumaßnahmen gesteckt. Das Ergebnis des fiskalpolitischen Deliriums eines Jahrzehnts: Konjunkturpolitisch weniger als Null, denn die Talfahrt der japanischen Wirtschaft und der Börsen setzte sich fort. Statt dessen hat es dem Land einen weiteren Rekord beschert: Japan ist jetzt das häßlichste Land der Erde. Der Inselstaat ist zubetoniert und zugemauert. Er ist voll von modernen Konzerthallen, in denen niemand musiziert, gepflastert mit futuristisch anmutenden Sportstadien ohne Sportler, übersät mit fantastischen Museen ohne Ausstellungsmaterial, und durchzogen von Schnellstraßen, die nach Nirgendwo führen (s. Kerr 2001). Wenn Nippon tatsächlich die Wiege der Sonne wäre, dann würde sich unser lichtspendender Stern über jede Sonnenfinsternis freuen, bei der er sein Antlitz verhüllen kann.

Weil man solchen Wahnwitz niemals mit offen erhobenen Steuergeldern allein hätte betreiben können, wurde er mit heimlichen Steuern finanziert, sprich: mit Staatsschulden. Seit mehr als einem Jahrzehnt wird der japanische Staatshaushalt "still" schuldenfinanziert – und zwar in Größenordnungen von über 40% des Budgets (2002: 41,8%; 2003: 44,5%; 2004 (geschätzt): 44,6%). So hoch lagen jedenfalls die Quoten der neu ausgegebenen Staatsanleihen, gemessen am jeweiligen Jahreshaushalt. Zum Vergleich: Der inzwischen zu Grabe getragene europäische "Stabilitätspakt" sah eine Obergrenze von 3% für die Schuldenfinanzierung der Staatshaushalte vor.

Japans offizielle Staatsverschuldung ist nun mit fast 200% des Sozialprodukts (Bruttoinlandsprodukts, BIP) die höchste aller Industrieländer, was das Verhältnis zum BIP betrifft. Die tatsächliche Staatsschuld – inklusive der Pensionsverpflichtungen – wird von Experten auf 450% des Sozialprodukts geschätzt. (Es geht hier, wohlgemerkt, nicht um *Gesamt*verschuldungsziffern – wie im Kapitel ›Ozeane aus Scheingeld und Schulden‹ behandelt, sondern "nur" um die Schulden des Staates.)

Zugleich ist das Bankensystem das marodeste aller Industrieländer (inzwischen vielleicht nur noch übertroffen von den chinesischen Staatsbanken). Schon 1995 galten drei Viertel aller Kredite der acht großen Hypothekenbanken des Landes als "notleidend", wie die Bankleute sagen (= faul oder uneinbringlich). Die zusammengebrochenen Immobilien- und Aktienmärkte haben die Bankbilanzen verwüstet. Bis 1999 waren bereits (umgerechnet) 500 Milliarden Euro an staatlichen Finanzhilfen an die japanischen Banken geflossen – eine Art Quasi-Verstaatlichung. Wie bei allen staatlichen Interventionen in die Märkte, verkehrte sich auch im Fall der Bankenhilfen die gute Absicht ins Gegenteil: Zentralbank und Regierung glaubten, den Banken mit Fast-Null-Zinsen Luft zu verschaffen, um ihre faulen Kredite abbauen zu können. Doch was geschah? Die Banken wollten die Offenlegung der Verluste vermeiden, die in den Bilanzen aufscheinen, wenn notleidende Kredite abgeschrieben werden. Deshalb verlängerten sie die faulen Kredite wieder und wieder, denn bei einem Zins von nahe Null fallen ausbleibende Zinszahlungen der Schuldner kaum ins Gewicht, und andererseits konnten viele der maroden Schuldner die Mini-Zinsen sogar noch weiterhin bezahlen.

Es ist ja gerade eine wichtige Funktion des Zinses in der Marktwirtschaft, die Schuldner zu disziplinieren und das Kapital zum besten Unternehmen und zur besten Verwendung zu lenken. Mit Null-Zinsen können diese Mechanismen nicht mehr wirken; ja sie geben sogar die falschen Signale, weil sich unproduktive Unternehmen im Markt halten und bedarfsfremde Projekte begonnen und durchgehalten werden können.

Damit ist aber das letzte Stadium des keynesianischen Wahns noch nicht erreicht. Angesichts drohender Bankenzusammenbrüche apokalyptischen Ausmaßes hat die Notenbank bekundet, unbegrenzt Liquidität bereitzustellen. Ende März 2003 hat die *Bank of Japan* in einer Sondersitzung beschlossen, den Banken große Teile ihrer Bestände an maroden Aktien abzukaufen. Obwohl die Zentralbank 1998 ihre formelle Unabhängigkeit von der Regierung erlangt hatte, beschloß der geldpolitische Rat der Bank auf Drängen der Regierung mit sieben gegen zwei Stimmen, die Summe der aus den Portefeuilles der Geschäftsbanken aufzukaufenden Aktien von zwei auf drei Billionen Yen (= mehr als 24 Milliarden Euro) zu erhöhen.

Einem einzelnen Bankinstitut darf die Zentralbank jetzt Aktien im Wert von umgerechnet sechs Milliarden Euro abkaufen. Zugleich wurde die bis dahin geltende Obergrenze für den Aufkauf von Wertpapieren insgesamt – also auch von Staatsanleihen – praktisch ganz außer Kraft gesetzt.

Als sei das der Papiergeld- und Kreditgeld-Raserei noch nicht genug, tut sich vor der japanischen Zentralbank ein neues schwarzes Loch auf: In den langen Jahren mit Niedrigstzinsen war es für Banken, Unternehmen und Private gar zu verlockend, sich zu Mini-Zinsen in Yen zu verschulden und die Beträge zu wesentlich höheren Zinsen im Dollar – vor allem in amerikanischen Staatsanleihen – anzulegen. Eine scheinbar mühelose Geldzaubermaschine.

Aber nun hat der Dukatenesel nach hinten ausgeschlagen: Der Dollar – also die Währung, in der man sein Geld angelegt hat – fällt (weil er wohl noch maroder ist als der Yen), und die Währung, in der man sich verschuldet hat, der Yen, steigt. Eine Bankrott-Lawine droht loszubrechen. Nicht nur wegen der Kursverluste. Hinzu kommt eine weitere Gefahr: In künstlich herbeigeführten Niedrigzinsperioden liegen die Kurzfristzinsen weit unter den Langfristzinsen. Also verschulden sich die Zinsdifferenz-Spieler mit niedrigverzinslichen Kurzfrist-Krediten und legen die geliehenen Beträge in höherverzinslichen Langfristpapieren an. Sobald aber irgendwann die langfristigen Zinsen zu steigen beginnen, fallen die Kurse der Langläufer dramatisch. Die Anleger müssen verkaufen, bevor sie noch mehr Geld verlieren. Das drückt die Kurse der Langläufer noch mehr, worauf panikartige Verkäufe einsetzen und die Erlöse dann oft nicht mehr ausreichen, um die Kurzfrist-Schulden zurückzahlen zu können. Das Bankrott-Karussell beschleunigt seine Fahrt. (Dasselbe makabre Spiel hatte Mitte der 80er Jahre in den USA zum Zusammenbruch der Savings & Loan-Banken geführt; deren vollständiger Bankrott konnte damals nur mit Milliarden an Steuerzahler-Dollars abgewendet werden.)

Es droht also eine neue, zusätzliche Abwärtsspirale, ausgelöst von den japanischen Dollaranlagen-Besitzern. Was macht die japanische Zentralbank (und die hinter ihr stehende Regierung) in dieser verzweifelten Lage? Sie stemmt sich gegen den Dollarkursverfall und kauft zur Kursstützung Dollars auf Teufel komm raus. Und wiederum kommen aberwitzige Summen ins Spiel. Im Jahr 2003 tätigte die *BoJ* Stützungsinterventionen in Höhe von 180 Milliarden Dollar. (Die Stützungskäufe aller asiatischen Zentralbanken zusammen beliefen sich im Jahr 2003 auf rund 400 Milliarden Dollar; der sackte aber trotzdem ab, was ein Licht auf seine "Qualität" wirft.) Für das Jahr 2004 hat sich die japanische Notenbank die unglaubliche Summe von 540 Milliarden Dollar für Devisen-Interventionen genehmigen lassen. (Für das Fiskaljahr 2004 / 2005 gehen Zahlen von über Tausend Milliarden Dollar um.)

Ein Papiermonster stützt also das andere mit Tausenden von Tonnen bedruckten Papiers, in Wahrheit aber mit dem Arbeitsschweiß und den Sparleistungen von vielen Hundert Millionen Menschen.

Man stelle diesen Alptraumzahlen einmal den Wert des gesamten Goldbestandes der *Deutschen Bundesbank* gegenüber. Im Januar 2004 belief sich sein Wert auf rund 28 Milliarden Euro, das waren umgerechnet rund 35 Milliarden Dollar. Die *Bank of Japan* steht also mit einer Papiergeldmunition von mehr als dem fünfzehnfachen Wert des deutschen Goldschatzes bereit, um gegen den weiteren Dollarzerfall zu schießen. Wahrlich Krankheitssymptome, wie sie die Weltgeschichte noch nie gesehen hat.

Marc Faber, einer der bekanntesten und erfolgreichsten Fonds-Manager weltweit, hat recht, wenn er sagt: "Ist überschießende Liquidität [= den Güterzuwachs überschießender Papiergeldzuwachs, R.B.] erst einmal geschaffen, dann fließt das Geld rasch von einem Sektor in den anderen [z.B. aus Aktien in Immobilien oder von einer Währung in die andere, R.B.] und kann somit zu einer Serie neuer Blasen führen" (Faber 2003).

Mit Blick auf die Nationalökonomie kann man sagen: Wenn die modernen Ökonomen nicht dem unvollständigen und mathematisierten Blendwerk der neoklassischen Gleichgewichtsmodelle – und nicht der Knopfdruck-Ökonomie der keynesianischen Makroklempnerei verfallen wären, sondern sich den einzig würdigen Nachfolgern der Klassischen Ökonomie, der *Österreichischen Schule*, zugewendet hätten, dann wüßten sie um zwei überaus bedeutsame Weisheiten der Nationalökonomie: 1) Inflation ist ein monetäres Phänomen, Deflation aber *kein monetäres* sondern ein *strukturelles* Phänomen, weshalb Deflation (oder ganz generell wirtschaftliche Krisen) *nicht monetär bekämpft werden können*; und 2) Mit *fiat money* und dem Kredit-Turbo des *fractional reserve banking* (inklusive der *Zentralbanken*) werden aus normalen Wirtschaftszyklen mit mäßigen Ausschlägen nach oben und unten Zyklen mit gewaltigen Übertreibungen, mit Riesenblasen und abgrundtiefen Zusammenbrüchen. Wie aufeinanderfolgende Serien von Drogenrausch und Entzug bei Junkies letztlich im letalen Zusammenbruch des Kreislaufs enden, so führen die sich aufschaukelnden papiergeld- und kreditinduzierten Liquiditäts-Delirien mit anschließenden Krisen (und deren falscher "Bekämpfung" mit neuen Geld- und Kredit-Flutungen) sukzessive zum Tod der Marktwirtschaft.

Es gibt seriöse Studien, welche nachweisen, daß große Boomphasen in der Wirtschaftsgeschichte in der Folge von umwälzenden technischen Erfindungen und Neuerungen auftreten. Diese Theorien sind zutreffend. Aber in den entsprechenden statistischen Daten und Modellen fehlt das *fiat money* als Einflußfaktor und als "Schmiermittel" der Übertreibungen. Mit echtem Geld könnten auch innovationsbedingte Boomphasen niemals den exzessiven Verlauf nehmen wie das mit beliebig vermehrbarem Papier- und Kreditgeld möglich war und ist. Außerdem würden die Bereinigungskrisen schneller und von niedrigerer "Fallhöhe" aus erfolgen.

Den aktuellen Zustand der Nationalökonomie beschreibt am besten eine kleine Episode: Einer meiner Leser, ein Student der Volkswirtschaftslehre, wurde bei einer privaten Feier von seinem Professor gefragt, was ihn an unserem Fach am meisten interessiert. Wahrheitsgetreu antwortete der Student: "Mein Interesse gilt mehr und mehr den Ökonomen und Lehren der Österreichischen Schule." Darauf der Professor, höchst verwundert: "Was? Die sind doch alle schon tot." (Nebenbei bemerkt: Noch nicht einmal das stimmt; viele sind noch quicklebendig und sogar weltberühmt, aber eben leider nicht in Deutschland. In Europa sind die bekanntesten Vertreter auf Lehrstühlen: *Pascal Salin, Jacques Garello, Gerard Bramoulle* und *Jean-Pierre Centi* in Frankreich, *Jesús Huerta de Soto* in Madrid, *Enrico Colombatto* und *Lorenzo Infantino* in Italien und *Josef Sima* in Tschechien; in den USA zählen zu den herausragenden Köpfen (Unvollständige Auswahl - und Rangfolge der Aufzählung ohne Wertung) vor allem die Professoren: *Israel M. Kirzner, Hans F. Sennholz, Hans-Hermann Hoppe, Llewellyn H. Rockwell Jr., Thomas J. DiLorenzo, Jeffrey M. Herbener, Randall G. Holcombe, Peter G. Klein, Joseph T. Salerno, Mark Thornton, Peter J. Boettke, Walter Block, Guido Hülsmann, Richard Ebeling, Roger Garrison* und *George Reisman.*)

In Deutschland gibt es zwar keinen Ökonomie-Lehrstuhl mehr, der expressis verbis der *Österreichischen Schule* zugerechnet werden könnte (am ehesten noch der von Professor Jochen Röpke in Marburg), aber es gibt gottlob einige bedeutende Köpfe - auch anderer Fakultäten der Gesellschaftswissenschaften, die sich (von kleineren Einschränkungen abgesehen) mit den Lehren von *Ludwig von Mises* und *Friedrich A. von Hayek* identifizieren - und somit im weiteren Sinne und was ihren ökonomischen Hintergrund anbelangt zu den *Austrians* gezählt werden können. So beispielsweise folgende Professoren (um nur einige herauszugreifen): Ökonomen: der (leider emeritierte) *Erich Hoppmann, Manfred E. Streit, Viktor Vanberg, Roland Vaubel, Christian Watrin, Artur Woll.* Andere Fakultäten: der Trierer Wissenschaftstheoretiker *Gerard Radnitzky*, der Philosoph *Hardy Bouillon*, der Soziologe *Erich Weede*, der Sozialphilosoph *Gerd Habermann* und der Pädagoge *Hermann May*.

Rausch und Kater

> "Das wiederkehrende Auftreten von Boom-Perioden mit nachfolgenden Depressions-Perioden ist das unvermeidliche Ergebnis der ständig wiederholten Versuche, den Marktzinssatz durch Kreditexpansion zu senken. Es gibt keine Möglichkeit, den finalen Zusammenbruch eines Booms zu verhindern, der durch Kreditexpansion erzeugt worden ist. Die einzige Alternative lautet: Entweder die Krise entsteht früher durch die freiwillige Beendigung der Kreditexpansion - oder sie entsteht später als finale und totale Katastrophe für das betreffende Währungssystem."
> (*Ludwig von Mises* 1949 / 1963, S.572)

Vor Ende des 18. Jahrhunderts hat es Konjunkturzyklen "aus dem Marktgeschehen heraus" nicht gegeben. Phasen des Niedergangs und krisenhafte Einbrüche im Wirtschaftablauf, die sporadisch auftraten, waren stets auf Einflüsse "von außen" zurückzuführen. So bspw. Mißernten oder Krieg oder idiotische Gesetze von Herrschern. Siedende Aufschwünge und landesweite Abschwünge oder gar Zusammenbrüche aufgrund massenhafter Fehlinvestitionen seitens der Produzenten, Händler und Handwerker waren nirgendwo zu beobachten.

Die Ende des 18. und zu Beginn des 19. Jahrhunderts auftretenden Boom- und Kontraktionsphasen zogen alsbald das Interesse der Ökonomen auf sich. Dem britischen Ökonomen *David Ricardo* ist es gelungen, diese sich nunmehr "aus dem Wirtschaftsgeschehen heraus" entwickelnden Zyklen mit den Mitteln der ökonomischen Analyse zu erklären. Er erkannte, daß die übertriebenen Hochschwünge und die nachfolgenden schweren Krisen eine Folge der Kreditexpansion der Banken und des staatlichen Geldmonopols (mit seinen Zentralbanken) – also ein monetär verursachtes Phänomen war. In Zeiten blühender Geschäfte, angefacht und angetrieben von neuen Banknoten und neuem Buchgeld, stiegen die inländischen Preise stärker als die Preise im Ausland, was zu wachsenden Importen und sinkenden Exporten führte. Es entstand ein anschwellendes Defizit in der Zahlungsbilanz. Dadurch floß Gold zur Bezahlung der Importe aus dem Land. Das Schrumpfen der Reserven ließ die Banken vorsichtiger werden – und das Kreditvolumen sank. Es erfolgte ein wirtschaftlicher Abschwung und der Rückzahlungsdruck der Banken auf ihre Schuldner wuchs. Die Preise sanken und viele Geschäftsleute gingen zu Konkurs. Da die Inlandspreise nun auf dem internationalen Markt wieder wettbewerbsfähiger wurden, kehrten sich die Import-Exportströme um und in der Zahlungsbilanz wandelte sich das Defizit allmählich wieder in einen Überschuß. Gold floß wieder ins Land zurück und die Geschäftswelt gesundete. Das Spiel von Auf und Ab konnte von vorn beginnen.

Ricardos Arbeiten waren ein Erkenntnisfortschritt, aber sie erklärten nicht das neue Phänomen eines weitverbreiteten Irrtums der Unternehmer. Die Frage: "Wie kommt es, daß die sonst in überwiegender Zahl so umsichtigen, klug kalkulierenden und vorsichtig vorausschauenden Geschäftsleute plötzlich die Preisentwicklungen und die Veränderungen von Angebot und Nachfrage so falsch einschätzen?" blieb unbeantwortet. Das Phänomen der massenhaften Über- und Fehlinvestitionen blieb ungeklärt – und damit auch die Ursache für die zuvor nie gekannte Dimension der dem Boom folgenden Krisen. Erst *Ludwig von Mises* konnte die Ricardianische Theorie ergänzen und vervollständigen.

Mises erkannte, daß die Ausweitung der Bankkredite nicht nur die Preise nach oben trieb, sondern auch die Zinsen künstlich senkte. Und diese unter den natürlichen Zinssatz fallenden Zinsen senden falsche Signale an die Geschäftswelt aus und verleiten die Unternehmer zu unwirtschaftlichen Investitionen. Diese Über- und Fehlinvestitionen lassen sich nicht durchhalten, erweisen sich irgendwann als falsch und müssen bereinigt werden. Es kommt zu Krisen und Zusammenbrüchen. Dazuhin führt die von den steigenden Geld- und Kreditmengen erzeugte Inflation zu Verzerrungen bei den relativen Preisen (Verhältnis der Preise für Arbeit, Rohstoffe, Maschinen, Investitions- und Konsumgüter untereinander); und auch das verleitet die Unternehmer zum Ausbau falscher Kapazitäten, nämlich zu einem Zuviel bei der Investitionsgüterproduktion und einem Zuwenig bei der Produktion von Konsumgütern (im Verhältnis zu den tatsächlichen Präferenzen der Konsumenten).

Rezession und Depression sind also notwendige Prozesse, mit denen die Märkte sich von den irrtümlichen (kredit- und zinsinduzierten) Auswüchsen befreien und zu ihrer gesunden Funktion zurückkehren, nämlich den Verbrauchern auf die effizienteste Weise zu dienen. Solche Bereinigungskrisen können sehr lange hinausgeschoben werden, indem Politik und Zentralbank die Zinsen immer weiter senken und die Geld- und Kreditmengen immer mehr erhöhen. Aber das vergrößert nur das Ausmaß und die Falltiefe des irgendwann unvermeidlichen Absturzes – oder verlängert das irgendwann eintretende Siechtum der betroffenen Volkswirtschaft um viele Jahre oder gar Jahrzehnte (wie im Fall Japan).

Wir sehen: Die zyklischen Übertreibungen und ihre notwendigen Folgen - also Rezessionen und Depressionen, sind Mißgeburten der staatlichen Interventionen und eines falschen (via Zentralbank staatlich dominierten) Bankensystems. Und weil diese Interventionen und Protektionen im großen Stil nur mit *fiat money* betrieben werden können, sind – neben den vielen anderen Übeln – auch die wohlstands- und gesellschaftszerstörerischen *boom and bust*-Exzesse, der euphorische Rausch und der nachfolgende schwere Kater, Ausgeburten und Krankheitssymptome des papierenen Schein- und Falschgeldsystems. Zügelloser Staat und zügelloses Geld bilden ein *Duo infernal*.

Die Frage: Wer ist schuld am Geldwertzerfall, an der Inflation, der Verschuldungs-Raserei und an den zerstörerischen *boom and bust*-Zyklen: die Politik oder das *fiat money*, scheint eine typische Henne-Ei-Frage zu sein. Natürlich ist letztlich die

Politik verantwortlich für die Desaster, denn sie hat ja das *fiat money* geschaffen und betreibt mit ihm ihr verhängnisvolles Machtspiel. Und doch führt diese Schlußfolgerung in die Irre, wenn es um die Frage geht, wie man das ändern könnte. Denn die Regierungen werden sich im Umgang mit Geld, das sie selber in fast beliebigen Mengen schaffen können, niemals disziplinieren lassen. Die Politik ändern zu wollen - oder die Politiker, ist vergebliche Liebesmüh und bestenfalls mal für ganz kurze Zeit möglich. Der Staat bleibt immer ein *Leviathan*, das gefährlichste und kälteste aller Ungeheuer. Wer es zähmen will, muß ihm sein Mastfutter entziehen, nämlich das nicht gedeckte Papiergeld. Man kann einen Hund zum Hüter des Hauses oder seiner Bewohner erziehen, aber nicht zum Hüter des Wurstpakets. Früher oder später wird er die Wurst fressen. Also sollte man sie ihm nicht überlassen. Die Wurst (das Geld) muß bei denen bleiben, denen sie (es) gehört, bei den Bürgern. Und das läßt sich nur mit privatem Geld bewerkstelligen - und am besten mit privatem UND echtem Geld, also mit privatem Gold als Geld.

IV. Die ANAMNESE: Falsche Ideen und Institutionen

"Die Tatsache, daß eine Meinung weit verbreitet ist, belegt keinesfalls, daß sie nicht völlig absurd wäre."
(*Bertrand Russel*, engl. Philosoph, 1872-1970).

Voodoo-Ökonomie

Ideen bewegen die Welt, zum Guten wie zum Schlechten. Was sie anrichten können, sollte spätestens nach einem Jahrhundert marxistischer und sozialistischer Verwüstung jedermann klar sein. Alle Höllen des Totalitarismus und alle Massenmord-Apokalypsen der Neuzeit sind in Schreibstuben erdacht und mit Druckerschwärze vorbereitet und verbreitet worden, bevor sie von politischen Monstern und machtgierigen Parteikadern in die schreckliche Tat und Wirklichkeit umgesetzt wurden (s. Baader 2002). Das gilt auch für die weniger blutrünstigen Ideen der "sanften" Gesellschaftsklempnerei, welche heute - in friedlicheren Zeiten also - den politischen Eliten als Antriebskräfte dienen, sei es bewußt oder unbewußt, sei es heimlich oder offiziell. Die Krankengeschichte der siechen und in Agonie liegenden Wohlfahrtsstaaten ist eine Geschichte *geistiger* Erkrankungen.

Was unser spezielles Thema - also Geld, Kredit, Währungen und Finanzströme - betrifft, haben sich viele der im scheinbar harmlosen Wissenschaftsgewand daherkommenden Ideen und

Begriffsdeutungen als verhängnisvoll für die Geschicke der Menschen und Völker erwiesen. Nachfolgend sollen wenigstens einige davon vorgestellt werden. (In einer an eine breite Leserschaft gerichteten Publikation lassen sich dabei gewisse Verkürzungen und Vergröberungen in der Darstellung nicht vermeiden.)

Die meisten Volkswirte verehren den britischen Wirtschaftswissenschaftler *John Maynard Keynes* (1883-1946), besser bekannt als *Lord Keynes*, als einen der bedeutendsten Ökonomen aller Zeiten. Ich gehöre zu jener Minderheit unseres Fachs, die *Keynes* für eine der verhängnisvollsten Figuren der Menschheitsgeschichte hält.

Die angelsächsischen Denker der Politischen Ökonomie waren zu Beginn der 30er Jahre des 20. Jahrhunderts gerade dabei, die fundierten Lehren der *Österreichischen Schule der Nationalökonomie*, der einzig würdigen Nachfolgerin der ökonomischen Klassik, zu übernehmen, als *Lord Keynes* die Bühne der Geistesgeschichte betrat. Seine Publikation ›*The General Theory of Employment, Interest and Money*‹ (Allgemeine Theorie der Beschäftigung, des Zinses und des Geldes) von 1936 (s. Keynes 1936/1955), fegte die in fast dreihundert Jahren herangewachsenen Erkenntnisse des ökonomischen Denkens wie in einem Wirbelsturm hinweg. Sechs Jahre vorher (1930) war schon *Keynes'* zweibändiges Werk ›*A Treatise on Money*‹ erschienen, das eine scharfe Kontroverse mit *Friedrich A. von Hayek* auslöste, einem schon damals bekannten Vertreter der *Österreichischen Schule*, der 1931 als erster Ausländer eine Professur an der

London School of Economics angetreten hatte. Aber der Zeitgeist ließ den "*Austrians*" keine Chance. Die große Weltwirtschaftskrise 1929-33 wurde nicht nur von *Keynes*, sondern von den meisten Wirtschaftswissenschaftlern als "Krise des Kapitalismus" betrachtet, und damit öffneten sich der *Keynes*'schen Quacksalberei alle Tore. Seine Lehren drangen in Windeseile in die Theorienwelt der Volkswirtschaftlehre an fast allen Lehrstühlen der westlichen Hemisphäre ein.

Keynes' Lehren sind hauptsächlich fiskalpolitischer Natur. *Fiskalpolitik* (englisch: Fiscal Policy) steht in der Nationalökonomie als Sammelbegriff für alle fiskalischen (einnahmen- und ausgabenspezifischen) und monetären Maßnahmen des Staates im Dienst der Konjunktur-, Wachstums- und Beschäftigungspolitik. Vor dem (völlig fehlinterpretierten) Erfahrungshintergrund der Großen Depression vertrat *Keynes* die Theorie, der Markt könne versagen, indem Konsumenten und Unternehmer (Investoren) zu wenig Geld ausgeben, zu wenig "wirksame Nachfrage" ausüben. In diese Lücke müsse der Staat springen und mehr ausgeben - auch wenn dadurch Haushaltsdefizite entstünden und die Staatschulden steigen würden. Diese zusätzlichen Ausgaben des Staates würden über sogenannte "Multiplikatoreffekte" den Markt wieder ins Gleichgewicht bringen und somit insbesondere die Arbeitslosigkeit beseitigen (oder verhindern). Als Multiplikatoreffekt bezeichnet *Keynes* die Tatsache, daß die Empfänger der staatlichen (Mehr-)Ausgaben dieses Geld zu einem Großteil wieder an andere Leute ausgeben - und diese anderen wiederum Zahlungen an weitere Leute vornehmen, usw. Auf diese Weise erwachse aus jeder staatlichen Nachfrage (Geldausgabe) weitere Nachfrage nach Gütern und Leistungen in Höhe eines Vielfachen der ursprünglichen Ausgabe.

Das klingt einleuchtend und findet in der Realität natürlich auch so statt. Aber der entscheidende Haken dabei ist der Umstand, daß durch dieses Mehrausgabenwunder noch kein einziges "Mehrgut" zu entstehen braucht, keine zusätzlichen Güter oder Leistungen. In diesem Fall bewirkt das ganze pyramidenartig steigende Geldangebot nur eines, nämlich Inflation. Wenn der Multiplikator-Unsinn stimmen würde, dann bräuchten die Notenbanken der Welt nichts anderes zu tun, als Tag und Nacht Geld zu drucken – und die Regierungen nichts anders, als das neugeschaffene Geld unablässig mit vollen Händen auszugeben, und ,wie von Zauberhand bewirkt, würden alle Menschen und Nationen reich und immer reicher werden. Seltsam, daß nur wenige Ökonomen auf dem weiten Erdenrund das als vulgärökonomischen Irrtum oder als Voodoo-Ökonomie erkannt haben. Während nicht nur Ökonomen, sondern alle Leute wissen, daß eine Person oder eine Familie verarmt, wenn sie mehr ausgibt als sie einnimmt, soll das beim Staat (oder der zur Makrogröße zusammengefaßten Bevölkerung) plötzlich nicht mehr stimmen?!

Die politischen Kasten der westlichen Welt ließen sich diesen Rat, bei jedem Anzeichen von konjunktureller Schwäche oder von steigender Arbeitslosigkeit mehr Geld auszugeben und Schulden zu machen, nicht zweimal sagen. Sie hatten ja nun die wissenschaftlichen Weihen für solches Tun und konnten es als Segen für die Menschheit hinstellen. Wählerstimmen waren nun mit beliebigen Summen käuflich und die politischen Zampanos konnten sich als Erlöser von allen Übeln aufspielen. Kein Wunder also, daß die Regierungen diese Politik – mit Hilfe ihrer Zentralbanken – jahrzehntelang mit wachsender Begeisterung betrieben.

Als die Ökonomen jedoch dreißig Jahre später im Rückblick feststellen konnten, daß die Industrieländer, die allesamt dem Keynesianismus gehuldigt hatten, jahrzehntelang von einer trottenden Inflation heimgesucht worden waren – zeitweilig sogar mit zweistelligen Inflationsraten, wurde wenigstens ein Teil der Keynesianer stutzig. In einigen Ländern konnte man in den sechziger und siebziger Jahren sogar ein gleichzeitiges Auftreten von Inflation und Rezession beobachten, in den USA z.B. von 1961 bis 1971 - und 1973/74 sogar eine schwere Rezession bei zugleich zweistelliger Inflationsrate. Das paßte in keine der *Keynes*'schen Theorien. Dort findet sich nur ein Entweder – Oder: Entweder boomende Wirtschaft mit steigenden Preisen (Inflation) oder Depression mit fallenden Preisen und wachsender Arbeitslosigkeit. Das Wort *Stagflation* machte die Runde. Die Keynesianer hatten geglaubt, dank der geld- und fiskalpolitischen "Feinsteuerung" seien die Konjunkturzyklen ein für allemal aus der Welt geschafft; doch jetzt standen sie vor den Trümmern ihrer Theorie.

Wer jedoch glaubt, der Keynesianismus sei damit gestorben, irrt sich gewaltig. Diese Irrlehre ist lebendiger als je zuvor; nicht nur in den Köpfen der Politiker und Funktionäre weltweit, sondern nach wie vor auch an den Fachfakultäten der Hochschulen und Universitäten. Es gibt sogar eine erkleckliche Zahl von Ökonomen, welche die Sinnlosigkeit und die Verschwendungsmechanismen keynesianischer Politik durchschauen und nachweisen, aber gleichwohl für deren fortwährende Ausübung eintreten. *Keynes* selber hatte diese Schizophrenie vorgezeichnet: Da sinnvolle und produktive Tätigkeiten und Projekte von der Privatwirtschaft durchgeführt werden, so *Keynes* sinngemäß, müssen sich staatliche Ausgabenprogramme (Beschäftigungsprogramme) logischerweise auf unproduktive und zwecklose Arbeiten konzentrieren. Als Beispiel nannte er das Ausheben und anschließende Wiederzuschaufeln von Straßengräben im Auftrag des Staates als "nachfrage- und beschäftigungswirksames" Mittel. Ein nicht nur aller Vernunft hohnsprechender, sondern auch menschenverachtender Ratschlag.

Auf dieser Spur wandern nicht wenige der heutigen Ökonomen noch immer durch die akademische Landschaft. So durchschaut beispielsweise der Schweizer Ökonom *Mathias Binswanger* durchaus die Sinnlosigkeit, die hinter den modernen Varianten von Beschäftigungsprogrammen – wie der staatlichen Forschungsförderung und dem *New Public Management* der öffentlichen Verwaltungsbehörden – steckt: "Diese [staatliche Forschungsförderung] ist so angelegt", schreibt Professor *Binswanger*, "daß zu einem großen Teil Fragen beantwortet werden, deren Antworten niemand wissen will. Was zählt, sind nicht Forschungsergebnisse, sondern die Anzahl Projekte und Berichte, die dann kaum jemand liest. Forschung ist so zu einem geradezu idealtypischen keynesianischen Beschäftigungsprogramm geworden. Um auch dem letzten Mohikaner unter den wirklichen Forschern noch den Garaus zu bereiten, wird im derzeitig laufenden, groß angelegten 6. Rahmenprogramm der EU die Forschung an sich nicht mehr gefördert, sondern nur noch die Vernetzungsaktivitäten..., die man durchaus als moderne Variante der Keynesschen Straßengräben interpretieren kann." (Binswanger 2004). Und zum "nie endenden Leerlauf" des *New Public Management* schreibt er: "Je mehr Zeit man auf das Qualitätsmanagement verwendet, um so weniger Zeit bleibt für die Ausübung der Tätigkeit, deren Effizienz verbessert werden soll. Die alte Beamtenbürokratie ist unter dem Deckmantel des New Public Management durch eine neue Controlling- und Evaluationsbürokratie ersetzt worden, die eine noch höhere Beschäftigung [der Bürokraten] garantiert" (S. 69).

Gleichwohl hält Professor *Binswanger* diese Sinn- und Zwecklosigkeiten für notwendig. Statt für die Beseitigung der tausend Fesseln und Belastungen zu plädieren, welche die Arbeitsmärkte lähmen, lautet sein Fazit: "Wenn die Privatwirtschaft zu effizient wird, muß der Staat diese Effizienz durch Ineffizienzen, das heißt keynesianische Beschäftigungsprogramme kompensieren, so daß die Vollbeschäftigung aufrechterhalten werden kann."

Aus intellektuellen Trauerspielen solcher Art setzt sich ein Großteil der sogenannten *mainstream-Ökonomie* (Hauptstrom- oder Zeitgeist-Ökonomie) unserer Zeit zusammen. Im krassen Gegensatz zu solchen akademischen Niederungen hatte die *Österreichische Schule der Nationalökonomie* das wahre Wie und

Warum der Konjunkturzyklen schon lange vor *Keynes* geklärt und ein diesbezüglich schlüssiges Theoriegebäude errichtet. Es ist nie widerlegt worden, sondern wurde von *Keynes* und den ihm nachfolgenden keynesianischen Ökonomen einfach nur als "von gestern" vom Tisch gewischt und vergessen. Nur *Ludwig von Mises* in New York und *Friedrich A. von Hayek* in Chikago lehrten die Österreichische Konjunkturtheorie weiter. Erst als *Hayek* im Jahr 1974 mit dem Nobelpreis ausgezeichnet wurde (zynischerweise zugleich mit dem schwedischen Obersozialisten *Gunnar Myrdal*), waren einige Ökonomen bereit, sich die Theorien der *Austrians* (Österreicher) wenigstens mal anzusehen.

Für die *Österreichische Schule* war die Inflation immer und überall ein Übel und keinesfalls notwendiger Bestandteil einer wachsenden Wirtschaft. Den empirischen Beweis hatte das 19. Jahrhundert erbracht. Mit wenigen Ausnahmejahren (in Kriegzeiten) waren die Preise das ganze Jahrhundert hindurch moderat gesunken, während die Industrialisierung für rasantes Wirtschaftswachstum gesorgt hat. Die Erklärung dafür ist ganz einfach: Im Verlauf des 19. Jahrhunderts ist das Güterangebot schneller gestiegen als die Geldmenge. Genauso einfach läßt sich (umgekehrt) die säkulare Inflation des 20. Jahrhunderts erklären: Die Geldmenge ist in allen Industrieländern schneller gestiegen als das Güterangebot. Inflation ist also ein monetäres Phänomen: Mehr Geld als Güter = Inflation.

Warum aber kommt das viele (viel zu viel) Geld in die Welt? Mit seiner unnachahmlichen Kunstfertigkeit, komplexe und komplizierte Vorgänge ganz einfach und verständlich beschreiben zu können, hat *Murray N. Rothbard* diese Frage mit einem schlüssigen Beispiel beantwortet: "Überlegen wir, was passieren würde, wenn der Staat einer Gruppe von Menschen, sagen wir, der Familie Jones, sagen würde: ›Wir geben euch die absolute und unbegrenzte Macht, Dollar zu drucken und die Menge der in Umlauf befindlichen Dollar zu bestimmen. Und ihr habt eine absolute, monopolistische Macht. Jedermann, der sich eine gleiche Macht anmaßt, wird für lange, lange Zeit als böser und subversiver Geldfälscher eingesperrt. Wir hoffen, ihr werden diese Macht weise nutzen‹. Wir können leicht vorhersehen, was die Familie Jones mit dieser neuerworbenen Macht anfangen wird. Zuerst wird sie die Macht langsam und sorgfältig nutzen, um ihre Schulden zu bezahlen und vielleicht einige besonders gewünschte Gegenstände zu kaufen. Aber dann werden sie, berauscht von der Fähigkeit, ihr eigenes Geld zu drucken, beginnen, diese Macht bis zum letzten auszunutzen, Luxusgüter anzuschaffen, ihre Freunde zu beschenken usw. Das Ergebnis wird ein ständiges und sich noch beschleunigendes Wachstum der Geldmenge sein und damit eine ständige und sich beschleunigende Inflation. Das ist genau das, was Staaten, alle Staaten getan haben. Nur daß sie das Monopol, Geld zu drucken, nicht den Jones oder einer anderen Familie verliehen haben, sondern sich selbst... Die staatliche Kontrolle über die Geldmenge ist notwendig inflationär, wie jedes System, das einer Gruppe von Menschen die Kontrolle über das Drucken von Geld gibt, inflationär sein muß" (Rothbard 1973/1999 , S.177).

Wie der Staat die wundersame Geldvermehrung vornimmt, nämlich hauptsächlich über die Zentralbanken, haben wir bereits erörtert.

Drachentöter

> "Man muß sich eben klar vor Augen halten, daß die Politik nur zu wählen hat zwischen dem Festhalten an der Goldwährung... oder der Inflation."
> (*Ludwig von Mises* 1931a)

Doch zurück zu *Keynes*. "Faul" an seinen Theorien ist nicht nur die "schlechte Nachfrage" (Kauf unproduktiver Leistungen durch den Staat), die er empfiehlt. Die *ganze* Nachfragetheorie der Beschäftigung und des Wachstums, die durch *Keynes* weltweite Popularität erlangt hat, ist *generell falsch*. *Keynes'* Denken und die von ihm angeregte keynesianische Politik beruht auf dem Irrtum, der eigentliche Motor des Wirtschaftswachstums sei die Nachfrage, besonders die Nachfrage nach Konsumgütern. Entweder explizit oder unausgesprochen steckt hinter dieser Sicht zugleich die Theorie, Sparen sei unwichtig oder gar kontraproduktiv für die Gesundheit einer Volkswirtschaft. Nichts aber könnte falscher sein als das. Das genaue Gegenteil ist zutreffend: Nachfrage ist das *Ergebnis* des Wirtschaftswachstums. Erst muß produziert werden, bevor konsumiert werden kann. Das hatte der französische Ökonom *Jean Baptiste Say* schon zu Beginn des 19. Jahrhunderts des Langen und Breiten ausgeführt, indem er analytisch scharfsinnig zeigte, daß sich (grob gesprochen) die Produktion (das Angebot) ihre eigene Nachfrage schafft. (*Keynes* hat das sog. *Say'sche Theorem* völlig falsch interpretiert, ob absichtlich oder nicht, sei dahingestellt.) In dieser Aussage steckt die eigentlich simple Erkenntnis, daß Kaufkraft aus der Produktionstätigkeit erwächst. So wie die einzelne Person oder der einzelne Haushalt keine Güter kaufen können, wenn sie nicht vorher Einkommen aus produktiver Tätigkeit erworben haben, so können auch gesamtwirtschaftlich die Güter nicht konsumiert (nachgefragt) werden, wenn sie nicht zuvor produziert worden sind. Die Triebkraft der Marktwirtschaft ist das Angebot, *nicht* die Nachfrage (nicht der Konsum).

Die "Nachfragetheorie des Wohlstands" - oder der "konsumgesteuerte Weg zum Wohlstand" ist eine betrügerische Lehre. Man kann sich nicht in den Wohlstand konsumieren, weder als Einzelperson noch als Familie noch als Nation. Wer reich werden will (auch als Land oder ganze Volkswirtschaft), muß sparen, arbeiten, investieren, lernen und sich diszipliniert verhalten. Wenn der Konsum ein Weg zum Reichtum wäre, gäbe es nur noch reiche Leute und Staaten. Heute erklimmt der Konsum - als Anteil am Sozialprodukt - immer neue Höhen (in den USA 70% des BIP). Und je höher diese Ziffer steigt, desto gründlicher ruinieren sich die betreffenden Völker, desto schlimmer wird ihr wirtschaftlicher (und damit auch ihr kultureller, gesellschaftlicher und machtpolitischer) Absturz.

Die Ausführung von *Keynes*, Say's Gesetz würde besagen, daß sich das Angebot seine eigene Nachfrage schaffe, ist in dieser verkürzten Form falsch. *Say's Gesetz* besagt, daß die produktive Tätigkeit von Individuen diese in die Lage versetzt, für die produzierten Güter und Dienste anderer Leute überhaupt ein Gebot machen zu können (also Nachfrage zu entwickeln) und daß sich die Preise auf freien Märkten zu einem Punkt hinbewegen, bei dem das Produzierte (Angebotene) vom Markt genommen (also nachgefragt) wird. Zu einem bestimmten (niedrigen) Preis findet sich für nahezu alles ein Käufer. Und *Say's Gesetz* besagt außerdem, daß derjenige, der nichts produziert, auch nichts nachfragen kann, weil er kein Einkommen erzielt. Wer nichts produziert, kann nur nachfragen, wenn er vorher oder zugleich raubt oder stiehlt oder bettelt. Für *Keynes* besteht die Lösung einer zu niedrigen Nachfrage (niedriger als das Angebot) darin, den Leuten neugedrucktes Geld zu geben, damit sie mehr ausgeben können. Und das ist Diebstahl. Wenn Staat und Zentralbank dem vorhandenen Geldstock neues Geld hinzufügen, das nicht aus produktiver Leistung stammt und deshalb auf ein nichtvergrößertes Güter- und Leistungsvolumen stößt, dann werden mit diesem "neuen Geld" all jene betrogen, die ihr Geld (ihre Kaufkraft) durch Produktion und Dienstleistung erworben haben; die Kaufkraft ihres Geldes wird verringert - sogar dann, wenn die Preise "stabil" bleiben sollten, denn in diesem Fall wären die Preise ohne neues Geld gesunken und hätten die Kaufkraft des "Leistungsgeldes" erhöht.

Hinter der wahren Triebkraft der Marktwirtschaft (dem Angebot) steckt eine weitere Antriebsenergie, nämlich das Sparen. Wenn Menschen und Haushalte beschließen, mehr zu sparen, so wird damit das Reservoir an Investitionskapital vergrößert. Das wiederum läßt die Zinsen auf natürliche Weise sinken, sodaß eine größere Zahl an Investitionen rentabel wird. Das Wirtschaftswachstum - und damit auch die Beschäftigung - hängt davon ab, wieviel gespart wird und wie geschikkt das Ersparte investiert wird. Sparen und Investieren erhöht die Pro-Kopf-Quote des investierten Kapitals, und das damit verbundene Produktivitätswachstum führt zu höheren Reallöhnen - also zur Vermehrung des Wohlstands. Konsumausgaben hingegen sind zwar notwendig, damit die produzierten Güter auch abgesetzt werden, verringern aber die Kapitalmenge, die für Investitionen bereitsteht. (In einer freien Marktwirtschaft ist es selbstverständlich, daß das Produzierte auch zum allergrößten Teil verkauft werden kann, weil die Märkte diesbezügliche Irrtümer der Unternehmer rasch bestrafen und somit eine schnelle Fehlerkorrektur einleiten.) Eine Politik der künstlichen Zinssenkung zur Anregung des Konsums ist also wohlstandsmindernd, weil die manipulativ unter den natürlichen Zins gesenkten Zinssätze die Sparanreize verringern und den Investoren falsche Signale geben.

In der Sprache der Nationalökonomie: Zinsen, die unter ihren natürlichen Satz manipuliert werden, regen zu längeren Produktionsumwegen an, also zu einer Unterschätzung der Zeitpräferenz, während in der Realität die Zeitpräferenz der Konsumenten – d.h. ihre Präferenz hinsichtlich des Verhältnisses von Gegenwarts- zu Zukunftsgütern unverändert geblieben ist.

Vermehrte Staatsausgaben und vermehrte Gelderzeugung des Staates können also kein stabiles langfristiges Wachstum generieren, weil damit weder neues Kapital noch neue (reale) Ersparnisse erzeugt werden. In den trefflichen Worten von *Christopher Lingle* (Ökonomie-Professor an der Universität von Guatemala) gesagt: "Wenn Zentralbanken die Zinssätze nach unten drücken, um mehr Geld in die Volkswirtschaft zu pumpen, oder wenn Regierungen ihre Haushaltsdefizite erhöhen, werden Mittel von den Reichtumserzeugern zu den Reichtumsverbrauchern umgelenkt" (Lingle 2003).

Lingle hat auch die richtige generelle und prinzipielle Bewertung der keynesianischen Theorie und Politik vorgenommen, indem er schreibt (singgemäß; freie Übers. d. Verf.): "Aus dem totalen Versagen der Zentralplanwirtschaften sollten wir gelernt haben, daß die Politik niemals fähig ist, die Wirtschaft richtig zu steuern. Das bleibt auch so, wenn die Politik in Marktwirtschaften stattfindet. Auch in der Marktwirtschaft fehlt den Politikern das Wissen zur effizienten Steuerung der wirtschaftlichen Kräfte – genauso wie es den Funktionären einer Zentralplanwirtschaft fehlt. Konjunkturelle Auf- und Abschwünge gibt es zwar auch in Marktwirtschaften, aber niemals so übertriebene Boom-Phasen und Zusammenbrüche wie sie in Volkswirtschaften auftreten, die von der Politik nach keynesianischen Rezepten gesteuert werden. Zu allem Übel verhindern diese Interventionen auch noch die Selbstheilungs- und Selbstanpassungskräfte der Märkte. Die zentralistischen Entscheidungsmechanismen der Politik sind den dezentralen Entscheidungsmechanismen der Märkte immer haushoch unterlegen" (S.49).

Spätestens die bösen Folgen der Nachfragepolitik in Japan sollte den Ökonomen (wenigstens denen!) die Augen geöffnet haben. 13 Jahre Nachfragepolitik mit astronomischen Staatsausgaben haben das Land ruiniert. Die Staatsverschuldung hat sich verdreifacht, die Börse ist zerfallen, die Banken sind marode, die Währung ist inflationiert, und die Nation mit den fleißigsten und sparsamsten (und ehemals reichsten) Bürgern der Welt steuert dem Staatsbankrott entgegen. Der Musterpatient der keynesianischen Doktorei liegt in der Intensivstation.

Aber nicht genug des Desasters: Jetzt schlägt auch noch die Stunde der an *Keynes* geschulten Leichenfledderer. Dieselben akademischen Klempner, die bisher bei jeder Konjunkturdelle eine "makroökonomische Gegensteuerung" empfohlen haben – sprich: noch mehr Geld, noch höhere Staatsausgaben und noch niedrigere Zinsen -, stehen jetzt vor dem Koma-Patienten und diagnostizieren die Notwendigkeit einer Hochfieber-Therapie, also einer massiven Inflationierung.

Die betreffenden Ökonomen wissen genau, was sie damit erreichen wollen: Obwohl eine Senkung der Zinsen unter Null praktisch ausgeschlossen ist, weil es dann jedermann vorziehen würde, sein Geld zu horten statt es zu Minuszinsen zu verleihen, bietet sich eine Lösung an: Mit der Beschleunigung der Inflation kann man dieser Falle entkommen, jedenfalls eine Weile lang. Inflation – vor allem Inflation bei künstlich niedrig geknüppelten Zinsen, in denen kein Inflationsausgleich enthalten sein kann – bedeutet Zwangs-Entsparen, Auflösung der Ersparnisse der Bevölkerung gegen deren Willen. Die Staatsschulden sollen mit entwertetem Geld – mit dem den Sparern und Geldvermögensbesitzern per Inflation entrissenen Eigentum (also durch heimliche Enteignung) – bezahlt werden.

Auch das ist ein keynesianischer Theoriebestandteil: *Keynes* hat ausgeführt, daß in einer Rezession oder Depression die Löhne eigentlich sinken müßten, damit am Markt wieder Vollbeschäftigung einkehrt. Weil dem aber der politische Wille und die Gewerkschaftsmacht entgegenstehen, muß die Politik zu einem Trick greifen: Wenn die Inflation schneller steigt als die

Arbeiter es erwartet haben und sie somit mit ihren Lohnforderungen nicht im gleichen Tempo nachziehen, dann sinken zwar nicht die Nominallöhne, aber die Reallöhne – und nur darauf kommt es letztlich mit Blick auf die Beschäftigung an.

Weil *Keynes* wußte (oder wenigstens ahnte), daß solche perversen Rezepte nur kurzfristig wirken können und längerfristig in den Ruin führen, hat er seiner Makroklempner-Fibel den tröstenden Satz beigefügt: "Langfristig sind wir alle tot". *Keynes* war keineswegs so einfältig, zu übersehen, daß jeder Generation eine neue folgt, die das Desaster ausbaden muß, aber es war ihm egal. Sein Zynismus wird nur noch übertroffen von der Blindheit seiner gläubigen Nachfahren auf den Lehrstühlen, die es nach fünfzig Jahren keynesianischen Siechtums der Märkte endlich besser wissen und für ein Ende des makabren Spuks plädieren sollten.

Wie der Marxismus und der Sozialismus, so scheint auch der Keynesianismus eine unheilbare Erkrankung zu sein, weil er (wie jene) den Charakter einer Quasireligion angenommen hat. Den Oberguru dieser Sekte trifft jedoch nicht die Alleinschuld am wahnhaften Treiben. Die Regierungen und Finanzminister der Welt sind nicht erst durch die ökonomische Alchimie der *Keynes*-Lehren auf ihre haushalts-, geld- und fiskalpolitischen Zaubertricks gekommen. Der "Wille zur Tat" war längst geboren, der geistige Boden aufbereitet, als *Keynes* seine giftige Saat ausgebracht hat. Was damit gemeint ist, zeigt ein Beispiel aus den Anfängen der Bundesrepublik Deutschland, aus einer Zeit also, als *Keynes* und seine Dogmen hierzulande noch weitgehend unbekannt waren: Als in den 50er Jahren in der jungen Republik die parlamentarischen Debatten um das neue Rentensystem (das "Umlageverfahren" statt des Kapitaldeckungsverfahrens) gelaufen sind, hat man zaghaft bei den Ökonomen angefragt, wie lange denn das betrügerische Kettenbriefsystem der umlagefinanzierten Renten wohl halten würde. (Natürlich war der Wortlaut der Anfrage "feinfühliger".) Die Antwort lautete damals: "Ungefähr dreißig Jahre". Das genügte, um die politische Mehrheit für das falsche System zu gewinnen.

Auch ohne *Keynes* weiß jeder politisch Verantwortliche – oder sollte es wissen, daß die uferlos steigende Staatsverschuldung und die permanente Inflationierung der Währung irgendwann im finanziellen Ruin des betreffenden Landes enden muß, in Staatsbankrott und Währungsreform. Aber die Gewißheit, daß sich diese Ereignisse um zwei oder drei Generationen hinauszögern lassen, genügt der politischen Kaste als Motiv, das makabre Spiel bedenkenlos weiterzubetreiben. Es war und ist also die Prädisposition des *homo politicus* für eine keynesianische Politik, die *Keynes* und seine Lehren so berühmt und so beliebt gemacht haben. So wie der Marxismus trotz seiner grandiosen Irrtümer überaus erfolgreich bei der Eroberung der Geister war, weil er die psychische und geistige Befindlichkeit der Intellektuellen punktgenau getroffen hat, so war und ist auch der Keynesianismus – trotz seiner schweren Irrtümer – so erfolgreich bei der Eroberung der politischen Eliten, weil er deren zirzensische Machtbefindlichkeiten so zielgenau getroffen hat.

Freilich sind die Bürger nicht ganz unschuldig am traurigen Geschehen. Der Kniff, während des eigenen Lebens öffentliche und soziale Leistungen einheimsen zu können, die wahrscheinlich erst von nachfolgenden Generationen zu bezahlen sind, hat auch für Otto Normalbürger einen unwiderstehlichen Reiz.

Um so verwerflicher ist bei diesem Zug der Lemminge die aufmunternde Begleitmusik der Ökonomen. Mit der euphorischen Adaption der *Keynes'*schen Lehren hat sich die Ökonomie zum willfährigen Lakaien der Politik gemacht. Auf den Lehrstühlen der volkswirtschaftlichen Fakultäten werden nicht mehr die unumstößlichen Gesetze der Ökonomie gelehrt, sondern es werden Machbarkeitswahn und Lenkungsarroganz der politisch Mächtigen in mathematische Formeln und ökonometrische Kochrezepte gegossen. Die Politik schmückt sich mit "Sachverständigenräten", und diese Wissenschaftler üben zwar Detailkritik an Seitenausflügen der Regierenden, aber keine Generalkritik an deren Hauptmarschroute in die Knechtschaft und Verarmung der Völker. Es sollte nicht verwundern, daß sich ein *Oskar Lafontaine* nicht nur auf den verstorbenen *Keynes* berufen kann, sondern auch auf den noch lebenden *Greenspan*. In einem Interview mit der *Financial Times Deutschland* gab *Lafontaine* auf die Frage "Welcher Ökonom hat sie am meisten beeindruckt?" die Antwort: "John Maynard Keynes, weil er aus der Instabilität der Wirtschaft die notwendigen Schlüsse gezogen hat." Und auf die Frage: "Wen werden künftige Ökonomen als den besseren Notenbanker einstufen: Alan Greenspan oder Wim Duisenberg?" antwortete er: "Alan Greenspan, weil er weiß, daß Geldpolitik auch für Wachstum und Beschäftigung verantwortlich ist“ (Lafontaine 2003).

Doch was kann man von den Wissenschaftlern anderes erwarten, wenn sogar der erste “Chefökonom Europas“, *Wim Duisenberg*, verkündet, es gäbe zum Papiergeld keine Alternative. In einem Interview vom 22. September 2003 mit dem *Handelsblatt* gab *Duisenberg*, damals noch Präsident der Europäischen Zentralbank, auf die Frage “Ist ein Papiergeldstandard dazu verurteilt, immer nur Inflation oder Deflation zu bekämpfen?“ zur Antwort: “Ja. Aber was ist die Alternative? Der Goldstandard? Es gibt keine Alternative. Also müssen wir damit leben.“

Es sind vor allem die Star-Ökonomen, die sich hinter den staatlichen Papiergeld-Krieg stellen. So in den USA beispielsweise der Nobelpreisträger *Joseph Stiglitz*. In seinem im Oktober 2003 erschienenen Buch ›*The Roaring Nineties: Seeds of Destruction*‹, dessen Titel eigentlich vernünftige Einsichten zu versprechen scheint, schreibt er tatsächlich, daß “weder der Präsident noch der Schatzamtsleiter noch der FED-Präsident für den irrationalen Überschwang [Greenspans Wort von der “irrational exuberance“ der Aktienanleger] verantwortlich zu machen seien.“ *Stiglitz* plädiert für eine “größere und differenziertere Rolle“ der Regierung, damit nicht so viel Geld in “verschwenderische private Ausgaben“ fließt und der “soziale Schutz für alle“ verbessert wird. Und natürlich seien er und seine Gleichgesinnten mehr um die Armen besorgt und um den Schutz der Umwelt. (Es hat sich offenbar auch bei Nobelpreisträgern noch immer nicht herumgesprochen, daß es keinen größeren Verarmungsfaktor gibt als die staatliche Intervention in die Märkte.) Die Lehre, die *Stiglitz* aus Blasen und deren Platzen zieht, ist markerschütternd: "Die zentrale Lehre, die sich aus dieser Geschichte von boom and bust ergibt, ist die, daß zwischen der Rolle der Regierung [des Staates] und der Rolle der Märkte eine Balance hergestellt werden muß. Wenn diese Balance in einem Land nicht stimmt, indem sie entweder in Richtung zuviel oder zuwenig Staat steuert, ist Desaster zu erwarten" (sinngemäße Übers. R.B.).

Der amerikanische Ökonom *Richard Daughty* hat hierzu den besten Kommentar abgegeben, indem er schrieb: "Gibt es irgendwo auf unserem Planeten ein Land, das an zuwenig Staat leidet? Wann, wo und wie hat es das jemals gegeben?!... Es hat Länder gegeben, die gelitten haben, weil ihre Armee zu klein oder zu schwach war, aber niemals, weil ihre Regierung zu klein gewesen wäre" (Daughty 2003).

Henry Hazlitt, einer der großen modernen Denker der *Österreichischen Schule* in den USA der Nachkriegszeit, hat den Ökonomen in den 50er Jahren zornig entgegengeschleudert: "Heutzutage werden diejenigen Ökonomen als brillant angesehen, die sich gegen die Ersparnisbildung aussprechen und statt dessen der Verschwendung das Wort reden. Und wenn jemand auf die langfristigen Konsequenzen einer solchen Politik aufmerksam macht, geben sie sarkastisch zurück: ›Langfristig sind wir alle tot‹. Und das wird dann auch noch als Weisheit gefeiert." *Hazlitt* würde gegenüber den heutigen Ökonomen noch weit gröbere Worte finden. Die Mächtigen der Welt lieben die falschen Ideen, mit denen sie ihre Opfer gängeln und ausbeuten können; und die Bürger lieben die falschen Ideen, weil sie ihnen wie unmündigen Kindern väterlichen Schutz und Sicherheit vorgaukeln. Und die Ökonomen lieben die falschen Ideen offensichtlich ebenfalls, weil es sich mit ihnen im Windschatten der Macht und unter den vollen Segeln des Zeitgeistes ganz reputierlich leben läßt. Offensichtlich haben sie sich den Satz ihres berühmten Kollegen *John Kenneth Galbraith* zum Leitmotiv gemacht: "Man ist immer viel, viel besser dran, wenn man mit der Mehrheit irrt, statt allein recht zu behalten."

Allerdings muß man zur fairen Wertung des wissenschaftlichen Elends auch anmerken, daß es in Deutschland karrierevernichtend sein kann, streng freiheitliche Positionen zu vertreten. Das mußte im Frühjahr 2004 auch der herausragende Ökonom und Präsident des *Hamburger Wirtschaftsforschungsinstituts*, Professor *Thomas Straubhaar*, erfahren, ein entschiedener Marktwirtschaftler und mutiger Kritiker des kläglichen rotgrünen Reformtheaters. Obwohl führende Köpfe der deutschen Nationalökonomie - wie *Ulrich van Suntum, Charles B. Blankart* und *Norbert Berthold* dem Institut unter *Straubhaars* Leitung eine ausgezeichnete Arbeit bescheinigten, verkündete die WGL ihre Absicht, das Institut von der sog. "Blauen Liste" zu streichen. (Die *Blaue Liste* umfaßt rund 80 Forschungsinstitute, die in der *Wissenschaftsgemeinschaft Gottfried Wilhelm Leibnitz / WGL* zusammengeschlossen sind und vom Bund und den Ländern jeweils zur Hälfte finanziert werden.)

Was die sog. *Wissenschaftlichen Beiräte* bei der Bundesregierung anbetrifft, sollte man wissen, daß die Besetzung politisch "sanft" gesteuert wird. Man achtet darauf, gegensätzliche Denkschulen einzubinden, sodaß die zur Erstellung von Gutachten notwendige "Konsenssuche" von vornherein scharfe Kritik ausschließt. (vgl. Karen Horn 2004). Es ist nicht nur der sogenannte "lange Arm der Politik", der bei dem mitmischt, was Wissenschaftler sagen dürfen; der Krake *Politik* hantiert mit tausend Fangarmen.

Im Feudalismus, im Zeitalter der Könige und Kaiser, der Fürsten und Ritter, war der Mythos vom Gottesgnadentum der Herrscher beim Volk lebendig. Man glaubte an eine überirdische Weisheit und übersinnliche Kräfte der gekrönten Häupter und an die sagenumwobenen Heldentaten ihrer Getreuen. Bei den modernen Führungsschichten der Massendemokratie sehen wir uns einem ähnlichen Mythos zur (Schein-) Legitimierung der Herrschaft gegenüber, dem Mythos von der Fähigkeit der Gewählten zur "makroökonomischen Stabilisierungspolitik" und zur Verwirklichung der "sozialen Gerechtigkeit". Man könnte ihn den modernen Drachentöter-Mythos nennen: So wie den früheren Feudalherren meist übermenschliche Kräfte im Kampf gegen Feinde und gegen die Mächte des Bösen zugeschrieben wurden, so ordnet das gläubige Volk heute den politischen Eliten die Macht zur gesamtwirtschaftlichen Stabilisierungspolitik zu: die Fähigkeit, die Drachen *Rezession, Depression, Arbeitslosigkeit* und *Deflation* besiegen und töten zu können. Die Wahrheit ist: Politik *gebiert* all diese Drachen; sie besiegt sie niemals, *denn sie ist die Mutter aller Drachen*. Der einzige Ritter, der sie besiegen könnte, wäre der freie Markt – so man ihn denn wirken ließe, mit echtem Geld – so man es den freien Markt denn schaffen ließe.

Das Zinsmärchen

"Die falschen Schlagworte und irreführenden Lehren der Verteidiger von Staatszugriffen, Sozialismus, Kommunismus, staatlicher Planung und Totalitarismus

können nur durch nationalökonomische Überlegungen entlarvt werden. Ob man es mag oder nicht, es ist eine Tatsache, daß die wichtigsten Streitfragen heutiger Politik rein ökonomisch sind und ohne ein Verständnis der nationalökonomischen Theorie nicht begriffen werden können. Nur jemand, der mit den Hauptaufgaben der Nationalökonomie vertraut ist, ist in der Lage, sich ein unabhängiges Urteil über die hiermit zusammenhängenden Probleme zu bilden. Alle anderen wiederholen lediglich, was sie beiläufig aufgeschnappt haben. Sie sind eine leichte Beute für demagogische Schwindler und schwachsinnige Scharlatane. Ihre Einfältigkeit ist die ernsthafteste Bedrohung für die Bewahrung der Demokratie und für die westliche Zivilisation."
(*Ludwig von Mises* 1944 / 1997, S.116).

Der akademische Streit, ob der Zins von der Produktivität oder von der Zeitpräferenz bestimmt wird – oder von beidem, ist noch immer nicht zu Ende. (*Zeitpräferenz* bedeutet: Gegenwartsgüter werden höher geschätzt als Zukunftsgüter, sodaß für das "Warten" ein Preis bezahlt werden muß: der *natürliche Zins*). Eines steht wohl fest: Der Zins ist ein wesentlicher Bestimmungsfaktor für die Zeitstruktur der Produktion, also vor allem für die zeitliche Länge der Produktionswege (und somit auch für die Art der produzierten Güter, da verschiedene Güter unterschiedliche Produktionszeiten beanspruchen). Und weil Zeit das knappste aller Güter im menschlichen Leben ist, fungiert der Zins – neben den übrigen Preisen – auch als Knappheitsanzeiger, als Signal für die zeitliche Dringlichkeit von Bedürfnissen und für die Verfügbarkeit von Sparkapital. Er ist somit, neben den Preisen der Güter und der Arbeit und neben den Gewinn- und Verlustaussichten, ein wichtiger Wegweiser zur "optimalen Allokation der Ressourcen" (s. die *Leseanleitung* am Buchanfang).

Seit fast einem Jahrhundert sind in der ökonomischen Vulgärliteratur (nicht selten aber auch in wissenschaftlichen Texten) Theorien in Umlauf, die von der Selbstzerstörung des Kapitalismus durch die "Zins- und Zinseszinsfalle" künden. Meist werden mathematische Exponentialreihen nach dem Muster ›Schachbrett und Weizenkörner‹ als Beleg dafür angeführt, daß die automatisch ins Astronomische wachsende Zins- und Zinseszinslast den Kapitalismus mit logischer Stringenz und tödlicher Gewißheit in die Überschuldung und damit in den Zusammenbruch führen muß. Die Autoren solchen Unsinns haben wenig vom Kapitalismus verstanden. Selbstverständlich gibt es auch in der freien Marktwirtschaft – also im echten Kapitalismus, und nicht nur in seiner staatsverkrüppelten Form – das Phänomen Zins und Zinseszins, aber mit einem ganz anderen Hintergrund als in den kranken Systemen, die man fälschlicherweise als "Kapitalismus" bezeichnet. (Der falsche und nur so genannte "Kapitalismus" geht sehr wohl am Zins- und Zinseszinsmechanismus zugrunde.)

Überlegen wir: In einer primitiven Naturalwirtschaft ohne Staat, ohne Banken und ohne Geld gibt es einfache Formen des Sparens, also des Konsumverzichts in der Gegenwart zugunsten zukünftigen Konsums. Der Bauer A und seine Familie essen, wenn sie ein Schwein schlachten, nicht so viel Fleisch und Wurst wie sie gerne verzehren würden, sondern räuchern erhebliche Teile davon zu haltbarem Speck. A und seine Familie nehmen also das Leid eines gegenwärtigen Konsumverzichts auf sich, um des Vorteils willen, daß sie auch in einem Monat und in einem Vierteljahr noch Fleisch (Speck) zu essen haben werden. Ihre Leid- oder Verzichtsprämie (Zins) besteht aus dem Vorteil, den sie aus der Sicherheit künftiger Versorgung ziehen.

Der Handwerker B mag in einer solchen urtümlichen Wirtschaft einen Teil seines Naturallohnes (vielleicht Weizen oder Kartoffeln) im Keller einlagern. Sein "Zins" besteht ebenfalls aus der Gewißheit, sich und seine Familie auch in der ungewissen Zukunft oder in auftragslosen Zeiten noch durchbringen zu können. Das "Ersparte" verzinst sich nicht im Sinne des üblichen Sprachgebrauchs, trägt aber doch "Zinsen" in Form von Sicherheit und zukünftiger Sättigung.

Stellen wir uns nun eine entwickelte Wirtschaft mit Unternehmen, Banken und Geld vor. Zugleich unterstellen wir, daß nur echtes Geld zirkuliert, also Gold- und Silbermünzen. Wer sparen kann und will, trägt einen Teil seines Einkommens zur Bank. Vorerst will er – nennen wir ihn den Angestellten C – sein Erspartes nur sicher verwahrt wissen. Seine Prämie (Zinsertrag) für den Verzicht auf Gegenwartskonsum besteht zunächst einmal (wie bei Bauer A und Handwerker B) aus der Sicherheit zukünftig verfügbarer Mittel oder aus dem künftigen Genuß eines Gutes, zu dessen Erwerb man einen größeren Geldbetrag benötigt, der erst zusammengespart werden muß. Wenn C nun über diese persönliche "Prämie" hinaus einen Zins für seine Spareinlage erzielen will – also eine Verzinsung im herkömmlichen Sprachgebrauch, so beauftragt er die Bank, seine Einlage (oder einen Teil davon) an einen Unternehmer auszuleihen, der damit ein Investitionsprojekt finanzieren will. Der Bankdirektor macht C darauf aufmerksam, daß diese Art der Zinserzielung, die genau besehen eigentlich eine Art Gewinnbeteiligung ist, mit Risiken verbunden sei. "Möglicherweise", warnt der Bankier, "scheitert der Unternehmer, dem wir das Geld leihen; dann wird er den vereinbarten Zins nicht zahlen können, ja vielleicht wird er dann sogar das Darlehen nicht mehr zurückzahlen können." Der Sparer C muß sich also entscheiden, ob er das Risiko eingehen will oder nicht. Falls nicht, bleibt sein Geld unverzinst bei der Bank liegen und kostet sogar noch eine Verwahrungsgebühr.

Nehmen wir an, C entschließt sich zur Ausleihe – und das betreffende Projekt des Unternehmers, der sich das Geld geliehen hat, ist erfolgreich. Der Unternehmer zahlt den Darlehensbetrag inklusive Zinsen zurück. C hat nun einen etwas größeren Sparbetrag bei der Bank liegen und beauftragt den Bankdirektor, weiterhin so zu verfahren wie beim ersten Geschäft. Das Geschäft Nr.2 kann wiederum gutgehen – oder es kann schief gehen. Denkbar ist aber auch der Fall, daß die Bank keinen

Unternehmer mehr findet, der sich ein Projekt zutraut, welches die Verzinsung und Rückzahlung des geliehenen Geldes verspricht. Der Bankdirektor sagt dann zu C: "Es tut mir leid, aber momentan will niemand ein Darlehen haben, jedenfalls nicht zu einem Zinssatz, der sich für Sie, lieber Kunde C, im Vergleich zum einzugehenden Risiko lohnen würde. Also kann ich Ihnen auch keine Zinsen für Ihre Spareinlage zahlen."

Wichtig ist somit die Erkenntnis, daß in einer reinen Marktwirtschaft (Kapitalismus) mit echtem (kapitalistischem) Geld der Zins -genauer: die Zinsvereinbarung zwischen Darlehensgeber und Darlehensnehmer - nicht viel anderes ist als eine im voraus fix vereinbarte Gewinnbeteiligung, bei welcher der prozentual fixierten Gewinnchance ein nicht fixierbares Risiko gegenübersteht. Der Sparer, der seine Ersparnisse ausleiht, ist "Kapitalist", indem er mit Aussicht auf Gewinn und mit dem Risiko des möglichen Verlustes etwas wagt. Eine andere Art von tatsächlich bezahltem - von einer Person an eine andere bezahltem Zins (und Zinseszins) kann es in einer freien Marktwirtschaft mit ehrlichem marktwirtschaftlichem Geld nicht geben. Alles geliehene oder verliehene Geld steht "im Feuer" mit ungewissem Ausgang.

Deshalb sind Zustände, wie wir sie im Scheinkapitalismus erleben, wo jede beliebig hohe Einlage oder Anlage bei Banken oder sonstigen Finanzinstituten automatisch und immer Zinsen und Zinseszinsen einbringt, in einer wirklich kapitalistischen Wirtschaft nicht denkbar. Solche "kranken" Verhältnisse - also die jederzeit gegebene Möglichkeit zur verzinslichen Anlage von Geldern ohne Ausfallrisiko - können erst eintreten, wenn der Staat die Bühne betritt und Falschgeld erzeugt oder die Legalisierung von Falschgeld betreibt. Wenn der Staat sich dann auch noch verschuldet, schaukeln sich Zins und Zinseszins tatsächlich zu jenem bis zum Mond reichenden Geldgebirge auf, das uns die Zinsgegner mit dem Schachbrett-Beispiel vorrechnen (Verdoppelung der Weizenkörner auf jedem Feld: 1,2,4,8,16,32,64 usw. ergibt auf dem letzten Feld des Schachbretts unvorstellbare Tonnenzahlen.) Zins- und Zinseszins werden dann zur Todesspirale für die betreffende Volkswirtschaft.

Wie wir an anderer Stelle bereits gesehen haben, können Zinsen auf Staatsschulden nur bezahlt werden, weil es sich dabei um ein betrügerisches Verfahren handelt: (Hier sei das Geschehen nochmals wiederholt, weil es in einem anderen Zusammenhang steht): Da der Staat kein kapitalistisches Unternehmen ist, kann er auch keinen Gewinn aus produktiver Tätigkeit erwirtschaften. Und wenn das bei öffentlichen Investitionen doch gelegentlich gelingt, dann nur in vernachlässigbarem Umfang und zu Lasten produktiverer privater Investitionen (weil das Geld, das der Staat zur Verfügung hat, ja immer dem Privatsektor entzogen werden muß). Hinter dem Staat als Schuldner steht nur sein Besteuerungsmonopol. Das heißt, er zahlt die Zinsen für seine Schulden aus gegenwärtigen oder zukünftigen Steuereinnahmen (auch aus "heimlichen" Steuereinnahmen wie der Inflation). Somit muß er den Anlegern, die seine Staatsschuldpapiere (Staatsanleihen) kaufen, die Zinszahlungen, die sie erhalten, vorher oder zugleich oder später wegnehmen. Anders gesagt: Die Anleger von Staatsanleihen zahlen ihre Zinsen selber - natürlich nicht immer personenidentisch, aber prinzipiell und insgesamt als Steuerbürger. Zynischerweise müssen sich die Besitzer von Staatsanleihen nicht nur ihre Zinsen aus der eigenen Tasche (oder der des Nachbarn) zahlen, sondern müssen davon auch noch Zinsertragsteuern abführen.

Etwas anders gestalten sich die Verhältnisse bei inländischen Staatsanleihen, die von Ausländern gekauft werden. Hierbei müssen zwar die inländischen Steuerzahler für die Zinsen geradestehen (netto getilgt werden Staatsschulden schon lange nicht mehr), aber wenn sich rapide steigende Staatsschulden als Guthaben bei ausländischen Gläubigern anhäufen, genießen die Bürger des Schuldnerlandes die zweifelhaften Früchte der Ausgabenflut der eigenen Regierung in überproportionaler Weise zu ihren Steuerbelastungen (Anteil der Steuern für Zwecke der staatlichen Zinszahlungen). Aber in diesem Fall geht das Spiel zu Lasten der Ersparnisse der Ausländer. Besonders dramatisch (und besonders "reibungslos") verläuft das bei der Weltreservewährung *Dollar*. Seit geraumer Zeit frißt die jährliche Neuverschuldung des amerikanischen Staates rund *70% der Weltersparnisse* auf. Der Konsumrausch der US-Bürger und das Ausgabendelirium der US-Regierung wird zu einem erheblichen Teil mit den Ersparnissen der übrigen Erdenbürger - vor allem der Asiaten - bezahlt. All diese fleißigen Menschen werden ihre hart erarbeiteten Rücklagen nie mehr wiedersehen (allenfalls, wenn sie Glück haben, zu Bruchteilen).

Bei den Zinszahlungen für nicht-staatliche Anleihen verlaufen die Dinge zwar ganz anders, aber weil sie im (ebenfalls betrügerischen) *fractional reserve banking*-System geschehen, steuern sie in eine ähnlich verhängnisvolle Richtung. Private Schuldner müssen für ihre Zins- und Tilgungsleistungen selber einstehen, aber im sich auftürmenden Schuldengebirge können Zins und Zinseszins für einen (wachsenden) Teil der Anleihen nur noch bezahlt werden, indem sich immer neue Schuldner finden - oder Schuldner, die bereit sind, sich zusätzlich zu verschulden. Jedenfalls gilt das für alle Darlehen, die nicht in nachhaltig produktive und rentierliche Verwendungen fließen – und das sind im Aufschuldungsprozeß des Bruchteilsreserven-Bankwesens immer mehr und noch mehr. Die Binnen-Finanzströme und die um den Globus vagabundierenden Währungs-Springfluten machen inzwischen ein Vielfaches der realen Güterwerte aus.

Wichtig für unser Thema bleibt die Erkenntnis: Der zerstörerische Zins- und Zinseszins-Mechanismus ist ein Problem des nationalisierten (Schein-)Geldes und der zunehmenden Dominanz des Staates und seiner Zentralbanken im Finanzwesen der Volkswirtschaften. Es ist also ein "sozialistisches" Problem - und *keine Begleiterscheinung des Kapitalismus.* Aus einem etwas anderen Blickwinkel betrachtet, kann man sagen: Der natürliche Zins (der sich auf freien Märkten mit echtem Geld und ohne Staatseinfluß herausbildet) hat eine "dienende" Funktion, indem er den Unternehmern signalisiert, welche Zeitstruktur der Produktion die Konsumenten wünschen – und in welchem Umfang und zu welchen Preisen die Sparer die Produktionsprozesse finanzieren können und wollen. Erst wenn man den Zins für andere Zwecke manipuliert und ihn wie Speck zum kollektiven Mäusefang benutzt, das heißt: erst wenn man ihn nicht mehr als Zeiger hinnimmt, sondern als politisches Aufputsch- oder Beruhigungsmittel mißbraucht, wird er zum Sprengsatz. Er führt dann die am Wirtschafts- und Finanzgeschehen beteiligten Menschen permanent in die Irre. Der künstliche oder politische Zins spielt in der Krankheits- oder Erkrankungsgeschichte der modernen Volkswirtschaften eine herausragende Rolle. Gerade deshalb ist er zum trügerischen Kumpan des betrügerischen Geldes geworden. Dieses Drogen-Duo macht jede Volkswirtschaft zum Junkie und bringt sie somit sukzessive um.

Mythos "Preisniveau-Stabilität"

> "Die Vermehrung der Geld- und Kreditmenge hat.. auf kurze Sicht eine Besserung, sogar einen Aufschwung der Wirtschaft zur Folge; in weiterer Sicht aber steht der Zusammenbruch. Es ist also kurzsichtig, an den Segen der Geldvermehrung zu glauben."
>
> (Fritz Machlup, 1934 / 1998, S.140)

Eine falsche Geldtheorie (die man mit dem Parameter *Preisniveau* ausstatten mußte, damit das Geld in die üblichen Makro-Modelle paßt) verführt die Ökonomen seit Jahrzehnten zu dem Glauben, die monetäre Welt einer Volkswirtschaft sei in Ordnung, wenn das statistisch ermittelte Preisniveau einigermaßen stabil bliebe. Die weitaus meisten Wirtschaftswissenschaftler sind sich einig in der Annahme, Preisniveau-Stabilität (die man auch bei einer moderaten und stetigen Inflation von ein bis drei Prozent als gegeben ansieht) sei eine Grundvoraussetzung für wirtschaftliches Wachstum und Prosperität. Deshalb, so die ebenfalls herrschende Meinung, sei es die Hauptaufgabe der Zentralbanken, für die Stabilität des Preisniveaus zu sorgen.

Hinter diesem Glauben stecken mehrere schwere Irrtümer. Rein äußerlich ist eine Unstimmigkeit schon an der Tatsache zu erkennen, daß die Ökonomen (inklusive der Zentralbank-Kapitäne, allen voran *Alan Greenspan*) mit der Preisniveau-Entwicklung der späten 90er Jahre – bei nur geringer Inflation der

Güterpreise – vollkommen zufrieden waren, obwohl sich in derselben Periode riesige Aktien- und Immobilienblasen aufblähten. Trotz der Vieltausend-Milliardenbubbles hatte *Greenspan* eher Angst vor "zu wenig Inflation" als vor zuviel.

Herrschende Meinung ist, daß bei geldpolitisch gesteuerter Preisniveau-Stabilität die Struktur der relativen Preise (der Güterpreise im Verhältnis untereinander) zum Teil unverändert bleibt und daß – sofern sich die Preisrelationen verändern sollten – die Veränderungen für die Marktteilnehmer erkennbar bleiben, sodaß also insgesamt bei gegebener Stabilität des Preisniveaus die effiziente Allokation der Ressourcen nicht gestört wird. Nehmen wir beispielsweise an, daß sich der Preis von Kohl im Verhältnis zu Kartoffeln erhöht. Dieser relative Preisanstieg setzt Anreize für Gemüsebauern, die Produktion von Kohl im Verhältnis zur Menge der angebauten Kartoffeln zu steigern. Auf der Nachfrageseite wird die besagte relative Preisänderung die Konsumenten dazu anregen, mehr Kartoffeln zu kaufen. Indem also sowohl Anbieter wie Nachfrager die Signale erkennen können, die von der Verschiebung der Preisrelation zwischen Kohl und Kartoffeln ausgehen, und indem sie deshalb darauf reagieren können, bleibt das erhalten, was die Ökonomen die *effiziente Allokation der Ressourcen* nennen. (Anders gesagt: Von den relativen Preisänderungen, so meint die mainstream-Ökonomie, gehen bei "Feinsteuerung" des Preisniveaus keine falschen oder nicht erkennbaren Signale aus, sodaß es auch nicht zur Verschwendung knapper Ressourcen und zu Fehlinvestitionen kommt.)

In dieser üblichen Sichtweise können die Anpassungsprozesse ablaufen, solange die Inflation (die höchst unzulänglich als "Anstieg des Preisniveaus" definiert wird) gleich bleibt und von den Beteiligten auch als gleichbleibend erwartet wird. Tritt eine Inflationsrate auf, die aus dem erwarteten Korridor ausbricht, so wird es für die Marktteilnehmer schwierig oder gar unmöglich, zu erkennen, ob und wieweit es sich bei den Preisänderungen a) um solche handelt, die von Angebots- und Nachfrageverschiebungen ausgehen, oder b) um solche, die auf die Inflation zurückzuführen sind. In diesem Fall - bei Unkenntnis oder falscher Interpretation der Ursachen von relativen Preisänderungen - reagieren die Marktteilnehmer falsch. Das wiederum hat eine Fehlallokation von Ressourcen zur Folge, und das bedeutet im Klartext nichts anderes als Wohlstandsverluste.

Daraus zieht die herrschende Theorie den Schluß, daß eine Zentralbankpolitik mit dem Ziel der Stabilisierung des Preisniveaus der wirtschaftlichen Prosperität eines Landes dienlich ist. Hinzu kommen noch andere Aspekte, die für eine solche Zentralbankpolitik sprechen: Es soll nicht nur ein unerwartetes Anziehen der Inflation verhindert werden, sondern auch ein deutliches Sinken der Inflationsrate - und natürlich ganz besonders ein absoluter Rückgang des Preisniveaus. Von letzterem befürchtet man einen um sich greifenden Pessimismus, ein zeitliches Hinausschieben von Produktion und Konsum - und somit Rezession oder gar Depression. Außerdem wissen die Ökonomen, daß es für die Zentralbank wesentlich schwieriger ist, mit Deflation fertig zu werden als mit Inflation. Wenn die

Inflation ein unerwünschtes Maß annimmt, kann die Zentralbank die Zinsen erhöhen und die Geldmengenzuwächse verringern (oder sogar die absolute Geldmenge senken). Für Zinssteigerungen gibt es theoretisch keine Grenze, für Zinssenkungen aber sehr wohl - nämlich sobald man bei Null angelangt ist.

Das gilt um so mehr bei sinkendem Preisniveau. Steht beispielsweise der Leitzinssatz der Zentralbank bei Null und das Preisniveau sinkt um zwei Prozent, dann beträgt der Realzins zwei Prozent. (Wer sich Geld zum Nullzins leiht, muß es nach einem Jahr mit Geld zurückzahlen, das zwei Prozent an Kaufkraft gewonnen hat - also 2% "teurer" geworden ist.) Bei einer Inflation nahe Null oder gar bei sinkendem Preisniveau wird die zinspolitische Waffe der Zentralbank stumpf. Politiker, Zentralbank-Leiter und Ökonomen, die eine geldpolitische Steuerung für gut und notwendig erachten, müssen also dafür eintreten, daß die Inflationsrate (zwar nicht zu hoch steigt, aber auch) nicht unter ein gewisses Maß sinkt, damit die Geldpolitik nicht "zahnlos" wird. Man streitet sich zwar, ob 3% Inflation schon ein zu niedriger Wert sind oder ob das "zu wenig" erst einsetzt, wenn 2% oder 1% unterschritten werden, aber gemeinsam ist man der Meinung, daß ein wenig Inflation herrschen müsse, um wirtschaftliche Stabilität und Prosperität sichern zu können.

Das klingt alles sehr einleuchtend, leider auch für die meisten Ökonomen. "Leider", weil diese Denkweise falsch ist und ihre praktische Umsetzung längerfristig zu schweren Verwerfungen führt - also nicht zu Stabilität, sondern zu Instabilität.

Der Stabilitätstheorie des Preisniveaus liegt (unter anderem) eine völlig falsche Annahme zugrunde, nämlich die Unterstellung der sogenannten "Neutralität" des Geldes. Was heißt das? Es handelt sich hierbei um einen typischen Makroökonomie-Fehler, wie er beim Denken in Aggregat-Größen leicht auftritt. Genau besehen, werden zwei Modell-Sichtweisen miteinander verwechselt oder gleichgesetzt. Geld ist nämlich in einem ganz bestimmten Sinn (und nur in diesem!) "neutral", und zwar in einem Denkmodell, das sich mit der Frage nach der sogenannten "notwendigen Geldmenge" beschäftigt. *Ludwig von Mises* hat nicht ohne Grund geschrieben, daß "jede beliebige Geldmenge optimal" sein könne. Damit ist Folgendes gemeint: Nehmen wir an, in einem Land (ohne Außenhandel) betrage die Geldmenge X. Eines Tages gehen alle Bewohner des Landes schlafen, und während des Schlafes verdoppelt ein Zauberer diese Geldmenge von X auf 2X - und zugleich auch alle Preise, alle Einkommen und Vermögen.

Wenn die Leute am Morgen erwachen, haben sich also alle Preise verdoppelt, aber auch alle Löhne und sonstige Einkommen, die Guthaben auf ihren Konten ebenso wie die Schulden, die vereinbarten Summen in allen Verträgen und der Wert (die Preise) aller Vermögensanlagen; einfach alles, was irgendeinen Preis hat oder mit einem Preis benannt ist. Die Menschen würden zwar staunen, aber real hätte sich nichts verändert. Ihre Miete würde immer noch denselben Prozentsatz ihres Lohnes beanspruchen, und das Preis*verhältnis* von drei Äpfeln zu fünf Tomaten wäre das gleiche wie am Vortag. Dasselbe gilt natürlich auch bei einer gleichmäßigen und vollständigen Halbierung aller Preise bei Halbierung der gesamten Geldmenge. In diesem Sinne also kann man Geld als "neutral" bezeichnen, aber eben nur in diesem rein theoretischen Denkmodell, das nichts anderes belegen soll als die Tatsache, daß es (von Extremen abgesehen) zum Funktionieren einer Volkswirtschaft auf die Menge des vorhandenen Geldes nicht ankommt. Es handelt sich hierbei jedoch wohlgemerkt um ein rein statisches Modell ohne jede Zufluß- oder Abfluß-*Bewegung* von Geld; es werden einfach zwei statische Zustände miteinander verglichen.

Ganz und gar falsch aber ist die herrschende Meinung der Ökonomen, Veränderungen der Geldmenge seien auch außerhalb dieser ganz eng begrenzten Modell-Märchenwelt neutral; "neutral" in dem Sinne, daß Geldmengenveränderungen zwar eine Wirkung auf das Preisniveau hätten, aber keinen Effekt auf die Realwirtschaft und auf die relativen Preise der Güter und Dienste. Die gängige Lehre geht davon aus, daß sich die realen Tauschrelationen zwischen Gütern weder durch Einführung des Geldes als Tauschmittel noch bei Vermehrung der Geldmenge verändern. Wenn also am Realtausch-Markt ein Apfel gegen zwei Kartoffeln getauscht werden, dann bleibt das Tauschverhältnis ›1 Apfel gegen 2 Kartoffeln‹ auch dann unverändert bestehen, wenn das Geld als Tauschmittel "dazwischen kommt" oder wenn sich das Preisniveau durch Geldmengenerhöhung verdoppelt. An den Preisrelationen ändert sich in der Modellwelt der Ökonomen nichts; das Geld erscheint als reines Rechenmedium und ist somit "neutral".

Um es mit anderen Worten zu wiederholen: Eine Vermehrung der Geldmenge führt in dieser Modellwelt zwar zu einer Verringerung der Kaufkraft der einzelnen Geldeinheit – das heißt zu einem Anstieg des Preisniveaus (und umgekehrt bei sinkender Geldmenge), aber nach wie vor wird (wenn alle anderen Daten gleich bleiben) ein Apfel gegen zwei Kartoffeln getauscht. Zwar hat sich der Preis des Apfels verdoppelt und der Preis für zwei Kartoffeln ebenso, aber das Tausch*verhältnis* von Äpfeln zu Kartoffeln ändert sich durch die Verdoppelung der Geldmenge nicht. Es ist unschwer zu erkennen, daß in dieser Theorie eine Verharmlosung der Inflation steckt. Die Inflation erschwert hier zwar das Erkennen von Veränderungen der relativen Preise, aber nur unwesentlich, weil man den Einfluß der Geldvermehrung auf diese Veränderung ja ausschließt. Wenn sich die Preisrelationen verschieben, kann das – so legt diese Theorie nahe – nur an Änderungen der Nachfrage oder des Angebots liegen, nicht aber an der Geldmengenerhöhung. Darüber hinaus spielt die Inflation keine Rolle.

Das klingt alles sehr gelehrt und läßt sich in den Kompendien der Volkswirtschaftslehre auch eindrucksvoll mit mathematischen Formeln präsentieren; und doch handelt es sich bei dieser Art der angenommenen Neutralität des Geldes um einen schweren Irrtum. In einer Marktwirtschaft kommen Veränderungen der Preisverhältnisse der Güter und Dienste untereinander (also der *relativen Preise*) nicht unabhängig vom Geld zustande. Die Güterpreise werden zwar bestimmt vom Angebot und von der Nachfrage bezüglich dieser Güter, *aber auch* vom Angebot und von der Nachfrage bezüglich des Geldes.

Eine Veränderung der Geldmenge kann deshalb in ihrer Wirkung auf die Preisrelationen nicht neutral sein. Wenn z.B. die Nachfrage einer Person nach Kassenhaltung steigt (Wunsch nach mehr Bargeld in der Tasche oder auf dem Bankkonto), kann es geschehen, daß diese Person ihre Nachfrage nach Fleisch im (vielleicht bestehenden) Verhältnis von 1 zu 3 zu Gemüse und von 1 zu 4 zu Obst nicht mehr beibehält, sondern deutlich ändert - möglicherweise sogar ganz auf Fleisch verzichtet (was, wenn viele das tun, Auswirkungen auf die Preise dieser Lebensmittel und somit auch auf ihre Preisrelationen zueinander hat). Oder es können, um ein anderes Beispiel zu nennen, bestimmte Güter, die vorher überhaupt nicht nachgefragt wurden - z.B. der Kauf oder Bau eines Hauses - plötzlich Einzug in die Bedürfnis- und Präferenz-Skala einer Person halten, wenn die Geldmenge vermittels Krediterleichterungen steigt.

Darüber hinaus muß man beachten (was an anderer Stelle bereits erwähnt wurde): Wenn neues Geld in die Wirtschaft gepumpt wird, gibt es immer Leute, die als erste davon profitieren. Die Erstempfänger des Geldes können damit Güter kaufen, deren Preise noch unverändert sind. Erst wenn dieses Geld weiter und weiter von einer Person zur anderen in Umlauf kommt, beginnen die Güterpreise zu steigen. Die späteren Empfänger sehen sich höheren Preisen gegenüber und können nicht nur mit dem "neuen" Geld weniger kaufen als ihre Vorgänger, sondern auch ihr "altes" Geld (Ersparnisse) hat an Kaufkraft verloren. Kurz: Erhöhungen der Geldversorgung einer Volkswirtschaft führen zu einer Umverteilung des realen Wohlstands von den Spät- oder Nicht-Empfängern des neuen

Geldes zu den Erst- oder Früh-Empfängern des neuen Geldes. Auch diese Veränderung der realen Wohlstandsverhältnisse hat Auswirkungen auf die Nachfrage nach Gütern und Diensten und beeinflußt somit die relativen Preise der Güter untereinander.

Das bedeutet: Veränderungen beim Güterangebot und bei der Güternachfrage sind mit Veränderungen beim Geldangebot und bei der Geldnachfrage untrennbar verwoben, und es gibt keine Möglichkeit, diese Effekte zu isolieren oder voneinander zu trennen. Wenn beispielsweise Tomaten im Verlauf eines Jahres um 10% teurer werden – und Kartoffeln um 2% billiger, dann kann niemand feststellen, in welchem Ausmaß diese Preisänderungen (und also *auch nicht die relativen Preisänderungen*) dem Wandel von Angebot und Nachfrage bei Tomaten und Kartoffeln zuzuschreiben sind - und wieviel dabei auf Veränderungen beim Geldangebot und bei der Geldnachfrage entfällt. Sogar wenn *alle* Preise in einem Land gestiegen wären, könnte niemand wissen, um wieviel die Kaufkraft des Geldes in diesem Land gesunken ist, und niemand könnte sagen, wieviel von den Preiserhöhungen (oder der Kaufkraftminderung) einer Verschiebung der Angebots- und Nachfrage-Verhältnisse in der Gütersphäre - oder aber einem Wandel bei den Angebots- und Nachfrage-Verhältnissen in der Geldsphäre zuzuschreiben wäre.

Weil man diese Einflüsse nicht trennen kann, ist es auch nicht möglich, die Kaufkraft des Geldes oder das "Preisniveau" zu isolieren und zu "stabilisieren". Weil die Einflüsse auf die

Preisbildung miteinander verwoben sind, bedeutet jeder Versuch zur "Stabilisierung des Preisniveaus" ein Hineinpfuschen in den Mechanismus der relativen Preisbildung und somit auch eine Verfälschung der effizienten Ressourcen-Allokation. Die Politik der Preisniveaustabilisierung führt zur Überproduktion bestimmter Güter und zur Unterproduktion anderer Güter – also zur Produktion am Bedarf vorbei und somit zum Gegenteil dessen, was die Theoretiker der Preisniveaustabilisierung zu bewirken vorgeben.

Der amerikanische Ökonom *Frank Shostak*, ein ›*Austrian*‹, dem diese Zusammenhänge (wie allen Ökonomen der *Österreichischen Schule*) ganz klar sind, zieht (sinngemäß) das Fazit: "Da es nicht möglich ist, die monetären Effekte auf die einzelnen Güterpreise zu isolieren, ist die ganze Idee vom Messen-Können und Stabilisieren-Können des Preisniveaus absurd. Ja, die ganze Idee von einer *allgemeinen* Kaufkraft des Geldes (und somit auch die Idee vom Preisniveau) kann noch nicht einmal abstrakt begrifflich dargestellt werden. Wenn ein Dollar gegen einen Laib Brot getauscht wird, können wir sagen, die Kaufkraft eines Dollars beträgt einen Laib Brot. Wenn zugleich ein Dollar gegen drei Tomaten getauscht wird, können wir sagen, die Kaufkraft eines Dollars beträgt drei Tomaten. Aber diese spezifische Kaufkraft des Dollars für spezifische Güter erlaubt keinesfalls die Feststellung der Gesamtkaufkraft des Dollars (des Geldes), weil man Brot und Tomaten und Batterien und Gießkannen und Fensterscheiben und Taschenmesser und Nachhilfestunden einfach nicht addieren kann. Man kann lediglich die Kaufkraft des Geldes bei einer ganz bestimmten

Transaktion zu einem bestimmten Zeitpunkt und an einem bestimmten Ort benennen (s. Shostak 2003).

Wenn aber die allgemeine Kaufkraft des Geldes nicht quantitativ definiert und zu keinem Zeitpunkt festgestellt werden kann – und wenn auch die Veränderungen der Kaufkraft nicht definiert und nicht gemessen werden können, dann kann man diese allgemeine Kaufkraft ebenso wenig "stabilisieren" wie ihr Spiegelbild: das allgemeine Preisniveau. Etwas, von dem man nicht sagen kann, was es ist (außer einer statistischen Zahl), das kann man auch nicht "stabilisieren". Anders gesagt: Wenn es der Zentralbank gelingt, das statistisch ermittelte Preisniveau zu stabilisieren, so bedeutet das in keiner Weise, daß es ihr auch gelungen wäre, die Preise oder die relativen Preise zu stabilisieren. Wenn es einem Teichbesitzer gelingt, den Pegelstand seines Teiches in etwa auf gleicher Höhe zu halten, dann besagt das so gut wie gar nichts über die Geschehnisse und Veränderungen in der biologischen Welt seines Teiches. Die in der modernen Ökonomie weit verbreitete Vorstellung, die Zentralbank könne eine Politik der Preisstabilität betreiben, indem sie die statistischen Preisindices – z.B. den Konsumenten-Preisindex – stabilisiert, ist eine Schimäre. Eine solche Politik ist destabilisierend und somit wohlstandsmindernd und wohlstandsvernichtend. (Das bedeutet natürlich nicht, daß sich die Zentralbank nicht um Inflationsgefahren kümmern sollte, sondern ganz im Gegenteil: es bedeutet, daß die Zentralbanken ihre Finger vom Geld und von jeder Art von Geldpolitik lassen sollten.)

Diese zugegebenermaßen recht theorielastigen Ausführungen und Überlegungen sind keineswegs nur eine Beschäftigung im Elfenbeinturm der Wissenschaft. Es geht dabei um ganz konkrete und überaus schwerwiegende reale Geschehnisse. So hat bspw. *Murray N. Rothbard* in seinem bahnbrechenden Werk ›*America's Great Depression*‹ (Rothbard 1963/1983) gezeigt, daß der schon in den 1920er Jahren weit verbreitete Aberglaube der Ökonomen, ein stabiles Preisniveau sei das richtige Ziel der Geldpolitik, einer der Gründe dafür war, daß diese Ökonomen die sich aufbauende Inflation nicht erkannt haben. Die Tatsache, daß das gemessene Preisniveau während der 20er Jahre mehr oder weniger stabil geblieben war, hat die Wissenschaftler glauben lassen, es bestünde keine inflationäre Gefahr. Sie wurden deshalb von der ausbrechenden Weltwirtschaftskrise vollständig unvorbereitet überrascht. Nur *Ludwig von Mises* hat mitten im Boom der 20er Jahre vor einer heraufziehenden schweren Krise gewarnt (womit er natürlich auf taube Ohren stieß und nur mitleidiges Lächeln seiner Kollegen erntete).

Was die auf Preisniveau-Statistiken fixierten Ökonomen im Amerika der 20er Jahre nicht erkannt haben, war die Tatsache, daß die Kreditexpansion der Banken irreführende Effekte erzeugt, indem sie die relativen Preise verzerrt und – was eher noch wichtiger ist – daß die Kreditexpansion die Preise in der Weise verändert, daß sie nun *anders sind als sie ohne Geld- und Kreditexpansion wären*. Schauen wir uns (mit den Augen *Rothbards*) an, wie sich dieser banal scheinende Gedanke in der Realität der damaligen Zeit manifestiert hat: Die Stabilität der Großhandelspreise in den 20er Jahren (in den USA) war das Ergebnis von zwei *gegenläufigen* Entwicklungen: Es herrschte monetäre Inflation (durch permanente Kreditexpansion), aber diese Inflation schlug sich nicht sichtbar in den Konsumgüterpreisen nieder, weil zugleich die Produktivität deutlich stieg, was die Produktionskosten senkte und das Güterangebot vermehrte (was beides preissenkende Wirkungen hat). Die Effekte (monetär verursachter Preisschub nach oben und produktivitätsbedingter Preisdruck nach unten) hoben sich gegenseitig auf.

Das war aber keineswegs eine glückliche Entwicklung, denn eigentlich hätten die Preise produktivitätsbedingt sinken müssen; ihr "Stabilbleiben" war also eine verzerrte Wiedergabe der wahren realwirtschaftlichen Gegebenheiten. Die Stabilität war nur statistischer Natur und hat die in der Wirtschaft ablaufenden Boom-Bewegungen nicht etwa außer Kraft gesetzt, sondern lediglich überdeckt. Die wenigen Ökonomen (der *Österreichischen Schule*), die wegen der in der Geldmengenexpansion verborgenen Inflation Alarm schlugen, wurden als "altmodisch" abgetan. Die "modernen" Ökonomen der damaligen Zeit sahen zwar die Übertreibungen an den Aktien- und Immobilienmärkten, hielten das aber für das Resultat *spezifischer* (und *nicht allgemeiner*) Kreditexpansion, nämlich der Kredite auf Aktiendepots und auf Immobilien. In Wirklichkeit aber handelte es sich genau um jenen Zyklus, den *Mises* beschrieben hatte, nämlich um einen disproportionierten Boom, bei dem die Kapitalgüterpreise (und die Preise der Kapital-Besitztitel) in einem krassen Mißverhältnis zu den Konsumgüterpreisen standen. Das spiegelte sich auch in der Entwicklung der Löhne. Während die Arbeitsentgelte in den Konsumgüterindustrien zwischen 1921 und 1929 annähernd gleich blieben (z.B. keine Erhöhung bei den Schuhproduzenten, weniger als 3% Erhöhung bei den Fleischverarbeitern, und insgesamt nur 6% Erhöhung bei den Möbelherstellern), stiegen die Löhne in derselben Periode um 22% in der chemischen Industrie und um 25% in der Eisen- und Stahlindustrie) (s. Rothbard 1963 / 1983).

Bei insgesamt "stabilem Preisniveau" bauten sich also enorme Ungleichgewichte auf, und vom Produktivitätsfortschritt profitierten nur die Arbeiter und Angestellten in den Investitionsgüter-Branchen, während eigentlich alle Konsumenten ihren Lebensstandard hätten verbessern können (durch sinkende Güterpreise), wenn die Kreditexpansion unterblieben wäre. Die Preise wären dann zwar unterschiedlich gesunken - die einen mehr, die anderen weniger, je nach Produktivitätsfortschritt in der jeweiligen Branche, aber fast alle Preise wären rükläufig gewesen und hätten die Kaufkraft der Konsumenten erhöht. In der Realität hat das aus allen Bankschleusen strömende *easy money* alle Bewegungen und Signale verzerrt, überdeckt und konterkariert. Der überschäumende Boom nahm seinen Lauf (ohne daß er sich in den Preisniveau-Statistiken niedergeschlagen hätte) und schuf die Bedingungen für den nachfolgenden tiefen Sturz in Depression und Weltkrise.

Das mag den Betrachter im Rückblick erschüttern, noch mehr aber sollte ihn die Beobachtung schaudern lassen, daß die heutigen Ökonomen noch immer dieser Denkweise verhaftet sind und daß sie auch heute wieder auf die nur moderaten Höherbewegungen des Preisniveaus achten. Nichts stört den Schlaf dieser Gerechten, auch nicht der Tausend-Milliarden-Zauber der FED und des amerikanischen Schatzamts. Und während sie von der "mäßigen" oder sogar von der "zu niedrigen" Inflation träumen, baut sich in der Kanalisation der amerikanischen Geld- und Kreditgewässer das schrecklichste Monster auf, das die Weltwirtschaft und das Weltfinanzsystem jemals gesehen haben. Falsche Ideen, auch so harmlos und rein theoretisch anmutende wie die Idee von der Stabilisierung des Preisniveaus, können furchtbare Folgen haben.

Schreckgespenst ›Deflation‹

> "Der Rückblick auf 90 Jahre Federal Reserve zeigt eine Achterbahn von Inflationen und Rezessionen - inklusive des Desasters der Großen Depression, sowie der exzessiven Übertreibung in den späten 90er Jahren und dem dramatischen Börsenzerfall der frühen 2000er Jahre."
> (*Richard M. Ebeling* 2003)

In der modernen ökonomischen Diskussion wimmelt es – hauptsächlich seit *Keynes* – von falsch interpretierten Begriffen. Viele werden von den Tagesmedien kritiklos übernommen und zu widersinnigen Standardausdrücken gemünzt. Auch das Wort *Deflation* gehört wieder zur Alltagssprache der Kolumnisten seit es zum wiederholten Nuschel-Terminus *Alan Greenspans* geworden ist. Welche Absicht *Greenspan* damit verfolgt, nämlich für die endlose Inflationierung des Dollars ehrbare

Motive vorzuschieben, wurde bereits erwähnt. Und wiederum sind es die bekanntesten Vorzeige-Ökonomen der westlichen Welt, die ihm dabei zur Seite stehen. Es läßt deshalb aufhorchen, wenn man einen der Altehrwürdigen der Zunft etwas ganz anderes sagen hört, nämlich: "Es gibt im Kapitalismus keinen Deflations-Abgrund, der die Ökonomie verschlingen könnte. Aber es gibt Abgründe, welche ganze Nationen verschlingen können, wenn ihre Regierungen und Notenbanken eine abgründige Politik betreiben." So Professor *Hans F. Sennholz* in seinem Essay "The Biggest Myth about Money" (Sennholz 2003). *Sennholz* weiter: "Sinkende Preise erfordern keine gegensteuernden Zentralbank-Manöver. Ein gegebener Geldstock, ob groß oder klein, ist immer hinreichend für die laufenden Tauschprozesse. Die Vorstellung, daß ein wachsendes Geldvolumen wirtschaftlich und gesellschaftlich wohltätig und wünschenswert wäre, ist einer der größten Irrtümer unserer Zeit. Dieser Irrtum hält sich seit Jahrhunderten. Es hat zahllose Währungen ruiniert, unsägliches Leid über die Völker gebracht und gesellschaftliche und politisch Umbrüche erzeugt. Und dennoch wird der Unsinn immer weiter betrieben."

Hinter der irrlichternden Kontroverse über das Phänomen *Deflation* steckt eine ganz einfache Wahrheit. Sie wird leider durch den Umstand überdeckt, daß nur eine winzige Minderheit der Ökonomen eine klare Vorstellung davon hat, was Deflation bedeutet – und was nicht. Diese Wahrheit lautet: Sinkende Preise sind *nicht identisch* mit Deflation; sinkende Preise *können* Symptome einer Deflation sein, sind es aber keinesfalls regelmäßig oder definitionsgemäß.

Schauen wir uns einmal den modernsten Sektor der Weltwirtschaft an: die Informations-Technologie. Seit mindestens 30 Jahren sind die Preise für Hardware und Software dramatisch gesunken, aber zugleich – und gerade deshalb – hat diese Technik die Geschäftswelt und die privaten Haushalte in einem ehemals unvorstellbaren Ausmaß durchdrungen, ja sie hat geradezu die Welt erobert. Und trotz permanent gesunkener Preise der Apparate, Programme und Anwendungen sind Computerhersteller und Software-Unternehmen zum größten Industrie- und Dienstleistungszweig auf dem ganzen Globus geworden und beschäftigen heute mehr Menschen als jede andere Branche in der entwickelten Welt. Gigantische Konzerne sind entstanden, aber auch Hunderttausende von mittleren, kleinen und kleinsten Unternehmen, und zugleich können sich immer mehr Konsumenten – sogar bis weit hinein in die Schwellen- und Entwicklungsländer – die Nutzung der sich permanent fortentwickelnden Technologie leisten. Ganz Ähnliches hat sich in den letzten Jahren – seit der sog. "Deregulierung" – auch in der Telekommunikations- und Unterhaltungsindustrie abgespielt. Was soll daran schlecht oder gefährlich sein?! Wer könnte das eine "deflationäre Gefahr" oder auch nur "Deflation" nennen?! (Freilich ist nicht auszuschließen, daß ein politisches Super-Monopol wie die EU auch diese Erfolgsgeschichte des Marktes in eine lahme Politstory verwandelt, wie die jüngste 500 Millionen Euro-Strafe des vermeintlichen Monopolwächters *Mario Monti* gegen *Microsoft* andeutet.)

Wenn heutzutage in irgendeiner Branche die Preise sinken und Arbeitsplätze abgebaut werden – oder wenn gar das "Preisniveau“ stagniert, die Konjunktur stottert und die Arbeitslosenziffern steigen, wird sofort das Gespenst *Deflation* beschworen und als Schreckensvokabel verbreitet. Aber Deflation einfach mit fallenden Preisen gleichzusetzen, ist einer der schwersten Fehler, den man im ökonomischen Denken machen kann. Es gilt, streng zwischen zwei verschiedenen Ursachen fallender Preise zu unterscheiden. Die eine liegt in steigender Produktivität, in einem Zuwachs an Produktion und Angebot (und dies darf man keinesfalls als Deflation oder Depression oder "Verarmung“ bezeichnen), und eine andere (mögliche) Ursache liegt in einem Schrumpfen der Geldausgaben oder der umlaufenden Geldmenge, welche durch den Produktivitätsfortschritt und durch steigende Absatzmengen (bei sinkenden Preisen) nicht mehr ausgeglichen werden können. Jedenfalls ist der Hauptgrund für fallende Preise im wirtschaftlichen Fortschritt zu suchen. Und sinkende Preise, die von wachsender Produktion verursacht werden, führen nicht zu einem Schrumpfen der Gewinnraten der Unternehmen, soweit die umlaufende Geldmenge gleich bleibt oder in moderatem Umfang wächst. Wenn das Wachstum des Güterangebots (bei sinkenden Preisen) größer ist als der Geldmengen- oder Ausgabenzuwachs, wird die Gewinnrate der Unternehmen tendenziell erhöht, nicht vermindert.

Genau das ist im großen und ganzen während der Zeit des Goldstandards geschehen. Die Versorgung mit Gold aus den Goldminen konnte nur mäßig zunehmen, während das Warenangebot im Zuge der Industriellen Revolution zur gleichen Zeit rapide gestiegen ist. Die Unternehmen waren bei wachsender

Produktivität in der Lage, zu niedrigeren Preisen mehr Güter zu erzeugen und zu verkaufen als dem Preisabschlag entsprach. Bei rasant verlaufender industrieller Entwicklung sind auf diese Weise die Güterpreise rund hundert Jahre lang (fast in jedem Jahr) tendenziell und im großen Durchschnitt leicht gesunken, während der Wohlstand in den betreffenden Ländern unablässig zugenommen hat. (Das hatte allerdings zur Voraussetzung, daß die Gewerkschaften noch nicht mächtig genug waren, um die Produktivitätszuwächse der Unternehmen permanent mit hochgepeitschten Nominallöhnen "abzuschöpfen" oder gar mit überschießenden Forderungen abzuwürgen.)

Was aber ist dann *Deflation*? Was ist die gefährliche Form sinkender Preise? Deflation findet ebenfalls (meistens) bei sinkenden Preisen statt, und diese Gemeinsamkeit der Erscheinungsform verführt dazu, bei jedem Preisfall gleich von Deflation zu reden. Mit diesem Ausdruck sollte man aber nur eine monetäre Kontraktion belegen, das heißt ein Sinken der gesamten Geldmenge und des gesamten Ausgabenvolumens der Konsumenten und Unternehmen. Das wiederum muß keineswegs im Zusammenhang stehen mit einem schrumpfenden Geldangebot der Notenpresse oder der Zentralbanken. Die zirkulierende Geldmenge, das Kreditvolumen der Banken und die Summe der Geldausgaben der Bürger können auch schrumpfen, ja sogar dramatisch zurückgehen, wenn sich allgemeines Mißtrauen in die wirtschaftliche oder politische Lage ausbreitet, wenn die Menschen Angst vor der Zukunft bekommen und vorsichtiger werden. Dann bleiben Produzenten und Händler auf den Waren sitzen, die sie vorher noch zu den alten (höheren) Preisen gekauft oder hergestellt haben – oder auf Kapazitäten, die sie zu den vorher höheren Kosten errichtet haben. In diesem Fall sinken die Gewinne, und die Zahlung von Kreditzinsen sowie die Rückzahlung von Schulden werden schwieriger. Die Zahl der Konkurse steigt, immer mehr Leute werden arbeitslos und Rezession oder Depression breiten sich aus.

Prinzipiell ist (echte) Deflation ein historisch sehr selten auftretendes Ereignis. Aber die ökonomischen Begriffe *Deflation* und *Inflation* haben in den letzten Jahren mehr und mehr den Charakter *politischer* Vokabeln angenommen, indem sie der Politik als Ausreden oder Scheinargumente für die Manipulation des Geldes und der Währungen dienen müssen. In einer freien Marktwirtschaft sind sinkende Preise nichts anderes als das Ergebnis steigender Produktivität. Die Politik aber nennt das *Deflation* und erweckt den Eindruck, es handele sich um eine Art Schwarze Pest, eine tödliche Bedrohung für das betroffene Land. Deflation und "zu starke Währung" müssen sogar als Ursachen für steigende Arbeitslosigkeit herhalten. Wenn diese absurde Behauptung stimmen würde, müßten wir nur die Produktion von mehr und besseren Gütern mit allen Mitteln unterbinden und unsere Währung ruinieren – und alle Leute hätten einen Job. Mit verbalen Taschenspielertricks dieser Art werden die wahren Gründe der Arbeitslosigkeit vertuscht. Mit dem angeblichen "Kampf gegen die Deflation und gegen ›übermäßige‹ Inflation" kann sich die politische Kaste außerdem den Anschein der Nützlichkeit und Unverzichtbarkeit geben. Ihre Wirtschafts- und Gesellschaftsklempnerei, die in Wahrheit nur schwere Schäden anrichtet, gewinnt damit eine Art wissenschaftlichen Heiligenschein.

Was im Zusammenhang mit der Unterscheidung zwischen sinkenden Preisen und (echter) Deflation die höchste Beachtung verdient, ist die Tatsache, daß es um so wahrscheinlicher wird, daß eine (deflatorische) Situation des Mißtrauens und pessimistischer Erwartungen eintritt, je länger und mit je mehr künstlich geschaffenem *easy money* (Geld- und Kreditschöpfung "aus dem Vollen") oder vermittels politischer Maßnahmen (Preisstops, Mindestlöhne, Subventionen, staatliche Kredite u.ä.) notwendige Preisanpassungen nach unten unterbunden worden sind. Noch wichtiger: Sogar dann, wenn sinkende Preise eher das Ergebnis einer monetären Kontraktion als das einer wachsenden Produktion sind, wird die Situation um so schlimmer - und echte oder schwere Depression um so gewisser, je weniger man die Preise sinken läßt und statt dessen geld-, zins- und fiskalpolitisch "gegensteuert". Fallende Preise, die tatsächlich auf deflatorischen Ursachen beruhen, tragen nämlich zu einer alsbaldigen Erholung bei. Wir erinnern uns an den Satz, daß Deflation (im Unterschied zur Inflation) kein monetäres Phänomen ist, sondern ein strukturelles. Das heißt, es sind Verzerrungen eingetreten (meistens gerade durch geld- und fiskalpolitisch erzeugte Inflation verursacht), die so schnell als möglich bereinigt werden müssen, um nicht weiteres Unheil anzurichten. Wenn man die Preise politisch unbeeinflußt sinken läßt, dann führt das dazu, daß auch mit der zurückgegangenen Geldmenge und bei reduziertem Ausgabevolumen trotzdem noch so viele Güter verkauft werden können wie vorher (und daß somit auch die Zahl der Beschäftigten nicht zurückzugehen braucht).

Man kann den Vorgang auch vereinfacht ausdrücken und sagen: Deflation ist eine Bereinigung vorausgegangener monetärer Sünden – und das Handwerkszeug der Deflation zum Zweck der Bereinigung sind sinkende Preise. Wenn man das Sinken der Preise – inklusive der Nominallöhne – verhindert, schlägt man dem Reparaturtrupp das Werkzeug aus der Hand, und die Gesundung der Produktion und der Beschäftigung können nicht stattfinden. Noch deutlicher gesagt: Sinkende Preise sind *nicht Ursache der Deflation, sondern Heilmittel gegen die Deflation* und ihre Wirkungen. Das gilt auch auf dem Sektor der Schuldenrückzahlungen. Wenn jemand bei fallenden Güterpreisen weniger Geld auszugeben braucht, um gleich viel Güter zu kaufen wie vorher bei höheren Preisen, dann hat er Beträge zur Schuldenbedienung übrig.

Wer sich als Student der Ökonomie oder in sonstig professioneller Weise mit der wissenschaftlichen Widerlegung der Keynes-Argumente von der "höheren Sparneigung" oder vom "Anstieg der Geldnachfrage für Kassenhaltungszwecke" als angebliche Hauptgründe für die Erwartung sinkender Preise beschäftigen möchte, sei auf einen ins Detail gehenden Text von *George Reisman* verwiesen: "The Anatomy of Deflation", *Mises Daily Article* v. 22.06.2003, article@mises.org

Viel von der theoretischen Verwirrung, die im Zusammenhang mit dem Deflations-Phänomen entstanden ist (auch bei *Keynes* persönlich), geht auf den Schock der Großen Depression der frühen 30er Jahre und auf einen fast undurchdringlichen Wust an Fehlinterpretationen der Ereignisse durch die professionelle Nationalökonomie zurück. Im Verlauf der zweiten Hälfte des 20. Jahrhunderts hat sich nur eine Handvoll Ökonomen der Mühe unterzogen, akribisch in das Quellenstudium einzusteigen und die Geschehnisse in aller Breite und Tiefe zu analysieren. Die meisten Lehrkräfte und Autoren haben einfach die gängigen Klischeemeinungen übernommen, die sich alsbald hinsichtlich der Ursachen der Weltwirtschaftskrise und ihres verheerenden Ausmaßes herausgebildet hatten. An erster Stelle unter den gründlichen Forschern ist *Murray N. Rothbard* zu nennen. Sein (bereits erwähntes) Werk ›*America's Great Depression*‹ (1963/1983) ist eine wahre Fundgrube für Gegenbeweise zur gängigen Litanei der Kausaldarstellungen. Aber studiert haben es dennoch nur wenige seiner Kollegen. Und so stricken sie bis zum heutigen Tag an den theoretischen Legenden über das Desaster.

Erst kürzlich (Anfang März 2004) tönte der großspurige Fed-Governor *Ben Bernanke*, einer der maßgeblichen Zentralbanker neben *Alan Greenspan*, in einer Rede vor Studenten, die Depression der 30er Jahre sei das Resultat des damals herrschenden Goldstandards gewesen (also nicht etwa das Ergebnis einer von der Fed und dem *fractional reserve*-Bankwesen erzeugten überbordenden Liquidität in den boomenden 20er Jahren). Es sei eben, so *Bernanke*, zu wenig Geld und Kredit unter den Leuten gewesen. Zwar seien die Steuern in der Tat angehoben worden, aber viel wesentlicher sei gewesen, daß die Fed die Zinsen im Jahr 1928 nach oben gesetzt hätte. Kein Wort davon, daß dies damals der Bemühung entsprungen war, die börsenkreditfinanzierte Aktienblase ein wenig zu zügeln. Der Goldstandard, so *Bernanke*, habe zwar zwischen 1870 und 1914 gut funktioniert, der internationale Handel und die Kapitalströme hätten sich in wohlstandsschaffender Weise ausgeweitet, und die Währungen seien kaufraftstabil geblieben, aber dann – zwischen 1914 und der Depression – sei "etwas passiert". Auffällig sei, daß die Strenge, mit der bestimmte Länder am Goldstandard festgehalten hatten, in enger Verbindung mit der Schwere der dort aufgetretenen Depression gestanden habe. Insbesondere sei der wirtschaftliche Niedergang um so ausgeprägter und die Erholung um so später eingetreten, je länger das betreffende Land am Goldstandard festgehalten habe.

Nun ist es nicht so, daß *Bernanke* damit die Unwahrheit gesagt hätte, denn die Aussage stimmt; entscheidend ist die Tatsache, daß er diese Wahrheit nicht verstanden hat. Es war nämlich ein Glück im Unglück, daß die USA den Goldstandard nicht sofort beim ersten Auftreten von Krisensymptomen über Bord geworfen haben; sonst hätte die damals noch relativ junge Fed (Gründung 1913) Scheingeld und Kredit aus allen Rohren und auf Teufel komm raus gefeuert, mit dem Ergebnis, daß die nachfolgende Depression noch weitaus schlimmer verlaufen wäre. Wie das hätte aussehen können, kann man sich am Beispiel der nicht mehr ans Gold gebundenen Reichsbank und der deutschen Hyperinflation der 20er Jahre illuster vor Augen führen.

Nach diesen Ausführungen begann *Bernankes* eigentliche Märchenstunde. Er berief sich auf das monetaristische Standardwerk von *Milton Friedman* und *Anna J. Schwartz* ›A *Monetary History of the United States, 1867-1960*‹ (1963), in welchem zu lesen steht, daß die Depression das tragische Ergebnis einer falschen Geldpolitik gewesen sei. (Nebenbei bemerkt, scheint der Fed-Governor noch nicht gehört zu haben, daß *Milton Friedman* inzwischen deutliche Zweifel an seiner damaligen Interpretation geäußert hat). Mit dieser Aussage liegt *Bernanke* genau so falsch wie die unzähligen Ökonomen vor ihm, die den Unsinn seit 50 Jahren wiederholen. Entgegen der *Friedmann*-These hat die Fed (nach einem kurzen Versuch, 1928/29 die überbordende Börsenspekulation mit einem Anziehen der Zinsschraube einzudämmen) eine extrem lockere Geldpolitik betrieben und versucht, die Wirtschaft vermittels reichlicher Liquidität wiederzubeleben. Das wird schon deutlich am Bestand der von der Fed gehaltenen Regierungs-Schuldverschreibungen: Im Januar 1930 betrug deren Summe 485 Millionen Dollar, und im Dezember 1933 waren sie auf 2,43 Milliarden Dollar explodiert, ein Anstieg von über 400%. Hinzu kamen jährliche Verdoppelungen der Injektionen der Fed in den Geldkreislauf.

Es waren also keineswegs die "engen monetären Zügel" der Zentralbank, welche für die Große Depression verantwortlich waren, sondern - im Gegenteil - die extreme Lockerung der Zügel in den frühen 20er Jahren. (Dafür ein Beispiel: Die Zuwachsrate an Regierungsanleihen, die von der Fed gehalten wurden, war 1924 - innerhalb von nur einem halben Jahr [April - November 1924] von unter 20% auf über 600% p.a. hochgeschnellt.) Die Fed hatte also während der 20er Jahre die Geld- und Kreditmenge in bis anhin ungekanntem Ausmaß ausgedehnt. Und das war die Hauptursache der späteren Großen Weltwirtschaftskrise – und nicht das immer wieder behauptete Gegenteil. *Bernanke* versäumte natürlich nicht, gegen Ende seiner Rede die Freigabe des Dollars von der Goldbindung und das anschließende Wiederanbinden zum abgewerteten Kurs als segensreiche Leistung Präsident *Roosevelts* zu werten (s. Richard Daughty 2004).

Wir können somit erneut festhalten: Deflation – also die schmerzhafte und strukturell geprägte Form fallender Preise – ist die unvermeidliche Folge monetärer Übertreibungen. Sie verkörpert die notwendigen Bereinigungskrisen, jedenfalls in einer vom *fiat money* und von den Regierungen und Zentralbanken mit Scheingeld versumpften Welt. Die *Keynes*'schen Flutungsmaßnahmen in diesem Sumpf – und somit das, was seit Jahrzehnten und derzeit wieder auf Hochtouren betrieben wird, ist die schlimmste Art der vermeintlichen Problembewältigung, die man überhaupt unternehmen kann. Mit Inflationierung, einem Hinauftreiben der Preise in rezessiven Phasen (also mit vermeintlich gegen die Rezession oder Depression gerichteten monetären und fiskalischen Maßnahmen) wird der Gelbsüchtige weiß angestrichen. Und das bedeutet nicht weniger als eine Vorbereitung schwerer Katastrophen, weil die Krankheit erst erkannt wird, wenn der Patient auf dem Totenbett liegt.

Die Vorgänge sind eigentlich zu tragisch und folgenschwer, um darüber zu scherzen, doch gibt es einen amerikanischen Kalauer, mit dessen Hilfe man sich das Widernatürliche endloser Liquiditätsinjektionen ins Gedächtnis einprägen kann: Auf die Frage, was denn das gefährlichste Tier der Welt sei, antwortet ein Biologe, dies sei der Kiwi-Vogel. Und auf die weitere Frage, warum denn dieser Vogel so gefährlich sei, lautet die Antwort: Weil er zwei Köpfe und zwei Schnäbel hat, je einen Kopf vorn und einen hinten, und mit beiden Schnäbeln frißt er unablässig, Tag und Nacht. Letzte Frage: Aber wenn das Tier vorn und hinten nur fressen kann, immer nur fressen, ja wo soll denn das viele Fressen hin? Das arme Geschöpf könne ja gar nicht... Nun, so die abschließende Auskunft des Biologen, das sei es ja, was den Vogel so gefährlich mache.

Die Einsicht in das Unnatürliche des geld- und fiskalpolitischen Glaubensdogmas des Papiergeldzeitalters, jeder strukturelle Gesundungsvorgang müsse mit Wogen aus Liquidität (=Schulden) verhindert oder revidiert werden, erfordert keine spezielle Intelligenz: In krisenhaften Zeiten, in welchen die Menschen mehr sparen und mehr in die Zukunft investieren müßten– also die Kapitalbasis der Volkswirtschaft stärken sollten, um wieder aus der Abschwungsphase herauszukommen, werden sie statt dessen angeregt, noch mehr zu konsumieren, sich noch mehr zu verschulden und noch mehr Kapitalvernichtung zu betreiben. Während der unersättliche Geld- und Kreditmoloch wächst, wird der realwirtschaftliche Sockel, auf dem er sich aufbäumt, immer schmaler und schwächer. Um so krachender wird der Moloch stürzen, und diesen Sturz wird irgendwann niemand mehr verhindern können - auch die Zentralbanken nicht. In der Zwischenzeit wird Kaufkraft in gespenstigen Größenordnungen vernichtet (der Dollar von 1913 - bei Gründung der Fed - ist heute höchstens noch

5 Cents wert); und in den auf den Wahn folgenden Zusammenbruchsphasen wird noch viel mehr vernichtet, nämlich nicht nur die restlichen Vermögen, sondern auch das Glück, die Zuversicht, der Leistungswille, die Disziplin, die Moral und die Freiheit der Menschen. Ceterum censeo: Falsche Theorien können furchtbare Konsequenzen haben.

Umverteilungs-Organisationen

> "Der Wohlfahrtsstaat ist eine Methode, die Leute mit ihrem eigenen Geld vom Staat abhängig zu machen."
> (*Gerd Habermann*, ASU)

Es sind nicht nur falsche (und gerade deshalb populäre) Ideen und Lehren, die zur monetären Erkrankung der modernen Volkswirtschaften beigetragen haben – und dies nach wie vor tun; es gibt auch unzählige Organisationen, welche die Malaise beschleunigen und vertiefen. Sie überziehen und durchdringen Wirtschaft und Gesellschaft mit einem immer dichter werdenden Netz institutioneller Fesseln und lähmen die Leistungskräfte des Marktes mit tausend Fäden, in etwa so wie es *Gulliver* bei den Zwergen widerfuhr. Einige wenige dieser (nationalen und internationalen) Organisationen haben direkt und "hauptamtlich" mit dem *fiat money* und den Papiergeldwährungen zu tun, wie bspw. der *Internationale Währungsfonds* (IWF oder IMF); die meisten aber – wie Gewerkschaften und Interessenverbände aller Art – sind auf subtilere, indirekte Weise mit dem Falschgeldsystem verbunden. Sie können einerseits überhaupt nur in der Treibhausatmosphäre aus "Heißluft-Geld" gedeihen, liefern andererseits aber auch die Bewegungsenergie für das Pumpensystem, mit dem der monetäre Schlamm in die Volkswirtschaften hineingeleitet wird. In Deutschland haben sogar etliche jener Organisationen (Berufsverbände, Interessenvertretungen, Kammern, Versorgungskassen, Berufsgenossenschaften und öffentlich rechtliche Anstalten), welche einstmals von den Nationalsozialisten zum Zweck der vollständigen politischen Durchdringung des zivilen Lebens errichtet worden sind, bis heute überlebt.

Bei aller sonstigen Unterschiedlichkeit ist fast allen diesen Organisationen gemeinsam, daß es sich (in der Terminologie der *Institutionen-Ökonomik*) um "Umverteilungs-Koalitionen" handelt - das heißt: um Einrichtungen, die entweder (ganz oder teilweise) von Zwangsmitgliedschaften und Zwangsgebühren leben, oder von Steuergeldern, Steuerprivilegien, Subventionen und gesetzlich gesicherten Monopolaktivitäten. *Umverteilung* stellt insofern ihren gemeinsamen Nenner dar, als sie nicht wie kaufmännische Unternehmen oder Handwerksbetriebe und Selbständige von den freiwilligen Zahlungen der Käufer leben, sondern von Geldern aus unfreiwilligen Zahlungen bestimmter Leute. Sie offerieren nicht Güter und Dienste gegen frei vereinbartes Entgelt, sondern bieten (meist dem sog. "Gemeinwohl" zugehörige) Güter und Dienste gegen Zwangsgebühren oder gegen Geldmittel an, die den Bürgern - ganz oder zum Teil - auf unfreiwillige Weise (oft auf dem Umweg über Staatskassen) entzogen werden. Dazu gehören auch alle Einrichtungen des staatlichen Bildungswesens - wie Schulen und Universitäten, alle Einrichtungen des öffentlichen Gesundheits- und Wohlfahrtswesens, aber auch Kultureinreichungen wie Theater und Museen oder öffentlich-rechtliche Rundfunk- und Fernsehanstalten.

Das allgemeine Thema *Kollektiventscheidungs-Organisationen* und *Umverteilungs-Koalitionen* soll uns hier nicht weiter beschäftigen. Speziell Interessierte seien besonders auf die Werke von *Mancur Olson* verwiesen, von denen die wichtigsten auch in Deutsch vorliegen (s. Olson 1982/1985 und Olson 2000/2002).

Was im enger abgesteckten Rahmen unserer Thematik interessiert, ist die Art und Weise, wie bestimmte Organisationen mit dem System des *fiat money* und des beliebig vermehrbaren Papier- und Kreditgeldes existentiell verbunden sind und somit zum verhängnisvollen Erosionswerk des Falschgeldes beitragen. Da es sich aber auch hierbei – trotz der Vielzahl der in Frage kommenden Organisationen – nur um einen Teilaspekt unserer Gesamtbetrachtung handelt, werden nur zwei Beispiele herausgegriffen und kurz abgehandelt: 1) die internationale Organisation namens *IWF*, und 2) die nationalen Organisationen namens *Gewerkschaften*.

Pyromanische Brüder

Der *Internationale Währungsfonds* (IWF, englisch IMF = International Monetary Fund) wurde – nach Vorbereitungsarbeit auf der *Bretton Woods*-Konferenz 1944 – im Dezember 1945 gegründet. Zu seinen deklarierten Aufgaben und Zielen gehören die *Förderung der Stabilität der Währungen* und die *Aufrechterhaltung geordneter Währungsbeziehungen zwischen den Mitgliedsländern*. Die währungsgeschichtliche Realität sieht jedoch ganz anders aus als die hehren Ziele vorgeben. Das liegt schon in der Logik der Fondsfunktion als einer Art internationaler Ober-Geldzauberanstalt. Was die Zentralbanken auf nationaler Ebene betreiben – allen voran die "Königin aller Zentralbanken", die Fed -, nämlich die Rettung zusammenbrechender Bankinstitute, das macht der IWF international (manchmal Hand in Hand mit der Fed und dem amerikanischen Schatzamt). Wobei gelegentlich nicht nur Banken und sonstige Finanzinstitutionen an den IWF-Tropf gehängt werden, sondern ganze Regierungen samt ihren Monsterschulden. Und während die Zentralbanken mit der heißen Luft des aus dem Nichts gezauberten Geldes agieren, treibt der IWF seine Vieltausendmilliarden-Spiele mit dem heißen Dampf eines buchstäblichen "Super-Nichts". Haben Mitgliedsländer bestimmte Devisenbeträge (entsprechend einer ihnen zugeteilten Quote) einbezahlt, so können sie unter gewissen Umständen – z.B. bei Zahlungsbilanzschwierigkeiten – ein Vielfaches der eigenen Einzahlung als Kredit in Anspruch nehmen – und zwar in Form sogenannter Ziehungsrechte und Sonderziehungsrechte; Milliarden, die einfach dadurch entstehen, daß der IWF die entsprechende Zahl auf ein Stück Papier schreibt.

Existenz und Tätigkeit des Fonds bewirken das Gegenteil dessen, was seiner Aufgabe entspräche. Wenn nämlich Menschen, Regierungen, Banken und Organisationen gewiß sein können, daß sie letztlich vor den existenzgefährdenden Folgen ihres falschen Handelns bewahrt werden, so beeinflußt diese Rettungserwartung ihr Handeln. Sie gehen noch höhere Risiken ein und wagen sich zu noch fehlerhafteren Entscheidungen vor. Der Fachausdruck für solche perversen Verhaltensanreize heißt *moral hazard*. Etwas unscharf könnte man auch von einer "Hasardeursmoral" sprechen. *Moral hazard* (moralisches Risiko) liegt dann vor, wenn man Risiken eingeht, deren Früchte man alleine ernten, deren Kosten man aber auf andere abwälzen kann (letztlich auf die Steuerzahler und Sparer). Man stelle sich nur einen Roulettspieler vor, der weiß, daß eine gute Fee ihm im Fall eines Groß- oder Totalverlustes die Taschen wieder füllt. Was für den einzelnen Spieler gilt, trifft eher noch mehr für Regierungen und Großgebilde der Finanzindustrie zu; mit dem Unterschied, daß es bei den nationalen und internationalen Vieltausend-Milliarden-Desastern, die vom IWF und seinen Zentralbankklüngeln "ausgebügelt" werden, nicht um Spielgeld geht, sondern um die Entwertung der Ersparnisse von Millionen Menschen.

Die wahre Aufgabe des IWF ist deshalb die Sozialisierung von Staatsschulden und von Verlusten staatsmanipulierter Finanzkonzerne. Das war so bei den drei Mexiko-Krisen (die letzte im Jahr 1994), bei der Brasilien-Krise, der Türkei-Krise und der Asien-Krise. Und von Mal zu Mal schaukelten sich die erforderlichen Rettungssummen zu immer neuen Höhen auf. War 1982 für Mexiko noch ein Hilfsprogramm von rund 12 Milliarden Dollar ausreichend, so waren es 1989 schon 29 Milliarden Dollar, und 1994/95 konnten nur noch 50 Milliarden

Dollar das Land (und seine Gläubiger in den USA!) vor dem totalen Absturz retten. Die Asien-Krise schaffte die 50-Milliarden-Hürde schon im ersten Anlauf. (Die Zahlen beziehen sich auf Gesamtrettungspakete, also nicht nur auf IWF-Zahlungen.)

Was bei solchen Finanz- und Währungs-Desastern geschieht, wird hierzulande kaum wahrgenommen. Wer weiß schon, daß im Zuge der jüngsten argentinischen Schulden- und Währungskrise (2002) die Hälfte der argentinischen Bevölkerung unter die Armutsgrenze absackte, die Banken 60 Tage lang geschlossen blieben, die Aktienkurse um 90% einbrachen (in Dollar-Gegenwerten gerechnet), das Durchschnittseinkommen von 9.000 auf 3.000 Dollar sank, der Peso-Außenwert um 70% fiel, die Kriminalität in den Städten explodierte und bislang stabile gesellschaftliche Strukturen zerbrachen. Die Blähungen des *fiat money* und die Defäkation seiner Institutionen hinterlassen nicht nur Papiergeldmüll und Armut, sondern ersticken mit ihren giftigen Gasen ganze Zivilisationen.

Gottlob sind die Argentinier durch jahrzehntelange Erfahrung mit ihren ebenso unfähigen wie korrupten politischen Eliten zu gewieften Selbsthilfe-Künstlern geworden. Die Bevölkerung des eigentlich reichen Landes hat es verstanden, einen erheblichen Teil ihres Vermögens im Ausland anzulegen. Sogar unter den Kleingewerblern und Mittelständlern gibt es kaum einen, der nicht ein Konto und Depot im benachbarten Uruguay unterhalten würde. Auf diese Weise konnte – trotz wiederkehrender Inflationsschübe und gierigem Zugriff der Politik – nicht nur eine relativ hohe Kaufkraft sondern auch eine gesellschaftstragende Bürgerschicht bewahrt werden. Das ist auch ein wesentlicher Grund dafür, daß den Erdbeben im Finanz- und Währungssystem nicht auch noch schwere Erschütterungen des Gesellschaftsgefüges gefolgt sind. (Man beachte: Solche Überlebensstrategien wären unter der Herrschaft einer Einheitswährung und "harmonisierter" Steuersysteme auf dem amerikanischen Kontinent nicht möglich gewesen. Sie werden eines leidvollen Tages auch auf dem Kontinent der Einheitswährung *Euro* und der harmonisierten Fiskal- und Sozial-Kleptokratie von Brüssels und *Eichels* Gnaden nicht mehr möglich sein.)

Wenn man die internationale Finanzarchitektur des Papiergeldes ihres terminologischen und institutionellen Firlefanz' entkleidet, enthüllt sie ihr Wesen als das eines wechselseitigen Arrangements zwischen Brandstiftern und Feuerwehren – oder eines Geschäfts unter pyromanischen Brüdern. Wer die Brandstifter (Regierungen und Zentralbanken mit Papiergeldmonopol) und ihre Pyromanie (Verschuldungs- und Liquiditäts-Orgien) als legitim erachtet, der muß auch für eine Großfeuerwehr nach IWF-Muster eintreten. Das Wechselspiel aus Zündeln und Löschen findet denn auch regelmäßig den Beifall der Finanzminister-Konferenzen und der Kommentatoren in den Medien (formuliert im nüchternen Finanzvokabular natürlich).

Milton Friedman, der "Vater des Monetarismus" (und damit nicht unschuldig an der Hochachtung der Ökonomen vor dem weltweiten Papiergeldsystem) ist gewiß der Übertreibung unverdächtig, wenn er Kritik am IWF übt. Umsomehr sollte aufhorchen lassen, welchen Kommentar er Ende 1997 zur

Asien-Krise abgegeben hat - und zur Rolle des IWF bei derselben: "Das Debakel in Asien", so *Friedman*, "ist eine Konsequenz der Art und Weise, in der die mexikanische Krise gehandhabt wurde. Danach sagten sich die Investoren: ›Warum sollten wir die Risiken nicht auf uns nehmen?‹ Sie wußten, daß sie im Notfall mit Lösegeld freigekauft werden würden, wenn etwas schief gehen sollte... Es ist ganz und gar unmoralisch, wie ungewählte Amtsträger, die niemandem Rechenschaft schuldig sind, das Geld der Steuerzahler vergeuden, indem sie anderen Ländern behilflich sind, sich aus dem Griff ihrer schlechten Investitionen zu befreien." *Friedman* forderte, man solle den IWF abschaffen. Dessen ursprüngliche Aufgabe sei es gewesen, das in Bretton Woods eingeführte System fester Wechselkurse zu überwachen. Dieses System habe 1971 aufgehört zu existieren. *Friedman*: "Es gibt überhaupt keine Rolle mehr, die der IWF zu spielen hätte. Aber nichts ist so unsterblich wie eine Regierungsbehörde... Die ostasiatische Krise wird ausarten und explodieren. Aber der IWF wird überleben; er überlebt immer." (Zitiert nach: ›*Vertrauliche Mitteilungen*‹ v. 27.01.1998.)

(Damit *Friedmans* Kritik - und auch die meinige - nicht mit den Anti-IWF-Parolen der NGO-Chaoten von Davos, Seattle und Fortfolgende verwechselt werden, sei hier nachdrücklich darauf hingewiesen, daß unsere Kritik wenig bis gar nichts mit Inhalt und Zielrichtung der Krawallbrüder-Argumente zu tun hat. Um dies zu belegen, wird im Anhang zu vorliegendem Buch ein Leitartikel aus der Zeitung *Schweizerzeit* wiedergegeben, in welchem ich die Unterschiede aufzeigen konnte; s. ANHANG I.)

Ganz im Sinne der von *Friedman* sarkastisch markierten “Unsterblichkeit“ von Behörden, hat *Stanley Fisher*, der damalige erste stellvertretende Direktor des IWF, im Januar 1999 vorgeschlagen, den IWF zur Weltzentralbank umzuorganisieren. Das wäre freilich eine Art logischer Schlußpunkt unter den globalen Papiergeldwahnsinn. Der nächste oder gleichzeitig zu zelebrierende Schritt wäre die Installation einer einheitlichen Welt-Papiergeldwährung. Damit hätte dann das politische Scheingeldmonster seine Krakenarme um den ganzen Erdball gelegt und könnte sich die Ersparnisse der gesamten Menschheit einverleiben. Ein monetärer Harmageddon. (Zur Sicherung gegen Fälschungen würde dann wohl die Zwangsimplantation eines Mikrochips unter die Haut eines jeden menschlichen Wesens folgen. So könnte die apokalyptische Vision des *Johannes* Wirklichkeit werden: “Niemand soll kaufen oder verkaufen können, der nicht trägt das Malzeichen…“ / Offb. 13,17.)

Für unser Thema bleibt festzuhalten: Neben den falschen Ideen haben auch deren institutionelle Mißgeburten – staatliche, halbstaatliche oder staatsgestützte Organisationen (für welche der IWF hier nur als pars pro toto herausgestellt wurde) - zur monetären Erkrankung der Volkswirtschaften beigetragen. Diese Institutionen sind keine Ausgeburten des Kapitalismus, sondern Fremdkörper, die im Zusammenhang mit seinem vom *fiat money* vergifteten Blutkreislauf stehen und die (rest-) kapitalistischen Ordnungen zerstören. Wer die Überflüssigkeit und Schädlichkeit des IWF und anderer internationaler (staatsgelenkter) Finanzorganisationen für eine schrullige Meinung des Autors hält, sei auf den weisen Grandseigneur der

Ökonomie, Professor *Hans F. Sennholz* verwiesen, der in einem Interview mit dem *Austrian Economic Newsletter* gesagt hat: "IWF und Weltbank sind *kein* Werkzeug 'des Kapitalismus', sondern der Regierungen. Der IWF und die Weltbank stützen korrupte Regierungen, die sonst bankrott gehen würden. Das Problem besteht nicht darin, daß diese Institutionen zu geizig und zu restriktiv sind, wie die Protestler behaupten, sondern daß sie verschwenderisch mit anderer Leute Geld umgehen. Der internationale Handel braucht einen IWF genausowenig wie der Binnenhandel. Was innerhalb eines Landes funktioniert, das funktioniert auch bei den Beziehungen zu anderen Ländern" (Sennholz 2002, S.7f.).

Regenmacher

"Diejenige Monopolstellung, die sich mit unheimlicher Geschwindigkeit.. als die stärkste und gefährlichste Bastion sozial-wirtschaftlicher Macht erhoben hat, [bleibt] völlig unangetastet...[nämlich] die mit allen Machtmitteln des Monopols arbeitende und vor offener Erpressung nicht zurückschreckende Konzentration des Angebots auf dem Arbeitsmarkte durch zentralistische Gewerkschaften. Dieses Monopol überragt alle anderen an Gefährlichkeit durch seine alles durchdringenden Wirkungen, als deren verhängnisvollste der Inflationsdruck unserer

Zeit hervorzuheben ist. Um so ernster ist es, daß nur wenige es in dieser Natur und Bedeutung erkennen und selbst diese sich, wenn sie nicht frei und unabhängig sind oder den Mut haben, die Konsequenzen freimütigen Bekennens der Wahrheit auf sich zu nehmen, hüten müssen, ihre Erkenntnisse auszusprechen. Da aber zu den Verhängnissen der modernen Entwicklung gehört, daß die Zahl derjenigen, deren Freiheit und Unabhängigkeit ausreichend sind, um einen solchen Mut nicht zu einem selbstmörderischen zu machen, immer mehr zusammengeschmolzen ist, so kann man sich leicht vorstellen, wie es um die Aussichten der Lösung eines Problems bestellt ist, das nicht einmal mehr aufgeworfen wird."
(*Wilhelm Röpke* 1958, S.47f.)

Gewerkschaften sind Musterexemplare von Umverteilungs-Koalitionen. Und sie sind Paradebeispiele für Organisationen, die nur in der Treibhausatmosphäre des *fiat money* groß und mächtig werden konnten. Ja, sie sind sogar – neben den Regierungen – die größten Antriebsaggregate zur Überschwemmung der Industrieländer mit dem Müll aus Scheingeld-Milliarden. Die monetäre Krankengeschichte der westlichen Welt ist ohne eine Analyse des Treibens der Gewerkschaften nur höchst unvollständig.

Seit ihrem Aufblühen im Zuge der Industriellen Revolution beruhen Existenz und politischer Machtanspruch der Gewerkschaften auf einer Fiktion. Seit rund 150 Jahren nähren und propagieren sie den Aberglauben, die Entlohnung des Faktors *Arbeit* (und die Arbeitsbedingungen) seien nicht das Ergebnis der Marktkräfte, sondern des Machtkampfes zwischen Arbeit und Kapital, erstere vertreten durch die Gewerkschaften, letzteres durch die Unternehmer und ihre Verbände. Ohne mächtige Interessenvertretungen, so lautet der Kern der Theorie, seien die Arbeitnehmer den finanzgewaltigen und profitgierigen Kapitalisten hilflos ausgeliefert.

Diese Fiktion erscheint den meisten Menschen keineswegs als bloße Propagandaparole, sondern als unbezweifelbare Tatsache. Die Theorie von der Lokomotiv-Funktion der Gewerkschaften für die Arbeitnehmer-Einkommen konnte sich deshalb leicht verbreiten und zur fraglos geltenden Binsenweisheit werden. Daß es sich dabei um eine Fiktion handelt, also um eine irrige und völlig haltlose Vorstellung, wird selten dokumentiert und gilt auch, wenn es überhaupt zum Ausdruck gebracht wird, als einseitige Interessenpolemik oder gar als menschenverachtende ideologische Verbohrtheit. Das hat viele Gründe. Zwei der wichtigsten seien hier genannt: Zum einen erlebt jedermann viele seiner alltäglichen Bemühungen in materiellen Belangen als eine milde Form des "Kampfes"; sei es das Aushandeln von Preisen und Konditionen mit Handwerkern, sei es das Gerangel mit Kollegen um eine Sprosse auf der Karriereleiter, oder seien es die argumentativen Gefechte in juristischen Streitfällen. Außerdem wird gerade das Aushandeln von

Lohnabschlüssen zwischen den Tarifparteien jahrein jahraus als Kampf vorgeführt: Hier die hohe Forderung, dort das niedrige Angebot, dann die Drohgebärden und Streitparolen, manchmal gefolgt von Warnstreiks oder flächendeckenden Arbeitskämpfen, und schließlich die Einigung wie eine Art technischer K.O. im Boxring.

Der zweite und wesentlichere Hauptgrund für die ungetrübte Popularität der besagten Fiktion ist in der Tatsache zu suchen, daß sich ökonomische Gesetzmäßigkeiten dem Alltagsverständnis entziehen und daß nur sehr wenige Leute hinreichende Kenntnisse in Nationalökonomie haben, um die wahren Mechanismen der Lohn- und Einkommensbildung verstehen zu können. Die Volkswirtschaftslehre gehört einfach nicht zum Bildungskanon des Bürgers – auch nicht des sog. Bildungsbürgers. Es gibt viele gebildete Menschen, die über ein mehr oder weniger umfassendes Wissen in Geschichte, Naturwissenschaften, Technik und berufsspezifischen Domänen verfügen, auch in Literatur, Sprachen und kulturell-musischen Bereichen aller Art, aber eben nicht in Nationalökonomie. Auch Unternehmer und Manager sind – oft zusätzlich zu den besagten Kenntnissen – noch in betriebswirtschaftlichen und steuerlichen Belangen bewandert, auf den Gebieten der Managementtechniken, der Werbung und der Verkaufsmethoden, ebenso wie auf dem Sektor der Computertechnik und des Bank- und Finanzwesens; aber in den seltensten Fällen verfügen sie über ein mehr als rudimentäres Verständnis der Volkswirtschaftlehre (wozu auch?; eine national-ökonomische Bildung ist für unternehmerische oder gewerbliche Zwecke aller Art ziemlich wertlos).

Um nicht mißverstanden zu werden: Ich sage nicht, die Nationalökonomie sei ein wichtigerer Bildungsbestandteil als irgendein anderes fachspezifisches Wissen; ich sage noch nicht einmal, sie sei überhaupt ein wesentliches Bildungselement (dem steht schon entgegen, daß von kaum einem Berufsstand so viel Unsinn verzapft wird wie von Ökonomen). Alles, was mit dem Gesagten zum Ausdruck kommen soll, ist die Tatsache, daß bestimmte Zusammenhänge – auch die des Zustandekommens von Löhnen und des Lohnniveaus in bestimmten Branchen oder in einem Land – ohne fundierte Kenntnisse in der ökonomischen Theorie nicht verstanden werden können und sich auch nicht durch alltägliche Beobachtung oder durch reiche Lebenserfahrung erschließen.

Somit bleibt auch die Kehrseite der Medaille, die Arbeitslosigkeit, weitgehend unverstanden. Das ist besonders tragisch, weil es den Feinden der Freiheit um so leichter fällt, auch dieses Übel dem Kapitalismus anzulasten. Daran hat sich seit siebzig Jahren nichts geändert. Im Rückblick auf die Geschehnisse der dreißiger Jahre hat *Ludwig von Mises* schon 1940 geschrieben: "Die Dauer- und Massenarbeitslosigkeit ist zum Schicksalsproblem der modernen Kultur geworden. Sie zerbricht das Werk, das der Liberalismus aufgerichtet hat... Die öffentliche Meinung sieht in der Arbeitslosigkeit den Beweis für die Unzulänglichkeit der Marktwirtschaft. Der Kapitalismus, meint man, habe sein Unvermögen gezeigt, die Probleme der gesellschaftlichen Kooperation zu lösen. Die Arbeitslosigkeit erscheint als die unvermeidliche Folge von Antinomien der kapitalistischen Wirtschaft. Daß die Ursachen dieser Dauer- und Massenarbeitslosigkeit in der Lohnpolitik der Gewerkschaften und in der Unterstützung, die diese Lohnpolitik durch die Regierungen findet, zu suchen ist, bleibt der öffentlichen Meinung unbekannt. Die Stimme der Nationalökonomie dringt nicht ins Publikum" (Mises 1940, S.720).

Anzumerken wäre hier, daß die Stimme der Nationalökonomie heutzutage schon deshalb nicht ins Publikum dringen kann, weil die Ökonomen ihre Stimme gar nicht erheben; jedenfalls nicht so deutlich wie es Altmeisters *Mises* getan hat.

Was bestimmt nun in Wahrheit die Lohnsätze für bestimmte Tätigkeiten? In einer wettbewerblichen Marktordnung kommen die Arbeitsentgelte nach Maßgabe der Produktivität (genauer: der Grenzproduktivität) der jeweiligen Arbeit zustande. (Grenzproduktivität = Realer Ertrag der letzten eingesetzten Einheit eines Produktionsfaktors, in unserem Fall: der reale Ertrag, der vom "letzten" eingesetzten Arbeiter gerade noch über die Kosten seines Einsatzes hinaus erwirtschaftet werden kann). Das kann in der Realität natürlich nie punktgenau erfolgen, aber tendenziell und näherungsweise. Wenn es so etwas wie ein "ehernes Lohngesetz" gibt, dann nicht das von *Marx* behauptete, sondern dieses: die Korrelation zwischen (Grenz-) Produktivität und Lohnsatz. Niemand kann sich dieser Gesetzmäßigkeit dauerhaft oder über längere Zeit entziehen. Wer als Unternehmer bereit ist, über längere Zeit hinweg Verluste in Kauf zu nehmen, hat damit dieses ökonomische Gesetz nicht ausgehebelt, sondern nur bestätigt und wird letztlich aus dem Markt ausscheiden (womit sich dann für die Arbeitnehmer des betreffenden Unternehmens auch die Frage *Arbeitsplatz und Lohn* erledigt hat).

Aus der Tatsache, daß die Grenzproduktivität letztlich den individuellen Lohnsatz bestimmt, darf jedoch nicht geschlossen werden, daß die Gewerkschaften ihre Lohnforderungen an der statistisch ermittelten Produktivität einer Branche ausrichten sollten. Die sogar von Ökonomen oft zu hörende Meinung, Tariflohnerhöhungen im Rahmen des Produktivitätszuwachses seien unschädlich für Wirtschaftswachstum und Beschäftigung, ist falsch und unsinnig.

Die Arbeitsproduktivität für ein ganzes Land oder eine Branche, ja sogar für ein einzelnes Unternehmen, ist eine Aggregatsgröße, eine Durchschnittszahl, die nichts über die Produktivität eines einzelnen Arbeiters aussagt. Zudem ist sie eine statistische Zahl, die – soweit sie überhaupt mit einiger Sicherheit erfaßbar ist – nur nachträglich festgestellt werden kann. Sie hängt u.a. von den erzielbaren Marktpreisen der erzeugten Güter und Leistungen ab, sodaß sie für den jeweiligen Unternehmer nur eine Erwartungsgröße ist, die sich als richtig oder falsch erweisen kann. Zudem führt die Errechnungsmethode dazu, daß jede offiziell ermittelte Produktivitätsziffer von vornherein falsch sein muß. Die Arbeitsproduktivität wird definiert als der Geldwert der produzierten Güter, dividiert durch die Anzahl der zur Produktion benötigten Arbeitsstunden. Nun müssen aber meist viele Menschen mit unterschiedlichen Fähigkeiten und unterschiedlichen Leistungen an unterschiedlichen Arbeitsplätzen mit unterschiedlichen Teilbeiträgen tätig werden, um ein bestimmtes Produkt – oder (meistens sogar) verschiedene Produkte herzustellen (oder Leistungen zu erbringen). Diese vielen verschiedenen Produktionsbeiträge durch ein einheitliches Aggregat – nämlich Arbeitsstunden – dividiert, ergibt eine Zahl, die allenfalls etwas über die Produktivität der Gesamtproduktion aussagen kann, niemals aber etwas über die Produktivität der individuellen Einzelbeiträge zur Gesamtleistung. Also ist es auch sinnlos, die Löhne einer Branche oder einer sogenannten "Tarifgruppe" nach solchen Durchschnittswerten zu bemessen.

Solche Hokuspokus-Mathematik kann sogar aberwitzige Resultate ergeben, denn bei dieser Rechnung wird eine um so höhere Produktivität ermittelt, je weniger Arbeitsstunden geleistet oder eingesetzt werden. Danach könnte ein Unternehmer eine unendlich hohe Produktivität erzielen, wenn er alle Mitarbeiter entlassen würde.

Außerdem ist die Produktivität jeder einzelnen Person (und jedes einzelnen Faktors) jeweils abhängig von der Produktivität aller anderen Personen und Faktoren. Eine schematische Zurechnung von Produktivitäten oder von deren Zuwächsen ist deshalb schlicht unmöglich. Das zu vermeiden, ist ja eine der Unternehmerleistungen, nämlich in einem Prozeß aus Versuch und Irrtum, von Wagnis und Erfolg oder Mißerfolg herauszufinden, wer oder was denn gerade noch rentabel eingesetzt werden kann (ökonomisch gesprochen: wo, wie, wann und mit wem noch eine "Grenzproduktivität" von mehr als Null erzielt werden kann). "Die" Produktivität oder eine ermittelte Durchschnittsproduktivität für seinen Betrieb oder gar seine Branche, ist für den Unternehmer eine unbrauchbare, nichtssagende Ziffer. Zudem kann, wie bereits gesagt, jede derartige Zahl nur nachträglich ermittelt werden und hat deshalb für Entscheidungen, welche ja stets die Zukunft betreffen, nur geringe bis gar keine Aussagekraft.

Die Lohnpolitik der Gewerkschaften, die an einer so unsinnigen Meßzahl ausgerichtet wäre, könnte allen ihren Mitgliedern nur schaden: Diejenigen Arbeiter, die eine höherer Produktivität entwickeln als die der Lohnrichtlinie zugrunde liegende, würden auf einem freien Arbeitsmarkt ohne gewerkschaftliches Lohndiktat mehr verdienen. Diejenigen, deren Produktivität der behaupteten entspricht, würden ohne Gewerkschaftsaktivität gleich viel verdienen, könnten sich aber wenigstens den Gewerkschaftsbeitrag sparen. Und diejenigen Arbeiter, deren Produktivität unter der Lohnrichtlinie liegt, werden früher oder später entlassen und somit ihrer Chance beraubt, ihre Lohnforderung an ihre niedrigere Produktivität anzupassen.

Auch eine "produktivitätsorientierte" Lohnpolitik der Gewerkschaften kann nur eines bewirken: Die Schädigung und Verminderung des Kapitalbildungsprozesses - und somit des einzigen Mechanismus', der allen Arbeitern höhere Löhne bescheren kann. Fazit: Auch eine "produktivitätsorientierte" Lohnpolitik der Gewerkschaften kann (obwohl sie weniger schädlich wäre als Lohnforderungen, die über den Produktivitätszuwachs hinausgehen) nur zu größerer Arbeitslosigkeit führen und die arbeitenden Menschen nur ärmer machen als sie es ohne gewerkschaftliches Lohndiktat wären.

John Blundell, der Generaldirektor der weltberühmten "Denkfabrik" *The Institute of Economic Affairs* in London, hat die Gewerkschaften mit den betrügerischen *Regenmachern* in afrikanischen Dürregebieten verglichen, weil beide den Leuten vorgaukeln, Naturgesetzlichkeiten aushebeln zu können. Sinngemäß schrieb *Blundell*: Schamanen oder Priester oder Medizinmänner, die als Regenmacher auftreten, haben wir keine. Aber wir haben Trickser, die einen ähnlichen Betrug veranstalten. Wir nennen sie Gewerkschaften. Seltsamerweise glauben die meisten Leute, daß die Arbeiter weit weniger verdienen würden und von kaltherzigen Kapitalisten ausgebeutet werden würden, wenn es die Gewerkschaften nicht gäbe. Das Gegenteil ist der Fall! Die Gewerkschaften sind schlimmer als alle Stammes-Regenmacher, weil sie die Verarmung aller arbeitenden Menschen bewirken. Die Macht der Gewerkschaften, die Löhne ihrer Mitglieder über den Marktlohn hinauszutreiben, beruht vollständig auf ihrer Fähigkeit, den Marktzutritt von Arbeitern zu verhindern, die willens wären, zu niedrigeren Löhnen zu arbeiten. Wie *Friedrich A. von Hayek* gezeigt hat, beruht die Macht jeder Gewerkschaft darauf, daß sie die Arbeiterschaft davon abhält, sich in Richtung von Arbeitsplätzen zu bewegen, auf denen die Grenzproduktivität der Arbeit hoch ist. Das führt dazu, daß die *gesamte Grenzproduktivität der Arbeit in einer Volkswirtschaft auf einem niedrigeren Niveau* gehalten wird als sie sonst erreichen würde. Das ist die kürzeste Formel, mit der man zeigen kann, daß die Gewerkschaften uns alle ärmer machen – inklusive ihrer Mitglieder (s. Blundell 2003).

Wenn Gewerkschaftsfunktionäre ihre Lieblingsparolen wie Peitschen schwingen: "Der Mensch ist keine Ware" und "Arbeit ist kein Gut wie jedes andere", dann mögen sie dies tun und dafür den Glorienschein des edlen Menschenfreundes ernten; die ökonomischen Gesetze aber schert das keinen Deut, sie gelten trotzdem unverändert weiter. Man nehme einmal an, es gäbe einen bundesweit tätigen Interessenverband der Verbraucher, und dieser Verband sei mächtig genug, mit den Anbietern (Produzenten und Händlern) von Lebensmitteln die Preise aushandeln und festlegen – und notfalls zum Generalboykott aufrufen zu können. Selbstverständlich würde man die Preise niedriger fixieren als die Marktpreise, denn sonst wäre die ganze Aktion ja sinnlos. Das Ergebnis würde nicht lange auf sich warten lassen: Zunächst würden weniger Produkte angeboten werden - und dann gar keine mehr (das entspricht auf dem Arbeitsmarkt dem Schrumpfen und Versiegen des Jobangebots - also der Arbeitslosigkeit). Zugleich würde sich niemand mehr finden, der Produzent oder Händler von Lebensmitteln werden möchte; das heißt: es entstünde eine Unternehmerlücke und somit noch mehr Arbeitslosigkeit in der Zukunft. Abschließende Krönung des Vorgangs wäre: Die Bewohner des betreffenden Landes würden sukzessive verhungern (wenn sie nicht vorher ihre wahren Interessen erkennen und ihre "Interessenvertreter" zum Teufel jagen würden).

Man lasse sich durch das Fixieren von "zu niedrigen" Preisen im Beispiel - im Vergleich zu den "zu hohen" Preisen der Arbeit durch Gewerkschaftsaktion nicht irritieren. Es handelt sich hierbei um ganz ähnliche Vorgänge. Wenn die in die Güterpreise einfließenden Arbeitskosten zu hoch sind, sodaß die entsprechenden Güter am Markt zu teuer werden und nicht mehr abgesetzt werden können, so sind die Marktpreise solcher Güter für die Produzenten im selben Sinne "zu niedrig" wie die im Beispiel unter dem Marktpreis fixierten Lebensmittelpreise. Die betroffenen Güter werden nicht mehr hergestellt und die ehemals mit deren Produktion beschäftigten Arbeiter werden entlassen.

Man muß sich einmal ganz klar machen, was das eigentliche Werk der Tarifkartelle ist: Sie schreiben den Menschen vor, wann, wo, wie, wie lange, zu welchem Lohn und zu welchen sonstigen Konditionen (und ob überhaupt) sie arbeiten dürfen, legen zur Durchsetzung solcher Vorschriften wenn nötig ganze Branchen und Landstriche lahm, verursachen immense Kosten und inflatorische Vermögens- und Kaufkraftvernichtung gewaltigen Ausmaßes, werfen Millionen von Menschen aus dem Arbeitsmarkt und verhindern den Eintritt anderer – und betreiben dieses makabre Wüten auch noch unter der Flagge des Gemeinsinns, der Menschlichkeit und der Gerechtigkeit. Ganz nebenbei häufen sie dabei Milliardenvermögen an und durchsetzen alle Ebenen der Politik und der Bürokratie mit ihren Agenten. Ein Höllenspektakel, für dessen zerstörerische Dynamik es in keiner Sprache einen angemessenen Ausdruck gibt. Die Politik unterstützt und fördert diese Kartellmacht nicht nur wegen der wechselseitigen personellen Verquickung, sondern auch weil sich das politische Monopol (Regierung) und das Arbeitsmarktmonopol (Gewerkschaften) wechselseitig Vorteile verschaffen. Ohne das Wohlwollen der Syndikatsfürsten kann keine Partei mehr eine Wahl gewinnen. Und ohne das Wohlwollen der Politik (das heißt: ohne das ihnen gesetzlich verliehene Raubtiergebiß) wären die Gewerkschaften zahnlose Tiger.

Die vielzitierte Menschenwürde bleibt dabei erst recht auf der Strecke. Denn zum Kern dieser Würde gehört das uneingeschränkte Recht einer jeden Person, über ihre Arbeitskraft nach eigenem Gutdünken und zu selbst gewählten Konditionen verfügen zu können. Zur Würde der arbeitenden Menschen gehört ferner die Möglichkeit, jederzeit ausweichen zu können, wenn ihnen eine Arbeit oder ein Vorgesetzter oder Chef nicht mehr paßt. Und diese Ausweichmöglichkeit ist um so geringer, je mehr gewerkschaftsinduzierte Arbeitslosigkeit herrscht und je geringer die Bereitschaft der Unternehmer wird, sich dem schikanösen Regelwerk und dem arbeits-, sozial- und tarifrechtlichen Dschungel eines Anstellungsverhältnisses überhaupt noch auszusetzen. Sein Arbeitsleben in Würde und Selbstachtung vollbringen, kann nur ein Arbeiter oder Angestellter, der gewiß sein kann, daß er jederzeit Arbeit (oder eine andere Arbeit) finden wird, wenn ihm der Sinn danach steht oder wenn bestimmte Umstände das erforderlich machen. Und diese Gewißheit ist um so größer, je mehr der betreffende Arbeitssuchende über die Konditionen seiner Anstellung selber entscheiden kann - und je einstellungsfreudiger die Arbeitgeber sind. Letzteres aber sind Unternehmer nur dann, wenn ihnen nicht mit jedem Beschäftigungsverhältnis unwägbare Risiken, Kosten und Entscheidungshemmnisse ins Haus stehen.

Die Unternehmer sind im kollektivvertraglichen Tarifzirkus jedoch keineswegs die Unschuldslämmer. Der Politik-Veteran *Fritz Goergen* redet zurecht von "den beiden Gewerkschaften", nämlich jener der Beschäftigten und jener der Unternehmer. "Die Bundesvereinigung der Arbeitgeberverbände", so *Goergen*, "verteidigt den Flächentarifvertrag zäher als der DGB, weil die BDA-Funktionäre um ihre Existenz fürchten. Und ihr Hauptgeschäftsführer, zugleich Bundestagsabgeordneter der CDU, setzt die Funktionärsinteressen in der CDU durch - nicht umgekehrt... Wo immer das Wort Reform in seinem ursprünglichen Sinn Maß des Handelns werden soll, gebieten die Funktionäre machtvoll Einhalt. Zusammen mit den staatlichen Bürokratien regieren längst sie Deutschland. Zusammen beherrschen sie die

Parteien und monopolisieren den Zugang zur politischen Karriere" (Goergen 2004).

Wichtig bleibt die Erkenntnis: Niemals kann oder konnte eine Gewerkschaft Löhne und Gehälter dauerhaft über die Marktkonditionen hinaus erhöhen. Die Löhne real (also in echten Kaufkraftwerten) erhöhen kann nur der Produktivitätszuwachs im Einklang mit dem Wettbewerb - kurz also: der Markt; niemand sonst. "Es ist eine Illusion", hat der große Soziologe *Helmut Schelsky* einmal sinngemäß geschrieben, "zu glauben, daß Früchte durch das Schütteln von Bäumen entstehen." Zwar können die Löhne und Gehälter in einem Betrieb oder einer Branche oder in der Gesamtwirtschaft kurzfristig mit machtpolitischen Mitteln über das Marktniveau hinaufgetrieben werden, aber schon auf mittlere Sicht hat dies Ertrags-, Produktivitäts- und Wettbewerbsverluste der betroffenen Unternehmen zur Folge - und damit Freisetzung von Arbeitskräften (mit der weiteren Folge steigender Sozialabgaben und Steuern für die noch Beschäftigten). Weitere Konsequenzen: Die rückläufigen Erträge - oder gar Verluste - der Unternehmen führen zu geringeren Lohnsteigerungen und weniger Beschäftigung als sonst möglich gewesen wäre, im schlimmsten Fall sogar zum Konkurs von Betrieben und damit zu Massenentlassungen.

Man kann es drehen und wenden wie man will: Das zerstörerische Agieren der Gewerkschaften dient nicht den (nur vorgeschobenen) Arbeitnehmer-Interessen; es dient effektiv nur einem Zweck: Der Erhöhung der Mitgliederzahl und damit dem Füllen der Gewerkschaftskassen und dem Wachstum von Macht und Einkommen der Gewerkschaftsfunktionäre. Alle anderen verlieren durch die Monopolmacht der Syndikate: Betriebe, Branchen, Länder, Konsumenten, Sparer – und ganz besonders die Arbeitnehmer. Ein zynisches und skrupelloses Zerstörungswerk im Namen scheinheiliger Motive.

Da es heutzutage kein Ökonom mehr wagen kann, eine der Misere entsprechende scharfe Kritik zu äußern, wenn er seine Karriere nicht ruinieren will (bei Professor *Wolfgang Franz* hat schon die Mitunterschrift beim Mehrheitsvotum für eine maßvolle Lohnpolitik gereicht, um auf massiven Druck der Gewerkschaften aus dem Sachverständigenrat zu fliegen), seien hier die frühen Warnungen des mutigsten aller mutigen Ökonomen, *Ludwig von Mises*, ausführlich zitiert: In seinem Werk ›*Die Gemeinwirtschaft*‹ (Mises 1922/1981) schrieb *Mises*: "Das wichtigste Mittel der Politik des Destruktivismus ist... die Gewerkschaft" (S.445). "Die Gewerkschaft hat sich zu einer Gewaltorganisation ausgebildet, die durch den Schrecken die ganze Gesellschaft in Schach hält, und vor deren Machtwort alle Gesetze und alle Rechte verblassen. Sie scheut vor nichts zurück, nicht vor Zerstörung von gewerblichen Anlagen, von Arbeitsgeräten und von Vorräten... Sie verhängt das Interdikt über ganze Landstriche und Länder, jeden auf das schwerste bedrohend, der sich ihr nicht fügen will... Wenn auch in andere rechtliche und organisatorische Formen gekleidet, ist die Sowjetmacht nichts anderes als der natürliche geschichtliche Abschluß der gewerkschaftlichen Bewegung" (S. 445). "Nicht nur die Praxis der Gewerkschaften ist destruktionistisch; schon der Grundgedanke, auf den sie sich aufbauen, ist es... Die Waffe der Gewerkschaften ist der Streik. Man muß sich vor Augen halten, daß jeder Streik ein Akt des Landzwanges ist, eine gewaltsame Erpressung, die sich gegen alle richtet, die den Absichten der Streikenden zuwiderzuhandeln bereit wären. Jeder Streik ist Terrorismus... Wenn es den Gewerkschaften beliebt, können sie Städte und Länder durch Hunger und Durst, durch Kälte und Dunkelheit zur Gefügigkeit zwingen... Die destruktionistische Funktion der Gewerkschaften ist niemals ernstlich bestritten worden. Es ist nie gelungen, eine Lohntheorie aufzustellen, aus der man die Folgerung ableiten könnte, daß durch den gewerkschaftlichen Zusammenschluß eine dauernde Erhöhung des Realeinkommens der Arbeiter erzielt werden könnte" (S.446f.). "Die gewerkschaftliche Politik der Arbeitseinstellung, der Gewalt und der Sabotage hat an der Besserung der Lage der Arbeiter nicht das geringste Verdienst gehabt. Sie hat ihren Teil dazu beigetragen, daß das kunstvolle Gebäude der kapitalistischen Wirtschaft, in der sich das Los aller, auch das des ärmsten Arbeiters, von Tag zu Tag gebessert hat, in seinen Grundfesten erschüttert wurde" (S.449).

Mises' Erfahrungen stammen noch aus einer Zeit als die Gewerkschaften Schlägertrupps gegen Streikbrecher aufgestellt und tatsächlich Sabotageakte durchgeführt haben. Die äußeren Umstände haben sich inzwischen geändert, aber die aggressive Energie hat nur subtilere Formen angenommen. So hat beispielsweise kürzlich die Gewerkschaft *Verdi* sogar das Internet für einen professionell geplanten Desinformations-Krieg gegen die Firma eBay benutzt, um dort einen Haustarif durchzusetzen und damit neue Mitglieder aus der Medienbranche zu gewinnen.

Gottseidank wurde die widerwärtige Manipulation von den Zeitschriften *Focus* und *Spiegel* aufgedeckt (s. dazu die *Neue Nachricht*-website von *Gunnar Sohn* www.ne-na.de vom 13.05.2004).

Erwähnenswert ist in diesem Zusammenhang noch, daß der jüngste Nachfolger in der *Mises*-Tradition, der deutsche (in den USA lehrende) Ökonomie-Professor *Jörg Guido Hülsmann*, vergleichbar mutig Klartext redet. So etwa, wenn er in seinem Artikel "Strukturelle Gewalt - Wie die Gewerkschaften Massenarbeitslosigkeit produzieren" schreibt: "Die Zahlungen der Bundesanstalt für Arbeit sind letztlich nichts anderes als ein Schweigegeld für die Opfer gewerkschaftlicher Gewalt. Die Arbeitslosenunterstützung hat nur diese eine Funktion. Sie mildert die revolutionäre Unzufriedenheit der andernfalls brotlosen Massen und sie lenkt den Blick dieser Menschen ab von denjenigen, die für ihre Lage im Grunde verantwortlich sind. Sie ist damit ein Eckstein der strukturellen Gewalt, die die gesamte deutsche Wirtschaft in ihren Bann geschlagen hat" (Hülsmann 2003, S.29).

Wer solche Kritik für überzogen hält, möge bedenken, welche unermeßlichen Schäden die Gewerkschaften weltweit anrichten. Die Größenordnungen, um die es dabei geht, entziehen sich aller Vorstellungskraft. Sogar in den USA, wo es das erpresserische Instrument der Flächentarife und der Allgemeinverbindlichkeit von Tarifabschlüssen nicht gibt und wo die Gewerkschaften eine eher geringere Rolle spielen als in Europa, sind die Schäden für den Wohlstand der Bevölkerung nur mit den Sachwertvernichtungen eines ausgedehnten Bombenkriegs vergleichbar. Eine neuere Studie belegt, daß die gewerkschaftliche Politik der letzten fünfzig Jahre die amerikanische Volkswirtschaft unvorstellbare fünfzigtausend Milliarden Dollar gekostet hat (s. Reed 2003).

Das alles geht freilich ein wenig an unserem Thema vorbei. Uns muß hier schwergewichtig der Zusammenhang zwischen Gewerkschaften und *fiat money* – bzw. zwischen Gewerkschaften und Geld- und Fiskalpolitik interessieren. Gleichwohl war der Ausflug in eine generelle Kritik notwendig, weil sich damit der Charakter der geld- und fiskalpolitischen Zwänge abzeichnet, die sich aus der syndikalistischen Fesselung der Arbeitsmärkte ergeben. Es ist schlichtweg so, daß die aus der Vermachtung der Arbeitsmärkte resultierende Arbeitslosigkeit, die ohnehin von Jahrzehnt zu Jahrzehnt zugenommen hat, noch wesentlich höher wäre, wenn die Geld-, Fiskal- und Sozialpolitik die Entwicklung nicht "abgefedert" und somit den freien Fall der Beschäftigungszahlen verhindert hätte. Dabei kommt sowohl der Politik als auch den Gewerkschaften die (bereits behandelte) falsche *Nachfragetheorie der Beschäftigung* höchst gelegen. Bei jedem neuen gewerkschaftlich herbeigepreßten Lohnschub wird der darauf eigentlich folgende Entlassungsschub gebremst, indem die Funktionäre von "Nachfrageschwäche" faseln und von "lahmender Konjunktur", denen es mit Zinssenkungen und vermehrten Staatsausgaben zu begegnen gelte. Die Politik greift diese an den Haaren herbeigezogenen Argumente begierig auf, gilt es doch a) den Gewerkschaften nicht in den Schlagarm zu fallen, um sie nicht als Wahlhelfer und Stimmenbeschaffer zu verlieren, und b) ein edles und nach ökonomischer Weisheit klingendes Motiv zu haben, mit dem die Haushaltsdefizite und die endlos wachsende Staatsverschuldung als "konjunkturnotwendig" gerechtfertigt werden können.

Auf diese Weise spielen sich Parteipolitik und Gewerkschaftspolitik - beide rein machtpolitisch motiviert - gegenseitig in die Hand. Das Ergebnis sind: Permanente Inflation, endlose Aufschuldung, eine zunehmend sich verfestigende Wachstumsschwäche, anhaltende Kapitalaufzehrung, und letztlich dem finalen Bankrott entgegensteuernde Sozialsysteme. Arbeitnehmer und Arbeitgeber zahlen immer aberwitzigere Beitragssummen zur Arbeitslosenversicherung und in ein Rentensystem, das die Arbeitsmarktmisere mit den Pflastern *Vorruhestand, Frühente* und *Altersteilzeit* überdeckt (Ende 2003 insgesamt mehr als 1,1 Millionen Personen). Und das alles, damit die Parteipolitik sich der "sozialen Sicherheit" - und die Kartellfunktionäre sich ihrer "Erfolge an der Tariffront" rühmen können. Ein gigantisches Scheingeschäft, das nur mit dem beliebig herbeigezauberten Scheingeld betrieben werden kann.

Der Handelsblatt-Redakteur *Dietrich Creutzburg* hat den faulen Kern des Geschehens in die einfachen Worte gekleidet: "Noch immer gehört es unter Gewerkschaftsfunktionären zum guten Ton, einen Zusammenhang zwischen der Höhe der Arbeitskosten und den Beschäftigungschancen in einer Volkswirtschaft abzustreiten. Die mit unterschiedlicher Brillanz vorgetragenen Argumente laufen regelmäßig darauf hinaus, daß bitte schön der Staat und die Notenbank den Karren aus dem

Dreck ziehen sollen, damit das gewerkschaftliche Weltbild unbeschädigt bleibt" (Creutzburg 1999).

Welche Raub-, Betrugs- und Ausbeutungsmechanismen hierbei – im Zusammenspiel aus Politik, Zentralbanken und Gewerkschaften – tatsächlich ablaufen, macht folgende Rechnung klar: Zwischen 1982 und 1998 ist die Arbeitsproduktivität in Deutschland um 50% gestiegen. Das bedeutet, daß die Kaufkraft der verfügbaren Einkommen ebenfalls um rund fünfzig Prozent hätte zunehmen müssen. In Wirklichkeit aber ist das verfügbare Einkommen der Deutschen in dieser Periode real konstant geblieben. Und das bedeutet, daß der gesamte Produktivitätsfortschritt, der eigentlich den Beschäftigten hätte zugute kommen müssen, über gestiegene Steuern und Abgaben sowie über Inflation sozialisiert worden ist. Was Arbeit und Kapital (profaner: Arbeitnehmer und Unternehmer) in 17 Jahren an Reichtumsvermehrung erarbeitet haben, ist in den umverteilenden Machtapparaten der Funktionäre – auch vermittels der Liquiditätsschwemme des Zentralbank- und *fractional reserve*-Bankensystems (genauer: durch die damit verursachten und überdeckten Unwirtschaftlichkeiten und Kaufkraftverluste) – vollständig zerrieben worden.

Kein Wunder also, daß die Bruderschaften aus Gewerkschaftsbossen und Parteibonzen nichts mehr fürchten als eine Ermattung der Scheingeld-Maschinerie. Denn in dem Moment, wenn die Trübung des Wahrnehmungsvermögens der Bürger durch die alles überdeckenden Nebelschwaden aus *easy money* aufhören würde, könnte jedermann das Zerstörungswerk erkennen, das diese Bruderschaften angerichtet haben. Dieser Tag rückt nun näher. Anfang März 2004 veröffentlichte die Deutsche Bundesbank einen 21-seitigen Brandbrief, dessen Inhalt sich auf den Satz verkürzen läßt: ›Wenn in Deutschland keine tiefgreifenden Reformen durchgesetzt werden, kann die Geldpolitik nicht mehr helfen‹. (Die wörtliche Formulierung: dann könne "wachsender politischer Druck die Geldpolitik überfordern", bedeutet im Klartext: Die Geldpolitik ist am Ende.) Ein solches politisches Signal hat es seitens der Bundesbank noch nie gegeben. Es bedeutet Höchstalarm. Doch was war die Reaktion der Gewerkschaften? *Verdi*-Vizechefin *Mönig-Raane* zum Bundesbank-Brief: "Nichts Neues aus Frankfurt"; die Vorschläge seien "alte Kamellen, die schon tausendfach durchgeleiert worden sind" (*Handelsblatt* vom 10.03.2004).

Die Funktionäre ahnen es nicht nur, sie wissen es auch: Ohne das *fiat money* und ohne die mit ihm erzeugbaren Ozeane aus Scheingeld würde rasch offenbar werden, was die Syndikate wirklich sind: Totengräber für Markt, Freiheit und Wohlstand – und somit die schlimmsten Feinde ihrer eigenen Klientel: der Arbeitnehmer. Und deshalb – um das verschleiern zu können – agieren die Gewerkschaften, gemeinsam mit der politischen Kaste, als die vehementesten Promotoren des unbeschränkten Falschgeldsystems.

V. Die DIAGNOSE: todkrank

"Wer die Kapitalisten vernichten will, muß ihre Währung zerstören."
(*Lenin*)

Das Spiel ist aus

Die Diagnose, die man nun, nach der Beurteilung der Symptome und nach der Erörterung der Krankengeschichte stellen muß, lautet in Kurzfassung: todkrank. Die Wirtschaftskörper der westlichen Industrienationen sind reif für die Intensivstation. Zu lange hat man ihren Kreislauf mit der Droge *fiat money* traktiert und viel zu viel von den Giften *Papiergeldkredit* und *Papiergeldschulden* in sie hineingespritzt. Bei jedem Versuch der Junkies, einen heilsamen Entzug (Rezession) über sich ergehen zu lassen und bei jedem Fieberanfall mit hochschnellenden Marktzinsen hat man neue Drogeninjektionen verabreicht. Jetzt, nach fast einem halben Jahrhundert der politisch erzwungenen Sucht, sind die restlichen Marktkräfte, welche den Patienten - trotz allem - noch aufrechterhalten und gestärkt haben, erschöpft. Für die Katharsis, die nunmehr bevorsteht, wird hohes Fieber nicht mehr hinreichend zur Lebenserhaltung sein; es wird des Schüttelfrosts bedürfen.

Besonders schwer geschädigt ist der Hüne unter den marktwirtschaftlichen Athleten: die USA. Die Eigenschaft des Dollars als Weltreservewährung hat es der Politik und der FED ermöglicht, nicht nur das eigene Land, sondern den ganzen Globus mit den Drogen *fiat money* und *easy money* zu überschwemmen und die eigene Volkswirtschaft in permanente Rauschzustände und schließlich in ein Liquiditäts- (und damit auch Schulden-) Delirium zu versetzen, aus dem ein Erwachen nur noch unter schwersten Entzugskrämpfen möglich sein wird. Das Weltfinanzsystem und die Weltwirtschaft taumeln dieser Katharsis unmittelbar entgegen. Das heißt konkret: Wir stehen am Vorabend der nächsten Weltwirtschaftskrise.

"Kann man denn nichts dagegen tun? Haben die Ökonomen wirklich kein Rezept, eine neue Weltwirtschaftskrise zu verhindern?" So lauten die oft wiederholten Fragen in Diskussionen mit meinen Freunden. Meine Antwort: Die meisten Ökonomen haben ein Rezept, aber ein völlig falsches und untaugliches, nämlich: Geld, noch mehr *fiat money*, noch mehr und noch "leichtere" Kredite. Genau das ist aber die wesentliche Ursache des kommenden Desasters – und genau das wird die Krise verschlimmern statt mildern.

Man braucht kein Prophet zu sein, um zu dieser Diagnose zu gelangen; noch nicht einmal ein guter Ökonom; es bedarf lediglich der Mühe, den besonders guten Ökonomen aufmerksam zuzuhören (genauer: ihre Texte mit wachen Sinnen zu lesen). Hierfür ein Beispiel: Eines der wichtigsten Werke der Nationalökonomie ist das schmale Bändchen mit dem Titel ›*Preise und Produktion*‹ aus der Feder des bei der Publikation (1931) erst 32-jährigen Ökonomen und Sozialphilosophen (und späteren Nobelpreisträgers) *Friedrich A. von Hayek*. Diese Arbeit war derart bahnbrechend, daß sie wohl ausschlaggebend für seinen Ruf an die berühmte *London School of Economics* (1931) war und auch bei der viel später erfolgten Nobelpreis-Nominierung (1974) noch eine wesentliche Rolle gespielt hat. Die englische Ausgabe erschien im selben Jahr (1931) wie die deutsche und war gerade im Begriff, das Denken der angelsächsischen Ökonomen zu revolutionieren ("revolutionieren" nicht im Sinne eines radikalen Bruchs mit den bisherigen Lehren, sondern im Sinne entscheidender Fortschritte auf der Grundlage der klassischen Ökonomie), als *John Maynard Keynes* die akademische Bühne betrat und mit seiner "Gegenrevolution" ein Jahrhundert der nationalökonomischen Finsternis und des monetären Voodoo-Kults einläutete. Doch ändert das nichts an der Tatsache, daß *Hayeks* damalige Arbeiten (zusammen mit – und aufbauend auf denen seines Lehrers und Kollegen *Ludwig von Mises*) bis zum heutigen Tag die unerreichten Erkenntnisgipfel der Geld-, Kapital- und Konjunkturtheorie geblieben sind.

Mitten in der Weltwirtschaftskrise (1931) war die Antwort *Hayeks* auf die Frage, ob denn die Arbeitslosenheere und die in der Depression ungenutzt brachliegenden Kapazitäten nicht eine massive Geldmengenexpansion erforderlich machten, ein klares NEIN. Neue Liquiditätsschübe, so *Hayek*, könnten die Situation nur verschlimmern, weil sie die ohnehin schwer gestörte Produktionsstruktur noch weiter verzerren würden. In ›*Preise und Produktion*‹ lesen wir: "Wenn wir.. von dem unmittelbaren Moment der Krise zur folgenden Depression übergehen, so ist schwer zu sehen, welche dauernden günstigen Wirkungen hier von einer Kreditexpansion kommen sollten. Was erforderlich ist, um eine gleichmäßige Entwicklung zu sichern, ist eine möglichst schleunige und vollkommene Anpassung der Struktur der Produktion an jenes Verhältnis zwischen der Nachfrage nach Konsumgütern und der Nachfrage nach Produktionsmitteln, für die sich die Menschen entscheiden. Wenn das durch die freiwilligen Entscheidungen der Individuen bestimmte Verhältnis durch Schaffung einer künstlichen Nachfrage entstellt wird, so bedeutet das nur, daß wieder ein Teil der verfügbaren Produktivkräfte fehlgeleitet und wieder eine endgültige und dauernde Anpassung verhindert wird. Selbst wenn damit augenblicklich die Wiedereinreihung der unbeschäftigten Produktivkräfte beschleunigt werden mag, so würden damit doch auch schon die Grundlagen für neue Störungen und eine neue Krise gelegt. Der einzige Weg, um dauernd alle verfügbaren Produktivkräfte zu 'mobilisieren' ist daher, weder in der Krise noch nachher den Kredit als künstliches Stimulans zu benützen, sondern es der Zeit zu überlassen, die Situation durch den langsamen Prozeß der Anpassung der Struktur der Produktion an die als Kapital verfügbaren Mittel zu heilen" (Hayek 1931/1976, S.96f.).

Es folgt ein ernüchternder Satz, der zugleich auch eine Antwort auf die sich aktuell stellende Frage gibt, ob uns denn keine ökonomische Rezeptur zur Abwendung der drohenden Krise zur Verfügung stehe: "Dieses Ergebnis ist nur eine Bestätigung der alten Wahrheit, daß wir vielleicht in der Lage sind, eine Krise durch rechtzeitige Bremsung der Expansion zu verhindern, daß wir aber nichts dazu tun können, sie zu beseitigen, wenn sie einmal eingetreten ist" (S.97).

Und an anderer Stelle lesen wir: "Daß wir die Konjunkturschwankungen mit den Mitteln der Geldpolitik je vollkommen beseitigen können sollten, ist wahrscheinlich eine Illusion. Das meiste, das wir erhoffen können, ist, daß eine zunehmende Einsicht des Publikums es den Zentralbanken leichter machen wird, in Aufschwungzeiten eine vorsichtige Politik zu befolgen und dadurch auch die Schärfe der folgenden Depression zu mildern, und daß dies ihren Widerstand gegen die wohlgemeinten aber so außerordentlich gefährlichen Vorschläge festigen wird, Depressionen durch ›ein wenig Inflation‹ zu bekämpfen" (S.118).

Man vergleiche diese Sätze von der "rechtzeitigen Bremsung der Expansion", von einer "vorsichtigen Politik in Aufschwungzeiten" und von der "außerordentlich gefährlichen" Meinung, Depressionen durch "ein wenig Inflation" bekämpfen zu können, mit der von *Greenspan* seit Jahren betriebenen Fed-Politik und mit seiner Warnung vor "zu wenig Inflation", konkret: mit der größten Liquiditätsaufblähung und der gigantischsten Aufschuldung der Menschheitsgeschichte. Um den Ratschlag *Hayeks* befolgen zu können, "in Aufschwungzeiten eine vorsichtige Politik zu befolgen", ist es somit längst zu spät. Unter dem monetären Aspekt lautet die Diagnose also: Die Volkswirtschaften der Industrieländer – allen voran die der USA – sind todkrank.

Zur fortgeschrittenen monetären Vergiftung der Industrienationen kommt erschwerend hinzu, daß ihre sozialstaatliche Konstitution nach Jahrzehnten zunehmenden Kräfteverzehrs ins Stadium der Lähmung eintritt. Der Sozialstaat ist nicht nur *ein* Sprengsatz für das Wirtschafts- und Gesellschaftsgefüge; er bildet eine ganze Feuerwerkskette von Sprengsätzen. In groben Zügen und im Zeitraffer gezeichnet, laufen die Detonationen wie folgt ab:

Die Sozialsysteme lösen die Disziplin des familiären Zusammenhalts auf; das "Versicherungssystem" und Sicherheitsnetz namens Familie ist nicht mehr überlebensnotwendig, wenn kollektive (staatliche) Hängematten bereitstehen. Mit der zerfallenden Institution *Familie* explodieren die Kosten der sozialen Sicherungen. Zugleich sinkt die Geburtenrate, was die künftigen Kosten der Sozialsysteme für eine überalternde Bevölkerung noch weiter nach oben treibt. Die auf dem aberwitzigen Umlagesystem errichteten Sicherungssysteme, zu finanzieren von immer weniger jüngeren Menschen für immer mehr Alte, Kranke und Hilfsbedürftige, steuern in den Bankrott. Die politisch forcierte "Lösung" des Problems vermittels unbeschränkter Einwanderung, geht nach hinten los, denn die meiste Zuwanderung erfolgt nicht in die Arbeitsmärkte, sondern in die Sozialsysteme. Außerdem verstärkt die mangelhafte Integration der Einwanderer die Auflösung der gewachsenen Gesellschaftsstrukturen; das Kollektiv wird nicht nur finanziell, sondern auch hinsichtlich seiner Kohäsionskräfte überlastet. Zugleich führen die endlos steigenden Steuern und Beiträge (zur Finanzierung des wuchernden Sozialstaats) zur Erosion der Eigenvorsorge- und Selbsthilfemöglichkeiten der Bevölkerung; deren Abhängigkeit vom Kollektiv wächst noch mehr. Die maroden öffentlichen Kassen lassen die Politik vermehrt zum Mittel der Verschuldung und zur Verschleierungsdroge Inflation greifen. Die volkswirtschaftliche Leistungsfähigkeit sinkt, die Vermögen werden entwertet und der Kapitalstock schrumpft. Die Armutsfalle des Sozialstaats ist zur Einwärts-Abwärts-Spirale geworden, die sich immer schneller dreht. Der Staatsbankrott ist nur noch eine Frage der Zeit.

Nun muß der Sozialstaat also seinen wahren Charakter offenbaren: Er ist eine Illusion, ein Wahn wie sein großer Bruder, der Sozialismus; genauso zerstörerisch, nur langlebiger und wegen der verbliebenen kapitalistischen Restkräfte schleichender verlaufend. *Vera Lengsfeld*, ehemalige DDR-Dissidentin und eine der wenigen politischen Figuren (jetzt CDU), die sich dem Zeitgeist mutig widersetzen, beweist die richtige Urteilskraft, wenn sie in einem *Focus*-Interview sagt: "Deutschland ist heute dem kommunistischen System, das 1989 schmählich gescheitert ist, näher als der Marktwirtschaft. Wir haben eine Staatsquote von 57 Prozent; wenn, theoretisch, 100 Prozent Kommunismus sind und null pure Marktwirtschaft, dann sind wir also näher am Kommunismus" (Lengsfeld 2004).

Die Hitze, in welcher sich die sozialstaatliche Fata Morgana entwickeln konnte, wurde vom *fiat money* und seiner heißen Kredit- und Inflations-Thermik erzeugt. Die Ursachen des Geschehens waren und sind politischer Natur, aber finanzierbar wurde der ganze illusionistische Zauber nur durch das beliebig vermehrbare Scheingeld. Doch irgendwann kühlen sich die Luftschichten ab und die Fata Morgana verschwindet. Was bleibt, ist Wüste.

Als besonders verhängnisvoll in den kommenden Ereignissen wird sich der politisch betriebene Austausch der Leitbilder erweisen: die Abwendung der Menschen von den privaten Autoritäten (wie Vater, Mutter, Großeltern, ältere Geschwister, Lehrmeister etc.) und die Hinwendung zur Kollektivautorität Staat. Damit einher ging (unter vielem anderem!) der Wechsel von der privaten familiären Haushaltsbudget-Disziplin zur kollektiven Zügellosigkeit der öffentlichen Budgets. Staatliches Sparverhalten galt Jahrzehntelang als öffentliches Laster, Ausgeben und Schuldenmachen ("Nachfragestimulierung", "Konjunkturankurbelung") als öffentliche Tugend. Das blieb nicht ohne abfärbende Wirkung auf die privaten Verhaltensmuster und auf die sogenannten Sekundärtugenden: Private Eigenvorsorge, Rücklagenbildung, Streben nach finanzieller Unabhängigkeit galt als "spießig", "altväterlich", "verknöchert" und "freudlos". Vorsorge für schlechte Zeiten: welch pessimistische Trübe-Tassen-Weltsicht. "Schlechte Zeiten": wie sollte es die jemals wieder geben können im Zeitalter des allfürsorglichen und allzuständigen Sozialstaats und der umfassenden Anspruchsrechte: Anspruch auf kostenlose Schul- und Hochschulbildung, Anspruch auf öffentlich finanziertes Gesundheitswesen, Anspruch auf Sozialhilfe und Arbeitslosengeld, Anspruch auf Mietzuschüsse und Kindergeld, Anspruch auf Altersrente und Vorruhestand, Recht auf Arbeit und auf menschenwürdiges Wohnen, Recht auf Kündigungsschutz und Kindererziehungsurlaub, Recht auf Kindergartenplatz und Schlechtwettergeld, Recht auf Hilfe zum Lebensunterhalt und auf Altenpflege, Recht auf Teilzeitarbeit und Recht auf Ausbildungsplatz: Welcher Idiot sollte da noch auf des Lebens ungetrübte Freude verzichten und sich der misanthropischen Knauserigkeit hingeben?!

Das Ergebnis dieser Auslieferung der eigenständigen Person an den Kollektivpatriarchen Staat ist die Herabwürdigung des Menschen zum stallgefütterten Mastvieh – und auf finanzieller Ebene ein Leben aller auf Kosten aller anderen. Und das bedeutet in der Substanz nichts anderes als Kapitalaufzehrung, konkret: Verarmung. In dieser Situation bedeutet jeder scharfe Einbruch der nationalen Wirtschaftsleistung oder der Weltkonjunktur eine gesellschaftliche Katastrophe, den Absturz breiter Bevölkerungsschichten ins Elend. Das wiederum setzt die sozialen Spannungen unter Strom und ebnet den Weg in die politische Diktatur.

Auch diese Zusammenhänge hat Altmeister *Sennholz* klarsichtig vorgezeichnet: "Unsere Schulden-Generation", so Professor *Sennholz*, "ist eine traurige Generation, fehlgeleitet von falschen Vorstellungen und Lehren, und ausschließlich beschäftigt mit ihren eigenen Wünschen und Bedürfnissen. Wenn sich die wirtschaftlichen Umstände verschlechtern, wird diese Generation noch egozentrischer und noch unangenehmer werden, was die gesellschaftlichen Spannungen und den Streit verschärften wird. Zäh an ihren Versorgungsforderungen und Versorgungsrechten klebend, kann sich diese unglückliche Gesellschaft in eine militante Ansammlung verschiedener Interessengruppen verwandeln, die sich gegenseitig bekämpfen. Wenn sich die politischen Konflikte letztlich in Gewalt entladen, braucht die Umverteilungsgesellschaft dringend einen Befrieder, der bereit steht, die Gewalt mit noch größerer Gewalt zu unterdrücken. Am Ende muß sich eine Gesellschaft, die nicht mehr friedlich zusammenarbeiten kann, einem starken Präsidenten unterwerfen, der mit einem ganzen Arsenal von Notstandsbefugnissen ausgestattet ist. In einer anderen Zeit und an einem anderen Ort hat man ihn Caesar genannt" (Sennholz 2003a).

Das *fiat money* und seine vielfältigen Verschuldungswege standen *Leviathan*, dem politischen Moloch, in fast unbegrenztem Maße zur Verfügung, um von Wahl zu Wahl sein Stimmvieh kaufen und alles und jedermann subventionieren zu können, von dem er sich Stützung seiner Macht versprach. Nun gehört es jedoch zum unumstößlichen Erfahrungsschatz der ökonomischen Analyse, was Professor *Hans-Hermann Hoppe* so trefflich in seiner Abrechnung mit der entarteten Demokratie formuliert hat: Daß man nämlich von allem, was man subventioniert, anschließend mehr haben wird: Nicht nur (überflüssige) Milchseen und Butterberge aus subventionierter Milch, nicht nur gigantische Agrarüberschüsse aus einer EU-subventionierten Landwirtschaft, sondern auch mehr an den Subjekten, Objekten und Phänomenen der sozialstaatlichen Zuwendungen und Alimentierungen: Mehr Arme und Hilfsbedürftige, mehr Verantwortungslosigkeit, mehr Kreditschulden, mehr geschiedene Ehen, mehr alleinerziehende Mütter, mehr Sozialhilfeempfänger, mehr Arbeitslose, mehr Bürokraten und Funktionäre, mehr Abtreibungen, mehr Kranke, mehr Asylanten, mehr überflüssige Soziologie- und Politik-Studenten und mehr sprachverkrüppelte Hohlköpfe (s. Hoppe 2003).

Auch unter dem Aspekt der entgleisten Sozialstrukturen der westlichen Industrieländer lautet die Diagnose also nicht anders als unter dem monetären Blickwinkel, nämlich: *todkrank*. Ein "normaler", in geordneten Bahnen verlaufender Gesundungsprozeß ist nicht mehr möglich. Kreislauf und Psyche der Patienten *Weltwirtschaft* und *Weltfinanzsystem* werden kollabieren. Der bekannteste Ökonom des deutschen Sprachraums, Professor *Wolfram Engels*, berühmt geworden durch seine in der Zeit von 1984 bis 1995 allwöchentlich verfaßten brillanten Kommentare in der *WirtschaftsWoche*, wußte sehr wohl, warum er der letzten Publikation seines Lebens den Untertitel ›*Über Papiergeld und das Elend der Finanzmärkte*‹ gegeben hat (s. Engels 1996). Dieses Elend hat sich lange am Horizont abgezeichnet; jetzt klopft es an unsere Türen. Das Spiel mit dem papierenen Reichtum ist aus.

Krankheitsbilder

> "Gott stehe uns bei, wenn die Leute jemals die Lektionen vergessen sollten, die uns die naive Quantitätstheorie des Geldes gelehrt hat."
> (*Friedrich A. von Hayek / s. Salerno* 2004)

Gäbe es nicht die unmittelbar drohende Gefahr einer - vom schlimmsten Geld- und Schuldensünder USA ausgehenden - schweren internationalen Finanzkrise, so könnten sich Deutschland und die übrigen EU-Länder noch eine Weile um den Offenbarungseid drücken – aber eben nur eine Weile. Für die rot-grüne Bundesregierung geht es aktuell nur noch darum, das Schuldendesaster nicht vor dem Ende der laufenden Regierungsperiode offenkundig werden zu lassen. Hinter den verschlossenen Türen des Finanzministeriums tagen derzeit die Experten mit heißen Ohren. Zu den rund 68 Milliarden Euro Zinsen, die jährlich aufgebracht werden müssen (und die bei wiederanziehenden Zinsen davonlaufen werden), gesellt sich für die Jahre 2004 bis 2006 ein Refinanzierungsbedarf für fällig werdende Schuldpapiere in Höhe von 250 Milliarden Euro. Würde man solche Summen als *langfristige* Anleihen auflegen, was bei den derzeitigen Niedrigzinsen vernünftig wäre, so ließen sich diese Papiere auf den Finanzmärkten nur mit deutlichen Zinsaufschlägen unterbringen. (Bei langlaufenden Anleihen erwarten die Anleger einen Zinsaufschlag als Kompensation für erwartete Kursverluste, die den Bonds bei künftig wieder anziehenden Zinsen drohen.) *Hans Eichel* kann sich jedoch weder eine entsprechend hochschnellende Zinslast leisten noch eine bei derart hohen Summen drohende Diskussion über die generelle Kreditwürdigkeit des Bundes (was den zu offerierenden Zinssatz – als Aufschlag für gesunkene Bonität - nochmals nach oben drücken würde).

Alles das muß wenigstens bis zur nächsten Wahl im Jahr 2006 hinausgeschoben und verschleiert werden. Das Ergebnis wird höchstwahrscheinlich ein allen Regeln der soliden Finanzierung widersprechender Eiertanz sein, nämlich (neben Fremdwährungsanleihen) Serien von kurzlaufenden Schuldpapieren. Damit werden diese refinanzierten Schulden zu Zeitbomben, die bei künftigen – und mit Gewißheit zu erwartenden – Zinssteigerungen im wahrsten Sinne des Wortes "hochgehen" werden. Unter diesen Aspekten hat ein möglicher Regierungswechsel ab 2006 für die rot-grünen Genossen in den obersten Parteietagen schon lange seinen Schrecken verloren.

Hinzu kommt, daß die neuen und die alten Bundesländer trotz der gigantischen Transferzahlungen (von rund 850 Milliarden Euro seit der Wiedervereinigung) immer weiter auseinander driften. Noch immer fließen pro Jahr rund 85 Milliarden Euro über die öffentlichen Kassen in Deutschlands Osten. Professor *Hans-Werner Sinn*, Leiter des *ifo-Instituts für Wirtschaftsforschung* in München, rechnet vor: "Der Verbrauch an Gütern und Leistungen durch den Staat, die Investoren und die privaten Haushalte [in den neuen Ländern] übersteigt die eigene Erzeugung um etwa 45 Prozent. Das hat es in ähnlicher Größenordnung noch nie irgendwo in der Geschichte der Menschheit gegeben. Jeder dritte Euro, der in den neuen Ländern ausgegeben wird, kommt aus dem Westen. Von ihm sind 75 Cent geschenkt und 25 Cent geliehen" (Sinn 2004).

Der besagte Transfer entspricht in etwa der Zunahme der Staatsverschuldung seit der Wiedervereinigung in Höhe von 770 Milliarden Euro. Seit dem Jahr 2002 übersteigt die jährliche Neuverschuldung die Zinslast der aufgelaufenen Staatsschuld bei weitem. Es werden also den Schulden nicht nur die Zinsen zugeschlagen, sondern noch weitere 8 bis 10 Milliarden Euro. "Wir sind heute schon die zukünftigen Generationen", so Professor *Sinn*, "die beim Schuldenthema immer beschworen werden... Eine weitere Lastenverschiebung in die Zukunft ist nicht mehr möglich. Die Zeche muß von nun an immer gleich beim Verzehr bezahlt werden." Und jetzt steht uns auch noch die Osterweiterung der EU ins Haus, die weitere Transferleistungen ungeahnten Ausmaßes erfordern wird.

Diese deutschen Beschwernisse werden jedoch wahrscheinlich von den Erschütterungen im Dollarraum überlagert werden, was der politischen Kaste hierzulande zugleich die Gelegenheit verschaffen wird, den Schwarzen Peter der Verantwortlichkeitsfrage auf das internationale Finanzsystem und die Weltwirtschaft abzuschieben. (Solche Ausflüchte wird man mit um so glaubwürdigerer Unschuldsmine vortragen können, als ihnen eine gewisse Berechtigung nicht abzusprechen sein wird.)

Die aberwitzige Staatsverschuldung stellt aber nur einen Ausschnitt aus dem Krankheitsbild der Volkswirtschaften dar. Die Ausführungen über die Staatsschulden dürfen nicht den Blick für die Tatsache verstellen, daß auch die Bevölkerung der westlichen Welt am Papiergeld und seinen Begleiterscheinungen erkrankt ist. Die Verschuldung des privaten Sektors (private Unternehmen und private Haushalte), berechnet als Anteil am Sozialprodukt (Bruttoinlandsprodukt, BIP), hat sich in den letzten Jahren in allen großen Industrienationen (USA, Kanada, Japan, Deutschland, Großbritannien, Frankreich) verdoppelt. Die amerikanischen Verbraucherschulden hatten Ende 2003 die astronomische Summe von rund neuntausend Milliarden Dollar erreicht und waren innerhalb eines einzigen Jahres (2003) um 878 Milliarden Dollar gestiegen. Staat und

Bürger haben sich gemeinsam ins Wolkenkuckucksheim des Scheinreichtums hochgeschaukelt. Der Schweizer Informationsdienst *Wirtschaft aktuell* (*Walter Hirt*) hat in seiner Novemberausgabe 2003 das finanzökonomische Krankheitsbild der USA – auch stellvertretend für die übrigen Papiergeld-Nationen der Welt – kurz und prägnant aufgelistet. Es handelt sich um eine Art medizinisches Protokoll über den Verbrennungsgrad der US-Volkswirtschaft, den sie auf den vom Papiergeld entfachten Feuern der Geld- und Fiskalpolitik erlitten hat:

- Die Gesamtverschuldung der amerikanischen Volkswirtschaft im Verhältnis zum Sozialprodukt ist die größte jemals verzeichnete. Mehr als das Dreifache des BIP unter Verwendung der offiziellen Zahlen, und mehr als das Siebenfache bei Einbeziehung aller nicht-passivierten Verpflichtungen.
- Sowohl die Handelsbilanz als auch die Ertragsbilanz (current account) weisen die größten Negativsaldi in der Geschichte der USA aus.
- Die Sachwerte sind enorm überbewertet: Sowohl die Aktienmärkte als auch die Immobilienmärkte sind durch die Liquiditätsschwemme inflationiert worden.
- Die US-Bürger verfügen über die niedrigsten Ersparnisse der Nachkriegszeit, und die Sparrate ist eine der niedrigsten weltweit.
- Die US-Unternehmen weisen die niedrigsten Netto-Investitionen seit dem Zweiten Weltkrieg aus, und ihre Bilanzen sind verwüstet.
- Der Dollar ist trotz seines Niedergangs noch immer massiv überbewertet.

Es fehlen in diesem Krankheitsprotokoll lediglich noch die Hinweise auf das größte Haushaltsdefizit der US-Geschichte – ja sogar der gesamten Weltgeschichte, der ebenso einzigartige Kaufkraftverlust des Dollars von 80% innerhalb von nur 30 Jahren, und eine niemals zuvor gekannte Stagnation der Reallöhne (Das reale Lohnniveau der USA liegt nicht weit vom Wert entfernt, den es vor dreißig Jahren schon erreicht hatte.)

Sind also *alle* Beteiligten – politische Kaste (Staat und Regierung), private Unternehmer und Bürger – von Paranoia befallen? Es muß an dieser Stelle wiederholt werden, daß der finanzielle Höllentanz der menschlichen Rasse ohne das papierene Rauschmittel nicht möglich wäre. Auch die größte Börsenblase aller Zeiten in der zweiten Hälfte der 90er Jahre hätte sich ohne die extrem aufgedrehten Liquiditätshähne der Fed nicht aufblähen können, und auch der traurige Rekord des US-Handelsbilanzdefizits hätte ohne den Ozean aus *easy money* aus den Fed-Schleusen nicht stattfinden können. Ebensowenig könnten sich Präsident und Kongreß zu ihrer gegenwärtigen Planung von Mega- Ausgabenprogrammen zusammenfinden, wenn sie sich nicht der monetären Begleitmusik der Fed- Gouverneure gewiß sein dürften – und wenn sie nicht wüßten, daß die Multiplikator-Wirkung des *fractional reserve banking*, die Vervielfachung der neugeschaffenen Papierreserven der Fed durch das Bankensystem, die Staatsschulden entwerten wird. (Bei Monetarisierung der Schulden via Inflation können die wertvolleren Dollars der Gegenwart mit wertloseren Dollars der Zukunft – also auf dem Wege der heimlich erzwungenen Sparerenteignung – bezahlt werden.)

Das makabre Spiel wird schon lange betrieben. Speziell bei den Arbeitern am unteren Ende der Lohnskala sind die Einkommen in den letzten 30 Jahren real gesunken. Wo ein Gleichstand oder ein etwas höheres Einkommen je Haushalt zu registrieren ist, rührt das meist daher, daß mehr und mehr Frauen in den Arbeitsprozeß eingetreten sind, um das Familieneinkommen aufzubessern. Aber das verursacht auch Kosten für Kinderbetreuung, Zweitwohnungen, Auswärts-Essen etc. Diese Kosten und die rapide gestiegenen Preise haben dazu geführt, daß die typische amerikanische Familie heute ein geringeres *freiverfügbares Einkommen* hat als 1970 – vor 34 Jahren!

Alan Greenspan hat in einer Rede vom Sommer 2003 ausgeführt, daß die umlaufende Geldmenge, das Aggregat M2 im Verhältnis zum realen Bruttoinlandsprodukt, seit 1959 mit einer durchschnittlichen Jahresrate von 3,8% erhöht worden sei. Was er nicht gesagt hat, aber hätte hinzufügen sollen: In derselben Zeitspanne sind die Preise mit einem jährlichen Durchschnittssatz von 3,7% gestiegen. Der ganze Fed-betriebene Geldzauber der letzten 45 Jahre hat also die Amerikaner – außer den Inflationsgewinnern – um keinen Cent reicher gemacht. Und weil *Greenspan* bei der Geldmenge (M2) seit 1994 in den Schnellgang geschaltet hat, mit Spitzen von bis zu 12%, dürfen die US-Bürger dreimal raten, was das für die künftige Inflation bedeuten wird. Nebenbei bemerkt, wird der kundige Beobachter, der sich nicht von den stupiden offiziellen Statistiken zur Entwicklung der Verbraucherpreise täuschen läßt, wahrscheinlich ein Nebeneinander – ein gleichzeitiges Auftreten – von sinkenden Preisen und Inflation erleben: Sinkende, eventuell sogar drastisch fallende Preise der herkömmlichen Vermögenswerte (Aktien, Bonds, Immobilien) sowie der Löhne und vieler Konsumgüter - und steigende, eventuell sogar explodierende Preise der Rohstoffe, vor allem Öl, Gas, Metalle und Edelmetalle. Letztere Entwicklung hat längst begonnen, erstere steckt noch in den Startlöchern.

Das Krankheitsbild der Industriestaaten, zuvorderst der USA, ist jedoch - auch das muß hier wiederholt werden - noch mehr als vom inflationären Geldwertzerfall - von den strukturellen Verwerfungen im Gefolge der Geld- und Kreditflut geprägt. Wir haben es, wie *Kurt Richebächer* nachgewiesen hat, seit der exzessiven Fed-Flutung mit einer "geteilten Wirtschaft" zu tun: Im Konsumgüterbereich boomten Umsätze und Gewinne, während der Sektor der Kapitalinvestitionen zusammenbrechende Gewinne erlebte. Im Jahr 1997 hat der Produktionssektor 195 Milliarden Dollar Gewinne erwirtschaftet - und der Handelssektor 64 Milliarden Dollar. Fünf Jahre später hat sich diese Relation vollständig umgekehrt. Im Jahr 2002 gingen die Gewinne im Produktionssektor auf rund 69 Milliarden Dollar zurück, während sie im Handelssektor auf rund 82 Milliarden Dollar hochschnellten. Das bleibt nicht ohne Folgen für die Investitionsentscheidungen: Während im (konsumgepushten) profitablen Handelssektor Investitionen vorgenommen werden, die im Verhältnis zur nachhaltigen Konsumnachfrage viel zu hoch sind, wird im aktuell unprofitablen Produktionssektor viel zu wenig investiert. Und genau das sind die strukturellen Verwerfungen, die im Zuge nachfolgender Rezession oder Depression wieder bereinigt werden müssen (s. Richebächer 2002).

Rohrkrepierer-Kapitalismus

Staatliches Geldmonopol und staatlich institutionalisiertes Geldmanagement sind schwerste Attacken gegen die Gesundheit der Marktwirtschaft. Alle Politiker und alle Ökonomen, die glauben, mit *easy money* ("leichtem Geld") und Kreditexpansion das Wirtschaftswachstum dauerhaft beschleunigen und den Wohlstand steigern zu können, sind in Wahrheit Feinde der Marktwirtschaft, ob ihnen das bewußt ist oder nicht. Künstliche Geldvermehrung und künstliche Zinssenkungen erzeugen nicht nur Inflation, sondern subventionieren auch die Produktion und den Konsum in einer Weise, welche die Produktions*struktur* einerseits und die *Struktur* der Konsum- und Sparmuster einer Volkswirtschaft andererseits auseinanderdriften läßt. Ein kluger Ökonom hat einmal gesagt, die Niedrigzinspolitik der Zentralbank veranlaßt die betreffende Volkswirtschaft, mehr abzubeißen als sie kauen kann.

Niedrige Zinsen sind nicht per se von Übel, wenn es sich dabei tatsächlich um Marktzinsen handelt. Nicht der niedrige Zins als solcher hat verheerende Wirkungen - schließlich waren in den 150 bis 200 Jahren der Goldwährung die Zinsen sehr niedrig (meistens zwischen 1 und 2%) -, sondern der Niedrigzins in einem von der Inflation und vom *easy money* geschaffenen und von der Politik zusätzlich völlig verfälschten Umfeld. Ein von den Zentralbanken künstlich heruntergeschleuster Niedrigzins ist "zu niedrig" im Verhältnis zu jenem Zins, der dem herrschenden ökonomischen und monetären Sozialismus und Kollektivismus angemessen wäre.

Auch die These, die Vermehrung der Geldmenge sei so lange nicht von Schaden als sie die Güterpreise nicht nach oben treibe, ist falsch. Leichtes Geld veranlaßt die Menschen zu riskanten Spekulationen und zu euphorischen Einschätzungen der zukünftigen Entwicklung. Immer wieder zeigt sich das an übertriebenen Börsen- und Immobilienblasen und in Verschuldungs-Exzessen, in deren Gefolge dann Rezession, Depression und Zusammenbrüche auftreten. "Die Kombination aus Staat und Geldschöpfungsmacht", hat der brillante Freiheitsdenker *Llewellyn H. Rockwell, Jr.* geschrieben, "ist so zerstörerisch wie Krieg" (Rockwell 2003).

Das Rockwell'sche Wort *Krieg* sollte man getrost wörtlich nehmen, doch sollte man ihm noch die Vokabel *Revolution* beifügen. Es ist eigenartig, daß auch viele kluge Köpfe bis heute den tieferen Sinn und den raffinierten Charakter der revolutionären Strategie von *Marx, Engels* und *Lenin* nicht verstanden haben. Ihr Königsweg zur Vernichtung des Kapitalismus und der bürgerlichen Gesellschaft war nicht der direkte Angriff auf seine Werte und Bastionen, sondern der Umweg über die Aufblähung eines vordergründig erfolgreichen Rohrkrepierer-Kapitalismus, der an seinen eigenen Erfolgen implodiert. *Marx* und *Engels* haben sich über die Erfolge des Kapitalismus kindisch gefreut – ganz besonders über seine von der Politik eingebrachten ordnungs-, geld- und fiskalpolitischen Perversionen, die sie zu Recht als Todeskeime erkannt hatten. Es klingt wie eine Handlungsanleitung zur (heute betriebenen) Verkrüppelung und zur Blasen-Pathologisierung der Marktwirtschaft, wenn *Friedrich Engels* in seiner Schrift *›Die Bewegung von 1848‹*

schreibt: "Wir haben nichts dagegen, wenn [die Bourgeosie] überall ihre Absichten durchsetzt... Ihr [Bourgeois und Kapitalisten] müßt den Patriarchalismus vernichten, ihr müßt zentralisieren, ihr müßt alle mehr oder weniger besitzlosen Klassen in wirkliche Proletarier, in Rekruten für uns verwandeln... Zum Lohn dafür sollt ihr eine kurze Zeit herrschen... aber vergeßt nicht: Der Henker steht vor der Türe."

Der Philosoph *Klaus Motschmann* hat darauf hingewiesen, daß *Lenin* aus demselben Grund vor einem "ständigen Kampf der Genossen gegen den Kapitalismus" gewarnt hat. Die Revolution, so *Lenin*, könne erst erfolgreich stattfinden, wenn die Entwicklung des Kapitalismus lange genug und weit genug vorangetrieben worden sei. *Der entscheidende Klassenkampf könne erst losbrechen, wenn die massenpsychologischen Voraussetzungen dafür gegeben seien – und das seien schwere materielle und soziale Notlagen und Krisen* (s. Motschmann 2003).

Voilà: Das ist das Gefährlichste am falschen Geld und seiner politischen Manipulation: Daß sie einen *Rohrkrepierer-Kapitalismus* erzeugen, monetär erkrankte Ökonomien, die nach Phasen der Dauerstimulierung immer wieder (und mit immer größeren Ausschlägen) in schwere Währungs-, Finanz- und Wirtschaftskrisen fallen müssen. Die Geier des Sozialismus und die Hyänen des Totalitarismus warten nur darauf, bis das ermattete Wild sich erschöpft niederlegt. Das ist die eigentliche vom Falschgeld und seinen Machern erzeugte "Krankheit zum Tode" für den Wohlstand, die Zivilisation und die Freiheit der westlichen Welt.

VI. Die THERAPIE: Gesundes Geld

"Kein Staat ist in der Lage, sich genügend einzuschränken, wenn ihm unbeschränkte Finanzierungsmöglichkeiten eingeräumt werden. Diese Erfahrung muß jede Generation, die nicht bereit ist, aus der Geschichte zu lernen, von neuem machen."
(*Erich Leverkus* 1990, S.109).

"Wenn man jemals Normalität wiederherstellen möchte, müssen die Finanzmittel und die Macht der Regierungen auf oder sogar unter das Niveau des 19. Jahrhunderts fallen."
(*Hans-Hermann Hoppe* 2003, S.374)

Diät

Die nachfolgend angeführten Therapie-Vorschläge sind in vielem sehr ähnlich, ja manchmal fast identisch. Dennoch sollen die fünf wichtigsten hier separat vorgestellt werden. Es ist nämlich für dic Bedeutung dieser Positionen nicht unerheblich, daß man aufzeigt, wie nah sich Wanderer auf geistigen Pfaden kommen, wenn sie einmal die richtige Richtung eingeschlagen haben.

Ganz generell steht hinter den Überlegungen die Idee, den Staat – nach *Friedrich Nietzsche* das "kälteste aller Ungeheuer" – auf Diät zu setzen. Dazu eine kurze Vorbemerkung:

Die Völker der Erde haben wenig Grund, bei der Beurteilung ihrer Regierungen und politischen Eliten Nachsicht walten zu lassen. Politik ist ein Raubtiergeschäft und Politiker sind deshalb keine Schmusekatzen, die irgendwelche Streicheleinheiten verdient hätten. Eines jedoch muß man um der Fairneß willen konzedieren: die Tatsache nämlich, daß das *fiat money* und seine Institutionen (wie das *fractional reserve banking*) Eigengesetzlichkeiten entwickeln, denen auch gute und beste Politiker – falls es so etwas überhaupt geben kann – niemals ganz Herr werden könnten. Das ist (unter anderem) schon deshalb ausgeschlossen, weil die Regierten längst selber Junkies der Droge *Scheingeld* geworden sind, und weil somit keine demokratisch gewählte Regierung eine Überlebenschance hätte, die den süchtigen Massen einen Entzug – oder auch nur geringere Drogenrationen zumuten würde. Dennoch besteht eine Reformchance, und zwar dann (leider erst dann), wenn eine galoppierende Inflation und/oder eine schwere Finanzkrise – wieder einmal – die Ersparnisse der Bürger vernichtet, und wenn diese Bürger dann wissen, daß es sich bei den wiederkehrenden Miseren nicht um ein unabwendbares Schicksal handelt, sondern um etwas, das sie selbst (wenigstens für die Zukunft) verhindern können.

Es ist generell unsinnig und illusionär, auf "bessere Politiker" zu hoffen und vom politischen Geschäft etwas anderes zu erwarten als schieres Machtstreben und endlose Ausbeutung der Regierten (jedenfalls nicht auf längere Sicht). Selten auftretende, besonders fähige und solide Figuren wie bspw. *Ludwig Erhard* können in den endlosen Tragödien, die sich auf den politischen Bühnen abspielen, nur relativ kurze Intermezzi geben. Eine Persönlichkeit wie *Margaret Thatcher* war ein historisch einmaliger Fall, bei dem ganz spezifische Voraussetzungen gegeben waren.

Hierzu ist das Buch von Dominik Geppert ›Thatchers konservative Revolution‹ (Geppert 2002) nachdrücklich zu empfehlen.

Auf der aktuellen politischen Bühne sind solche Ausnahme-Persönlichkeiten überhaupt nicht in Sicht, jedenfalls nicht in Deutschland. In der Schweiz hingegen stehen einige mutige Freiheitsdenker - wie z.B. Bundesrat *Christoph Blocher* und Nationalrat Dr. *Ulrich Schlüer* - ihren Mann. In den USA ist als kostbarer Solitär der Kongreßabgeordnete und ehemalige Präsidentschafts-Kandidat der kleinen Libertarian Party, *Ron Paul*, zu nennen. Seine Rede vom 5. September 2003 mit dem Titel ›*Paper Money and Tyranny*‹ (Papiergeld und Tyrannei) läßt sich zweifellos in die kostbare Perlenschnur der bedeutendsten Reden der Weltgeschichte einreihen. Der Originaltext ist auf der website von Ron Paul nachzulesen. Für Leser, denen eine Kurzinformation in Deutsch genügt, werde ich drei gedrängte Passagen (in freier Übersetzung) als ANHANG II wiedergeben.

Die Hoffnung der meisten Menschen auf eine Regierung, unter der "alles besser" wird, ist genau so kindisch wie die Hoffnung auf bessere Giftschlangen oder bessere Feuersbrünste oder bessere Grippe-Viren. Leviathan ist und bleibt ein gefährliches Monster und wird in keiner denkbaren personellen Besetzung zum Teddybär. Es gibt deshalb (wie bereits mehrfach erwähnt) nur ein einziges sicheres Mittel, ihn klein und somit domestizierbar zu halten: Man muß ihm sein Mastfutter namens *fiat money* entziehen und ihn dauerhaft auf Diät setzen. Und diese Diät kann nichts anderes sein als ehrliches (also echtes) Geld. Damit sich hierfür überhaupt eine Realisierungschance ergibt, bedarf es der intensiven Aufklärung einer hinreichend großen Bevölkerungszahl.

Abstinenz

> "Nie haben die Massen nach Wahrheit gedürstet. Von den Tatsachen, die ihnen mißfallen, wenden sie sich ab und ziehen es vor, den Irrtum zu vergöttern, wenn er sie zu verführen vermag. Wer sie zu täuschen versteht, wird leicht ihr Herr, wer sie aufzuklären sucht, stets ihr Opfer."
> (*Gustave Le Bon*, Psychologie des foules 1895)

Was für die *vorbeugende* Verhütung von extremen konjunkturellen Ausschlägen und Zyklen gilt, sollte erst recht zur Maxime werden, wenn sich bereits Anzeichen einer Rezession oder Depression zeigen: Die weitgehende, möglichst sogar vollständige Abstinenz des Staates von stimulierenden Maßnahmen. Das Wissen um die Notwendigkeit solcher Enthaltsamkeit ist fast so alt wie die ökonomische Wissenschaft, aber nur wenige Ökonomen waren und sind davon überzeugt, und noch weniger haben es klar artikuliert. Von Anfang an – und bis zum heutigen Tag – waren und sind es allein die Vertreter der *Österreichischen Schule der Nationalökonomie*, die entschieden sowohl vor jeglicher Stimulierung der Wirtschaft als auch vor jedem Versuch der staatlichen "Bekämpfung" von Abschwüngen, Rezessionen und Depressionen gewarnt haben bzw. warnen. Nach dem Tod von *Ludwig von Mises* (1973) war es besonders sein Schüler und Kollege *Murray N. Rothbard* (1926-1995), der diese Abstinenz am deutlichsten eingefordert hat.

Sobald sich eine Aufschwungphase abzeichnet, so *Rothbards* dringlicher Rat, müssen Staat und Banken sofort aufhören, die Inflation in irgendeiner Weise zu stützen oder zu fördern. Es ist zwar tatsächlich so, daß dann der Aufschwung endet (sofern es sich um eine inflationär stimulierte Konjunktur handelt), ja es wird sogar eine Bereinigungskrise eintreten, möglicherweise eine Depression; aber je mehr und je länger der Staat und die Zentralbank diesen Prozeß verzögern, desto schmerzhafter werden die später eintretenden Anpassungen ausfallen. Rezession und Depression müssen so schnell wie möglich wirken können; nur dann ist mit einer alsbaldigen Wiederbelebung eines normalen Geschäftsgangs zu rechnen. Zu dieser Abstinenz gehört auch, daß die Unterstützung von Firmen unterbleibt, die in Schwierigkeiten geraten sind, und daß die Politik nicht helfend in die Preis- und Lohnbildung eingreift. Auf keinen Fall darf der Staat als Abwehrmittel gegen Rezession oder Depression eine neue Inflation anfachen, denn das wird – nach einem eventuell möglichen konjunkturellen Strohfeuer – nur eine noch schwerere und noch längere Depression nach sich ziehen. Auch darf der Staat weder die eigenen Ausgaben erhöhen noch den Konsum der Bevölkerung anregen. Rezession oder Depression treten ja gerade deshalb ein, weil im inflationär genährten Boom das natürliche Verhältnis zwischen Konsum und Investition verzerrt worden ist, sodaß jede weitere Konsumanregung diese Relation noch mehr verschiebt. ("natürlich" heißt in diesem Zusammenhang: dasjenige Verhältnis zwischen Konsum und Investition, das den *tatsächlichen* Konsumentenpräferenzen und der *tatsächlichen* Sparleistung entspricht. (s. Rothbard 1973/1999)).

Rothbard war kein Träumer, sondern Realist. Deshalb fügte er seinen diesbezüglichen Ausführungen stets eine weitere Forderung hinzu: Weil der Staat - im Fall eines Abschwungs oder einer Depression - niemals der Versuchung widerstehen könnte, in das Wirtschaftsgeschehen einzugreifen und Inflation zu erzeugen, müßten Geld und Bankwesen vollständig vom Staat getrennt werden. Und das würde, so *Rothbard*, zumindest bedeuten: "Die Abschaffung des *Federal Reserve Systems* [allgemeiner: der Zentralbanken, R.B.] und die Rückkehr zu einem durch Gold oder Silber gedeckten Geld in der Weise.., daß eine Geldeinheit wieder die spezifizierte Gewichtseinheit eines bestimmten Stoffes wäre und nicht mehr der Name eines Stückchens Papier, das von der staatlichen Bürokratie gedruck wird" (S.191).

Nun kann man einwenden, daß damit eine illusorische Forderung durch eine andere, kaum weniger illusorische ersetzt oder ergänzt wird. Zur geld- und fiskal-politischen sowie zur interventionspolitischen Enthaltsamkeit wird sich der Staat - bei Existenz eines *fiat money* und eines Zentralbanksystems - ebensowenig bewegen lassen wie zur Aufgabe des staatlichen

Papiergeldmonopols. Ist also das eine, die staatliche Abstinenz, so unrealistisch wie das andere, die Trennung von Staat und Geld? Die Antwort: Erstens sollte eine Wahrheit nicht deshalb unausgesprochen bleiben, weil sie niemand hören will; zweitens gibt es hinsichtlich der Realisierungschancen doch einen (wenn auch nur kleinen) Unterschied zwischen den beiden Postulaten, den es zu nutzen gilt. Doch davon später.

Ein anderer Genius unter den Ökonomen des 20. Jahrhunderts war *Henry Hazlitt* (1894-1993), wie *Mises* und *Rothbard* ein Meister der allgemeinverständlichen Darstellung komplizierter Zusammenhänge. In einer (posthum erschienenen) Publikation mit dem Titel "*Is Politics Insoluble?*" (›Ist Politik unlösbar?‹ - oder auch: ›Ist Politik unauflöslich?‹) (Hazlitt 1997) legt er dar, wie viele seiner berühmtesten Kollegen – von *John Stuart Mill* bis *George Orwell* – versucht haben, dem Leserpublikum nahezubringen, wie verhängnisvoll staatliches Handeln schon seit den Anfängen des Phänomens *Staat* war und bis zum heutigen Tag geblieben ist, ja wie sehr Zerstörung und Gewalt dem Wesen des Staates immanent sind – und wie wenig die Aufklärungsbemühungen der besagten Autoren faktisch gefruchtet haben. Trotz aller noch so eindringlichen Schriften und Warnungen hat sich der Staat (ganz besonders im 20. Jahrhundert) weiter und weiter zulasten der privaten Sphäre ausgedehnt und hat wieder und wieder den Wohlstand, das Glück und das Leben der Menschen zerstört. Weder Weltkriege noch verheerende sozioökonomische Großexperimente wie der Kommunismus und der rote und braune Sozialismus, weder Hyperinflationen noch Staatsbankrotte, weder der Zusammenbruch von Finanzsystemen noch Währungsreformen, weder Extrembesteuerungen noch politische Korruption haben bewirkt, daß die Völker danach strebten, den Staat auf ein (vielleicht unerläßliches) Minimum zurückzudrängen und Leviathan in engsten Bewegungsgrenzen zu halten.

Man muß wohl davon ausgehen, so *Hazlitt*, daß die Mechanismen der Macht und das Zusammenspiel von politischen und ökonomischen Kräften zu komplex und für maßgebliche Bevölkerungsmehrheiten zu undurchschaubar sind, um entschlossene und zielgerichtete Gegenwehr auslösen zu können. Sogar die meisten freiheitlich denkenden Menschen sind damit überfordert, schon weil ihnen im beruflichen Alltag die Zeit fehlt, sich intensiv und umfassend mit dem geistig-ideologischen Hintergrund der Geschehnisse befassen zu können. Deshalb, so *Hazlitts* Fazit, sollten sich überzeugte Freunde der Freiheit darauf konzentrieren, eine ganz einfache und jedermann verständliche Forderung zu stellen, nämlich die, daß der Staat (die Regierung) uns mit einer ehrlichen Währung ausstatten soll und aufhören möge, Inflation zu betreiben. "Diese Aufgabe", so *Hazlitt*, "hat den ihr eigentümlichen Vorteil, daß sie klar und einfach aufgestellt werden kann, weil sie grundsätzlich klar und einfach *ist*. Jede Art von Inflation ist staatsgemacht. Jegliche Inflation ist das Ergebnis der Vermehrung der Geld- und Kreditmenge; und das Heilmittel dagegen besteht ganz einfach darin, mit der Vermehrung aufzuhören" (S.132f.).

Nach seinen lebenslangen intensivsten Mühen um Aufklärung eines breiten Publikums über die generelle Schädlichkeit und die prinzipielle Gefährlichkeit staatlicher Aktion, scheint also bei *Hazlitt* eine gewisse Resignation erkennbar zu werden. In seinen Sätzen klingt die Frage – und zugleich die Antwort mit: "Was hat das alles genützt? Wohl wenig bis gar nichts." Deshalb vielleicht seine vereinfachte Parole: So laßt uns den Menschen eine Forderung beibringen, die sie in all dem komplexen und komplizierten Theoriegewirr noch am ehesten verstehen und sich zu eigen machen können: die Forderung an den Staat und seine politische Kaste: "Gebt uns eine ehrliche Währung und hört auf, die Kaufkraft unseres Geldes zu ruinieren!"

Hinter diesem *Hazlitt*'schen Gedanken steht nicht nur der Wunsch, auf diese Weise mehr Menschen für den geistigen Freiheitskampf gegen den uferlos wuchernden Staat gewinnen zu können, sondern auch die Idee von einer gewissen "Hebelwirkung", einer einfacheren und doch zugleich wirksamen Durchsetzungschance. Um einen Vergleich zu bemühen, könnte man sagen: Wenn es gelingen würde, alle Drogensüchtigen vollständig von den Möglichkeiten zur Geldbeschaffung abzuschneiden, wäre die Erfolgsquote der Entzugsbemühung – im Gegensatz zu allen anderen Maßnahmen und Anstrengungen – nahezu 100%.

Aber auch dieser "Hebelansatz" ist keinesfalls so einfach zu verwirklichen wie er klingt; schon gar nicht nach fünfzig Jahren keynesianischer Drogensucht (nicht nur der Politik und der Ökonomie, sondern auch der Bevölkerung). Den Staat vom Geld zu trennen und damit seiner geld- und fiskalpolitischen Instrumente vermittels "ehrlichen Geldes" zu entkleiden, stößt auf den Widerstand aller Bevölkerungsschichten und aller Interessengruppierungen. Dagegen sind: 1) die Politiker aller Parteien, weil es gleichbedeutend mit einer drastischen Machtbeschränkung wäre; 2) die große Mehrheit der Bevölkerung, weil ihr die Vorstellung von staatlicher Inaktivität bezüglich Konjunktur, Beschäftigungslage und sozialpolitischer Umverteilung noch suspekter wäre als die (obgleich mannigfach kritisierte) Hyperaktivität des Staates; 3) die Zentralbanken, weil sie damit überflüssig wären; 4) die Banken, weil sie ihren Geschäftsumfang erheblich reduzieren müßten; 5) die Unternehmer, weil sie sich eine staatsfreie Wirtschaft nicht mehr vorstellen können und weil viele Firmen von Staatsaufträgen leben; 6) die Gewerkschaften, weil sie ihre Mitglieder verlieren würden, wenn erkennbar wäre, daß die gewerkschaftlichen Aktivitäten (ohne geldpolitische Pflaster) nur zu Massenarbeitslosigkeit führen; 7) alle Interessenverbände und ihre Funktionäre, weil sie zur Durchsetzung ihrer Sonderinteressen keine Ansprechpartner mehr hätten; 8) alle Kostgänger des Wohlfahrtsstaates, weil die Staatskuh keine Zitzen mehr hätte, an denen sie saugen könnten; 9) die meisten Beamten und Staatsbediensteten, weil die öffentlichen Kassen bald leer wären; und 10) alle internationalen Organisationen, die von den Transferzahlungen der beteiligten Staaten leben. Kurz: Es gibt überhaupt keine nennenswerte Wählergruppe, welche die strikte Trennung von Staat und Geld befürworten würde.

Also bleibt, genau besehen, nur die Hoffnung, daß die Gilde der professionellen Ökonomen endlich aus ihren keynesianischen und monetaristischen Träumen aufwachen und ihre wichtigste Aufgabe wahrnehmen möge, nämlich die Bevölkerung und deren Entscheidungsträger über die wahren Mechanismen des sozioökonomischen Geschehens aufzuklären, die Dinge zu zeigen, wie sie sind - und nicht so, wie es sich der Zeitgeist und die großen Mehrheiten wünschen. Der entscheidende erste Schritt zu diesem Ziel ist schmerzlich, denn er bedingt die Einsicht, lange Zeit schwere Irrtümer gepflegt zu haben. Von vornherein schon sitzen die Ökonomen hinsichtlich des Geldes und der Währungen einem Irrtum auf, wenn sie glauben, die modernen Industrienationen hätten mit dem Bretton Woods-Abkommen von 1944 und mit den nachfolgenden Arrangements und Papiergeld-Institutionen ein "Weltwährungssystem" errichtet. Was wir in Wirklichkeit haben, ist aber kein "System", sondern (in den Worten von *Henry Hazlitt*) "das schiere inflationistische Chaos" (Hazlitt 1975/1995). Es hat seit der Geschäftsaufnahme des IWF im Jahr 1946 Hunderte von Abwertungen und Tausende von wechselseitigen Stützungskäufen und -verkäufen der Zentralbanken der Welt gegeben. Diese Interventionen wurden mit Ozeanen aus Papiergeld und mit Luftbuchungen durchgeführt, die letztlich allesamt von den Bürgern der beteiligten Nationen finanziert werden mußten und müssen, sei es durch Einkommens- und Vermögensverluste oder durch Kaufkraftminderungen ihres Geldes.

Auch die Nicht-Keynesianer unter den Ökonomen haben geglaubt - und die meisten sind noch immer davon überzeugt, daß sich diese Papiergeldfluten und das internationale Zusammenspiel der Währungen steuern ließen. Die monetaristische Theorie der Chikago-Schule hat sie sogar glauben lassen, daß eine "Feinsteuerung" möglich sei, wenn nur die Notenbanken unabhängig seien und der IWF als Feuerwehr für Notfälle bereitstünde. Die charismatische Figur des Nobelpreisträgers und entschiedenen Marktwirtschaftlers *Milton Friedman* hat viel dazu beigetragen, diesen Irrglauben zu festigen.

Die *Monetaristen* vertreten die Theorie, man könne das Preisniveau einigermaßen stabil halten, wenn die Zentralbanken die Geldmenge um nicht mehr (oder jedenfalls nicht viel mehr) als um die Rate des Produktivitätsfortschritts vermehren würden. Bei einem jährlichen Preisniveauanstieg von nicht mehr als 2 oder 3% sei "Stabilität" gegeben. Damit sind die Monetaristen wenigstens die "Einäugigen unter den Blinden" (*Hazlitt*), denn sie sehen wenigstens einen Zusammenhang zwischen Geldmenge und Kaufkraft und vertreten eine (produktivitätsorientierte) Limitierung des Geldmengenwachstums. Aber außer der allgemeinen und vagen Aussage, daß ein Zusammenhang zwischen Geldmenge und Kaufkraft der jeweiligen Währung besteht, sind alle anderen Bausteine des monetaristischen Theoriegebäudes falsch und brüchig. Weder gibt es eine fixe oder irgendwie konstante Beziehung zwischen Geldmengenveränderungen und Preisniveau (s. unser Kapitel ›Mythos Preisniveau‹), noch gibt es einen einheitlich definierbaren und somit "geldmengenkompatiblen" Produktivitätsfortschritt. Weder kann man die Inflation am Preis"niveau" messen (und schon gar nicht ihre Wirkungen danach beurteilen) noch handelt es sich bei sinkenden Preisen immer um "Deflation" (s. dazu unser Kapitel ›Schreckgespenst Deflation‹). Weder müssen sinkende Preise automatisch eine Rezession auslösen, noch kann man von einem unveränderten Preis"niveau" auf Stabilität der Preise und der Kaufkraft des Geldes schließen. Weder kann es eine "kaufkraftneutrale" oder "inflationsneutrale" Geldmengensteigerung geben, noch kann (wenn es sie gäbe) irgend jemand wissen, wie hoch oder wie niedrig der Zuwachs sein müßte.

Der schlimmste Fehler der Monetaristen aber – wie der aller *fiat money*-Anhänger unter den Ökonomen – ist der fromme Kinderglaube, die Entscheidung über das Geldangebot einer Volkswirtschaft sei beim Staat und den Zentralbanken in guten Händen. Schon vor 30 Jahren hat *Henry Hazlitt* anschaulich den permanenten politischen Druck in Richtung Inflation geschildert, den das monetaristische Konzept auslöst: Sind die Prämissen des Systems einmal akzeptiert, schrieb *Hazlitt*, so werden diejenigen, die für einen jährlichen Geldmengenzuwachs von 2% plädieren, ständig gegen die Bedenken ihrer Kollegen zu kämpfen haben, das sei zu wenig und würde die Gefahr einer Rezession heraufbeschwören. Die Vertreter einer 3%-Regel wären demselben Druck der 4%-Anhänger ausgesetzt – und diese wiederum den 5%-Advokaten – usw. ohne Ende.

Die oberste und wichtigste Bedingung für ein gesundes Geldsystem lautet eben: So wenig Entscheidungsmacht der Politiker oder irgendwelcher Gremien als irgend möglich – am besten gar keine. "Es ist das herausragende Verdienst des Goldes als Geld", so *Hazlitt*, "daß es das Geldangebot und die Kaufkraft der Geldeinheit unabhängig macht von Regierungen, von Behörden, von Parteien und Interessengruppen. Der große Vorteil des Goldes ist genau das: daß es knapp ist, daß seine Menge von Natur aus begrenzt ist, daß man hohe Kosten aufwenden muß, um es zu entdecken, zu fördern und zu verarbeiten, und daß es nicht durch politischen Befehl oder politische Laune geschaffen werden kann. Es ist das Verdienst des Goldstandards, daß er der Kreditexpansion ein Limit setzt."

Entzug

> "Obwohl Regierungsträger damals [in der Zeit als die Staatsquote noch unter 7% lag] so korrupt waren wie heute…, hatten sie sehr viel weniger, womit sie korrupt sein konnten."
>
> (*Robert Higgs* 1987, S. ix)

Was die Ökonomen – und mit ihnen möglichst viele Bürger – einsehen sollten, ist 1) die Tatsache, daß eine von außen, von außerhalb des Marktes kommende (und durchaus an ehrbaren, aber illusorischen Zielen wie der "Preisniveaustabilität" orientierte) Steuerung der Geldmenge nicht möglich ist; und 2) daß man dem Herrschaftsgebilde *Staat* niemals die Hoheit über das Geld einräumen sollte, weil es sich in diesem Fall vom harmlosen Tauschmittel zum wirksamsten und gefährlichsten aller Macht- und Herrschaftsinstrumente wandelt.

Haben der Staat und seine politischen Eliten das Geldmonopol einmal in der Hand, muß jeder Versuch, ihre Herrschaftsausübung zu beschränken oder zu disziplinieren, vergeblich bleiben. "Reformen", wie sie immer wieder gefordert und angekündigt werden, wenn die politischen Aktivitäten schwere finanzielle und sozioökonomische Schäden angerichtet haben, können niemals im erforderlichen Umfang und dauerhaft gelingen, solange das Reformobjekt – Staat und Regierung – über das Geldmonopol verfügt. Ein kurzer "machtphilosophischer" Ausflug möge das verdeutlichen:

Es gibt im menschlichen und gesellschaftlichen Leben Phänomene, welche über die Jahrhunderte und Jahrtausende hinweg ziemlich unveränderlich bleiben, und es gibt solche, die sich durch menschliche Bemühungen verändern lassen. Zu den unveränderlichen Phänomenen gehören die Mechanismen der Macht - genauer: die Mechanismen der Herrschaft. Ebenso unveränderlich – oder nur langfristig und nur in bescheidenem Ausmaß veränderbar – ist der Mensch mit seinen Trieben und Ängsten, seinen Sehnsüchten und Hoffnungen, seinen Emotionen und Denkgewohnheiten, seinen Grundbedürfnissen und Verhaltensweisen.

In der modernen Massendemokratie – also außerhalb despotischer Herrschaftsformen, die sich auf rohe Gewalt und Verbreitung von Furcht und Schrecken stützen -, kann man die Frage: "Wie kommt man zur Herrschaft und wie bleibt man an den Hebeln der Herrschaftsmacht?" mit der Benennung von drei hauptsächlichen Strategien beantworten: 1) Man verspreche den Leuten Sicherheit und nehme ihnen die Angst vor der Zukunft (genauer: man tue so als könne man das); 2) Man verspreche und gewähre den machtstrategisch wichtigsten (und lautesten) Wählergruppen Sondervorteile und sage ihnen, dies und das sei für sie "kostenlos"; 3) Man befriedige die Neidgefühle und Minderwertigkcitskomplexe der Menschen, am besten unter dem Vorwand der Sorge für "Gerechtigkeit" (damit die häßliche Fratze des Neides eine edle Maske tragen kann). Diese drei strategischen Komponenten der Herrschaft lassen sich natürlich in unzählige Varianten und spezifische Taktiken untergliedern, aber im Wesentlichen sind sie im Verlauf der Menschheitsgeschichte dieselben geblieben. Daß die Menschen darauf (unveränderlich) positiv reagieren, versteht sich von selbst – sonst wären diese Strategien des Machtgewinns nicht so erfolgreich und "ewig" gültig. Sie entsprechen den elementaren menschlichen Bedürfnissen, Sehnsüchten und Trieben.

Es gibt nun eine ganze Reihe von Methoden und Möglichkeiten, die Herrschaft von Menschen über Menschen zu beschränken, zu zügeln und davon abzuhalten, sich zur totalen Verfügungsgewalt und zur umfassenden Unterdrückung auszuweiten. Die Philosophen und Staatsdenker haben sie im Verlauf der Jahrhunderte ersonnen und entdeckt, gepriesen oder verworfen; und die Völker haben sie allesamt ausprobiert. Mit wenig dauerhaftem Erfolg. Was die Herrschaftsbeschränkung in der modernen Demokratie anbelangt, so füllen die Gedanken und Vorschläge der Staatsphilosophen, der Staats- und Verfassungsrechtler, der Ordnungstheoretiker unter den Ökonomen und der Politikwissenschaftler ganze Bibliotheken. Von A wie Autonomie (von Gemeinden und Kantonen oder Ländern) über F wie Föderalismus und G wie Gewaltenteilung – bis Z wie Zivilgesellschaft. Genützt hat auch das wenig. Auch da wo die politischen, rechtlichen und institutionellen Beschränkungen der politischen Kaste in Tat und Wirklichkeit umgesetzt wurden, sind sie im Lauf der Zeit mehr und mehr erodiert. In allen westlichen Demokratien hat die persönliche Freiheit nur noch Nischencharakter, und überall hat die Politik das gesamte Leben der Menschen überwuchert. Die demokratischen Regierungen nehmen mehr und mehr totalitäre Züge an – und zugleich steuern alle diese Staaten dem finanziellen Bankrott entgegen. (Kein Wunder also, daß Professor *Hoppe* die Demokratie als "defekte Sozialordnung" bezeichnet (Hoppe 2003)).

Was also ist zu tun, wenn man verhindern will, daß das Zusammenspiel der unveränderlichen oder wenig veränderlichen Phänomene - Herrschaftsmechanismen hier und Menschen dort – nicht immer wieder, mal früher mal später, in der Knechtschaft, in Zusammenbruch und Bankrott endet? Die Antwort: Ohne das eine (die Errichtung herrschaftsbeschränkender Gegenkräfte) zu lassen, muß man ein anderes, viel Wirksameres unter allen Umständen tun: Man muß den Treibriemen durchschneiden, der die beiden Zahnräder (Herrscher und Beherrschte) zu einer alles zermalmenden Maschine verbindet: Und dieser Treibriemen ist das Geld. Konkret also: Man muß das Geld (das rechtmäßig immer nur den Bürgern gehören kann) vom Staat trennen. Solange sich Staat und Regierung unbegrenzt Mittel beschaffen können, so lange werden die Menschen auch glauben, der Staat könne über unbegrenzte Mittel verfügen – und so lange werden sie folglich fortfahren, Forderungen an ihn zu stellen, immer mehr und noch mehr; und solange werden die Herrschenden oder die zur Herrschaft Drängenden fortfahren, diese Forderungen zu erfüllen oder deren Erfüllung in Aussicht zu stellen. Das gilt besonders dann, wenn die Mittelbeschaffung der öffentlichen Hände so verschleiert erfolgen kann – zum Beispiel über Staatsverschuldung, schleichende Inflation und Umverteilung -, daß die Bürger nicht gewahr werden, daß es sich um ihre eigenen Ressourcen handelt, die verschleudert und verteilt werden.

Daß bei der *Umverteilung* von den sogenannten "stärkeren Schultern" auf die schwächeren auch das Geld der beschenkten Schwächeren verbraten wird, durchschaut kaum jemand. Deshalb ein erklärendes Beispiel (genauer: Gedankenexperiment) dazu:

Inzwischen ist *Ingvar Kamprad*, der Gründer des Möbelriesen IKEA, mit einem geschätzten Vermögen von 29 Milliarden Dollar der reichste Mann der Welt und hat sogar *Bill Gates* überholt. Wie ist dieses Vermögen zustande gekommen? *Kamprad* hat zur Erzielung diesen Vermögens im Lauf der Jahrzehnte viele Hunderttausend Menschen beschäftigt (und eher noch mehr bei seinen Zulieferanten) und viele Hundert Millionen Verbraucher mit günstigen Artikeln versorgt. Ohne die Aussicht auf die Anhäufung eines persönlichen Vermögens hätte er diese Bemühungen gewiß unterlassen. Was geschieht mit seinem Reichtum? Einen winzig kleinen Teil davon verbrauchen er und seine Familie durch Konsum. Alle Ausgaben, die er diesbezüglich tätigt, werden bei anderen Leuten zu Einkommen - vom Metzger über den Friseur bis zum Architekten seines Hauses. Der weitaus größte Teil ist investiert, sowohl ins eigene Unternehmen als auch (über Aktien und Sparanlagen aller Art) bei anderen Unternehmen. Dort schafft es Einkommen und Güter für unzählige Menschen. Kamprads Vermögen ist also eine Mehrfach-Reichtumsmaschine zur Steigerung des Wohlstands aller Bürger.

Stellen wir uns nun vor, der Staat würde ihm sein Vermögen zu 100% wegsteuern und auf die Bürger der Länder verteilen, in denen IKEA tätig ist. Man braucht keine komplizierten Berechnungen anzustellen, um auf einen umverteilten Pro-Kopf-Betrag von wenigen Dollars zu kommen. Was würde mit dem umverteilten Vermögen geschehen? Es würde zu nahezu 100% in den Konsum fließen. Und weil zum Zeitpunkt der Umverteilung die Gütermenge in den betreffenden Ländern nicht größer wäre als zuvor, würde das zusätzlich in den Konsum fließende Geld die Güterpreise erhöhen, sodaß der Mehrkonsum in Wirklichkeit durch eine entsprechende Entwertung der Sparvermögen der Bürger "bezahlt" werden würde. Alle Investitionen des geschröpften *Ingvar Kamprad* wären zugleich vernichtet (sein Vermögen wurde ja konfisziert und umverteilt) und könnten keinen Wohlstand mehr erzeugen, weder für seine eigenen Beschäftigten noch für die Beschäftigten seiner Vorlieferanten noch für die Käufer seiner Möbel.

Fazit: Aus der Multi-Reichtumserzeugungsmaschine des Kamprad-Vermögens wäre eine Multi-Verarmungsmaschinerie geworden. Merke: Umverteilung ist nicht nur ein Verarmungsvorgang für den Geschröpften, sondern für alle Menschen – auch für die Begünstigten. (Noch bedeutsamer ist natürlich die schwerwiegende Rechtsverletzung, die bei politischer Umverteilung vor sich geht: Man entwendet den einen rechtmäßig erworbenes Vermögen und gibt es anderen, die keinen begründeten Anspruch darauf haben; aber dieser Aspekt zählt in der Schacher-Demokratie und im legalisierten Raub- und Diebstahlsgeschäft der modernen Politik längst nichts mehr. So gilt es also, wenigstens den alle Bürger betreffenden Verarmungsprozeß deutlich zu machen, der hierbei im Verborgenen abläuft.)

Fazit: Nur dann, wenn den Herrschaftseliten die Möglichkeit genommen wird, betrügerisches Scheingeld herbeizuzaubern, stößt das böse Spiel an Grenzen. Unter der Domäne echten Geldes (z.B. bei einem privaten 100%-Goldstandard) müßte die politische Kaste jeder Forderung, die an sie gerichtet wird, entgegenhalten: "Wenn Ihr das wollt, dann müssen wir die

Steuern erhöhen; eine andere Möglichkeit zur Erfüllung Euerer Wünsche haben wir nicht. Wir können zwar versuchen, uns von privaten Goldgeldbesitzern etwas zu leihen, aber dann müßten wir später die Steuern noch mehr erhöhen, weil wir die Darlehen nicht nur verzinsen, sondern auch wieder tilgen müssen."

Von Bedeutung ist auch die andere Seite der Medaille: Nur mit Gold als Geld würden die Bürger auch *glauben* und *einsehen*, daß diese Aussage der Politiker der Wahrheit entspricht und daß sich ihre Wünsche nur mit ihrem eigenen (an den Fiskus abgelieferten) Geld erfüllen lassen.

Es gibt keine einfachere, keine wirksamere und keine dauerhaft verläßlichere Methode der Herrschaftsbeschränkung (und damit der Freiheitssicherung) als dem Herrschaftsapparat die Verfügungsmacht über das Geld zu entziehen. Alles andere mag zusätzlich von Nutzen sein und die Mißbrauchspotentiale der Herrschaft noch weiter reduzieren, aber ohne den Entzug der (nahezu beliebigen) Verfügungsmacht über das Geld bleibt alles nur Stückwerk. Die Krankheit der Staaten und Volkswirtschaften hat einen Namen – und der lautet *fiat money* und *staatliches Geldmonopol*. Und die Heilmethode, die Therapie zum Zweck der dauerhaften Gesundheit der Staaten und Volkswirtschaften hat ebenfalls einen Namen – und der lautet: *Privates (Gold-)Geld*.

Man beachte ein ganz wesentliches Detail des Therapievorschlags: Die Maxime lautet *nicht*: *Gold als Geld*, sondern: *Privates Gold als Geld*. Der Unterschied ist gravierend. Leider findet sich auch unter den Ökonomen, die eine Rückkehr zum Goldgeld befürworten, nur eine Handvoll, welche die Idee eines rein privaten Goldgeldes mit 100% Deckung der ausgegebenen Goldzertifikate vertreten. Die meisten *gold bugs* wollen zum klassischen Goldstandard zurück, wie er in etwa von der Mitte des 19. Jahrhunderts bis zum Ausbruch des 1. Weltkriegs in den wichtigsten Industrienationen geherrscht hat. Dieser hat zwar unvergleichlich viel besser funktioniert als unser gegenwärtiges Chaos des vom permanenten Kaufkraftzerfall geprägten *fiat money*, aber er hatte zwei entscheidende Schwächen: 1) stand der klassische Goldstandard unter Staatshoheit, weshalb er auch sofort abgeschafft werden konnte, sobald er der staatlichen Machtexpansion im Wege stand; und 2) war er (*weil* nicht privater Natur) ein *fractional reserve standard*, d.h. er beruhte auf dem System von Bruchteils-Goldreserven im Kreditwesen der Banken. Und das hatte zur Folge, daß auch unter der Ägide des klassischen Goldstandards wiederkehrende Zyklen von Aufschwung und Abschwung, von boom and bust, von Euphorie und Krise aufgetreten sind.

Sobald jedoch Abschwünge und Krisen oder gar Depressionen auftreten, gibt es für den politischen Druck zu niedrigeren Zinsen und zur Kreditexpansion kein Halten mehr. Und ganz gleich, wie weit man die Reservevorschriften für die Golddeckung der Kredite senkt: Immer wird die Kreditexpansion irgendwann an eine Decke stoßen und Forderungen nach weiterer Senkung der Einlösereserven mit sich bringen. Dieser ständige Druck war ja gerade einer der Gründe, die zur Einführung der FED im Jahr 1913 geführt haben. Nach Erlaß des *Federal Reserve Act* hat die Kreditexpansion in den USA enorme Schübe verzeichnet. Die Reservevorschrift für die Mitgliedsbanken des Zentralbanksystems wurde von einer Bandbreite zwischen 15 und 25% (welche vorher für die Banken der Teilstaaten gegolten hatte) auf 12 bis 18% gesenkt; und 1917 wurde sie weiter reduziert auf eine Bandbreite zischen 7 und 13%.

Die Verteidiger des fractional reserve-Goldstandards sehen diese Schwäche des Systems jedoch als Stärke. Sie behaupten, für die Einführung und den Betrieb eines reinen 100%-Goldstandards sei einfach nicht genug Gold in der Welt; außerdem sei er viel zu rigide, während das fractional reserve-Goldsystem flexibel und elastisch sei. Unter einigen anderen Ökonomen hat dem am heftigsten *Henry Hazlitt* widersprochen und die Langfristtendenz des Bruchteilsreserven-Goldstandards zur Inflation aufgezeigt (s. Hazlitt 1979 / 1995). Nehmen wir an, so *Hazlitt*, Länder mit 100% Goldstandard würden zu einer 50%-Deckung übergehen. Die Kreditausleihungen der Banken könnten sich danach verdoppeln. Das neue Geld ließe (im Zuge der Banken-Konkurrenz) die Zinsen sinken. Bei niedrigeren Zinsen rechneten sich mehr Projekte als rentabel und die Unternehmen liehen sich mehr Geld aus. Es entstünde ein boom. Weil aber die Produktion keinesfalls so rasch steigen könnte wie die Kredite, wäre das Ergebnis der Kreditverdoppelung ein rasanter Anstieg vieler Preise. Das verdoppelte Geld macht nicht "den doppelten job", sondern vom doppelten Geld macht jede Geldeinheit nur noch "den halben job". Irgendwann werden auch die verdoppelten Kredite knapp und die Zinsen steigen. Viele Projekte müssen abgebrochen werden. Eine Rezession setzt ein, eventuell sogar eine Finanzpanik. Als Lösung des Problems wird natürlich sofort eine weitere Reduzierung der Golddeckung vorgeschlagen.

Hazlitt zeigt am Beispiel USA, daß in historischer Sicht genau das geschehen ist: Mit dem *Federal Reserve Act* von 1913 wurden 12 Federal Reserve-Banken errichtet und mit der Verwahrung der Barreserven der bestehenden (Teil-) Staatsbanken betraut. Das erste, was man tat, war die Reduzierung der Reserveanforderungen für die Geschäftsbanken. Zur Kreditpyramide der Federal Reserve Banken trat also die Kreditpyramide der Mitgliedsbanken des Systems hinzu. Letztlich reduzierte man den Goldreserve-Anteil an den Geschäftseinlagen auf 3,5%. Die Nettoeinlagen bei den Mitgliedsbanken stiegen in den Jahren 1914 bis 1931 von 7,5 Milliarden auf 32 Milliarden Dollar – also um mehr als 300% in weniger als zwei Jahrzehnten. Später wurden die Golddeckungsvorschriften ganz aufgehoben. Als die USA 1971 die Reste des Goldstandards (Goldeinlösepflicht des Dollars gegenüber ausländischen Zentralbanken) aufgaben, betrug die Geldmenge 454,5 Milliarden Dollar. Die US-Goldreserven wurden damals mit 10,2 Milliarden Dollar bewertet. Das bedeutet, daß der Geldbestand des Landes seit 1914 *mehr als versechzigfacht* worden war und daß die rechnerische Golddeckung nur noch bei 2,24% lag.

Hazlitt's Fazit lautet also: Ein fractional reserve-Goldstandard tendiert unausweichlich dazu, dünner und dünner zu werden und erlaubt somit mehr und mehr Inflation. Er wird (besonders wenn er mit der Institution einer Zentralbank verbunden und in einem politischen Klima des Strebens nach politikbetriebener Vollbeschäftigung angesiedelt ist) immer wieder Konjunkturzyklen erzeugen, periodische Überhitzungen und Krisen - und damit genau das, was die Sozialisten nicht dem falschen Geld- und Kreditsystem zuschreiben, sondern dem Kapitalismus. Es gibt beim fractional reserve-Goldstandard keinen Haltepunkt nach unten; er wird letztlich wieder in den reinen Papiergeldstandard münden.

Den Ausführungen *Hazlitts* wäre lediglich noch hinzuzufügen, daß auch ein 100%-Goldstandard dem Zugriff des Staates ausgesetzt wäre - und somit früher oder später wieder "gelockert" und verwässert oder gar ganz aufgegeben werden würde. Eine dauerhaft wirksame Therapie der am Falschgeld erkrankten Marktwirtschaft muß also lauten: *Privates* Goldgeld und strenger Eigentumsschutz. (Nur wenn das persönliche Eigentum der Menschen rechtlich stringent gesichert ist, erweist sich die Ausleihe nicht vorhandenen Geldes als das, was sie in Wahrheit ist: als Betrug - und nur dann erkennt man den staatlichen Zugriff auf das Geld als das, was er ist: als Raub.)

Studenten der Nationalökonomie, die sich für den Eigentumsaspekt der Geldsysteme interessieren, seien besonders dringlich auf den ›*tragedy of the commons*‹-Aspekt des fractional reserve banking-Systems hingewiesen, der vom spanischen Ökonomen *Jesús Huerta de Soto* herausgearbeitet worden ist. Es handelt sich dabei um die Tatsache, daß der ganze Bruchteilsreserve-Schwindel auf unklar definierte Eigentumsrechte zurückzuführen ist. *De Sotos* bedeutendes Werk ›*Dinero, Crédito Bancario y Ciclos*

Económicos‹ liegt inzwischen auch in Englisch vor (s. de Soto 1998/2003.) Das Werk ist wohl die bedeutendste geldtheoretische Publikation seit den einschlägigen *Mises*-Schriften.

Wie angekündigt, hier noch eine kurze Ausführung zur Frage der politischen "Machbarkeit" einer Privatgoldwährung - also zur Frage, wie realistisch oder wie illusorisch sich ein Übergang vom Papiergeldstandard zu einer Privaten Goldgeld-Ordnung darstellt: Meines Erachtens sollten die Befürworter gesunden und echten Geldes keine "Totaloperation" anstreben. Hierfür sind die Widerstände einfach zu groß und unüberwindlich. Statt dessen sollten sich alle Anstrengungen darauf richten, die rechtliche Verankerung der staatlichen Papiergeldes als einzig zulässiges ›gesetzliches Zahlungsmittel‹ aufzuweichen, sodaß Goldklauseln (zunächst) wenigstens in langfristigen Verträgen - wie privaten Lebensversicherungen und Erbbauvereinbarungen - erlaubt wären. Außerdem sollte sich der politische Druck darauf konzentrieren, daß es privaten Institutionen und Banken gestattet wird, Goldmünzen zu prägen und Goldzertifikate auszugeben, welche bei wechselseitigem Einverständnis der Tausch- oder Vertragspartner als Zahlungsmittel vereinbart werden können. Es könnte sich dann im Lauf der Zeit ein duales Geldsystem etablieren und den Weg für einen "sanften" Übergang zu einer privaten Goldgeldwährung ebnen.

Unermüdlich sollten die Vertreter eines gesunden, staatsfreien Geldes darauf hinweisen, daß die Alternative hierzu früher oder später der Zusammenbruch des Weltwährungssystems und kaskadenartige Staatsbankrotte sein werden. Das Aufgeben des staatlichen Papiergeldstandards ist keine Frage der persönlichen Vorlieben, sondern des Überlebens unserer (noch halbwegs) freiheitlichen Gesellschaftsordnung. Wenn der Zusammenbruch erfolgt und seine Ursachen falsch interpretiert – nämlich dem Kapitalismus zugeschrieben werden, steht den Bewohnern der westlichen Welt eine dunkle Zeit bevor. Heilsam kann eine Therapie nur sein, wenn sie sich gegen die tatsächliche Krankheit richtet – und nicht gegen eine eingebildete oder falsch diagnostizierte. Und, um es zu wiederholen: Die wahre Krankheit der westlichen Welt ist das *staatsmonopolistische fiat money* – und die wirksame Therapie dagegen ist eine Privatgoldwährung.

Konkurrenz

Wie sehr sich die Ökonomen mit dem Scheingeldsystem arrangiert haben – ob aus Resignation, Gleichgültigkeit oder Billigung sei dahingestellt -, geht aus einem Umstand hervor, der ans Wundersame grenzt. Dazu eine Vorbemerkung: Es gibt weltweit (und auch in Europa und in Deutschland) wohl keinen modernen Ökonomen, dem so viel Hochachtung entgegengebracht wird wie dem 1992 verstorbenen *Friedrich A. von Hayek*. Es ist keine Übertreibung, zu sagen, daß das polit-ökonomische Schicksal Großbritanniens im 20. Jahrhundert maßgeblich von *Hayek* beeinflußt worden ist. Mit seinem weltberühmten Bestseller ›*The Road to Serfdom*‹ (Der Weg zur Knechtschaft) von 1944 konnte *Hayek* auf das intellektuelle Klima im Nachkriegs-England so weit einwirken, daß dem Land zwar nicht der Wohlfahrts-Sozialismus erspart geblieben ist (die “englische Krankheit“, die zu einem 40-jährigen Niedergang des Landes führte), aber wenigstens der Marsch in die totale Planwirtschaft nach sowjetischem Muster, der sich unter der Labour-Regierung nach dem 2. Weltkrieg klar abgezeichnet hatte. (›*Der Weg zur Knechtschaft*‹ ist in alle wichtigen Sprachen der Erde übersetzt worden und erlebt bis heute immer wieder Neuauflagen. Das Buch wurde inzwischen millionenfach verkauft, ein Erfolg, der wohl keinem anderen wissenschaftlichen Sachbuch vor und nach ihm beschieden war. Nebenbei bemerkt, hat es auch *George Orwell* zu seinem Bestseller ›1984‹ angeregt.)

Auch die politische Figur *Margaret Thatcher* – und mit ihr das Ende der “englischen Krankheit“ – hätte es ohne *Hayek* mit großer Wahrscheinlichkeit nicht gegeben. Hierzu einen kleinen Exkurs: Zu Beginn der 1950er Jahre suchte ein Unternehmer namens *Anthony Fisher* den von ihm verehrten Autor des ›Wegs zur Knechtschaft‹ auf, um ihn um Rat zu fragen, was er (*Fisher*) unternehmen könne, um das bedrohliche Wuchern des Sozialismus in Großbritannien zu bekämpfen. *Hayek* riet dem jungen Mann von einer politischen Karriere ab (die *Fisher* als Kriegspiloten und erfolgreichem Unternehmer offen gestanden hätte) und erklärte ihm, daß er sein Ziel nur erreichen könne, wenn es ihm gelänge, Massenpropaganda zu betreiben und insbesondere die Intellektuellen von den marktwirtschaftlichen Prinzipien zu überzeugen. Hierzu sei die Gründung einschlägig ausgerichteter Institutionen erforderlich. *Fisher* machte sich ans Werk und gründete das Londoner *Institute of Economic Affairs*, das 1957 seine Arbeit aufnahm und zur erfolgreichsten marktwirtschaftlichen "Denkfabrik" Europas wurde. (Heute gibt es weltweit fast 50 Institute, die nach dem Vorbild der IEA aufgebaut sind.) Nur auf einem vom IEA mehr als 20 Jahre lang intensiv vorbereiteten Boden konnte die Frucht der *Thatcher'*schen Revolution der 80er Jahre gedeihen. *Maggie Thatcher* hat dies anläßlich der Feier zum 30-jährigen Gründungsjubiläum des Instituts ausdrücklich bestätigt.

Ähnliches gilt für die "Reagan-Revolution" in den USA, wo Dutzende von (nach IEA-Muster gegründeten) Denkfabriken dieselbe Aufgabe übernommen haben (s. dazu Radnitzky 1991). Der Trierer Wissenschaftstheoretiker und Sozialphilosoph, Professor *Gerard Radnitzky*, hat den Einfluß *Hayeks* auf die politischen und ökonomischen Geschicke der zweiten Hälfte des 20. Jahrhunderts am kürzesten zusammengefaßt mit den Sätzen: "Ohne Hayek kein IEA, ohne IEA keine Margaret Thatcher und keinen Ronald Reagan. Ohne Thatcher kein Ende der englischen Krankheit, und ohne Reagan kein Zusammenbruch des Sowjet-imperiums, jedenfalls noch nicht zum faktischen Zeitpunkt des Ereignisses."

Hayek war auch maßgeblicher Mitbegründer der *Mont Pèlerin Society* im Jahr 1947, einer Vereinigung, in welcher heute rund 500 der renommiertesten klassisch-liberalen Ökonomen der ganzen Welt zusammengeschlossen sind. *Hayek* ist nicht nur Nobelpreisträger (1974), sondern auch Träger der höchsten zivilen Auszeichnung der USA, der ›Presidential medal of freedom‹. In Deutschland widmen sich die *Friedrich August von Hayek-Gesellschaft* und die *Hayek-Stiftung* der Pflege und Verbreitung des gewaltigen wissenschaftlichen Erbes des großen Ökonomen und Sozialphilosophen.

(Für ein erstes Kennenlernen der Hayek'schen Gedankenwelt eignet sich besonders das von *Gerd Habermann* herausgegebene Brevier ›*Philosophie der Freiheit*‹ (s. Habermann 1999). Im selben Verlag ist auch ein *Mises-Brevier* erschienen (s. Baader 2000), sowie etliche weitere Breviere über große Freiheitsdenker.)

Diese kleine Hommage für *Hayek* war erforderlich, um deutlich machen zu können, was ich eingangs mit "wundersam" bezeichnet habe. Dabei handelt es sich um folgenden Tatbestand: Im Jahr 1976 legte *Friedrich A. von Hayek* der ökonomischen Fachwelt eine Schrift vor mit dem Titel ›*Denationalisation of Money*‹ (Entstaatlichung des Geldes) (s. Hayek 1976/1987). Gleich nach Erscheinen galt die Publikation bei der Ökonomen-Gilde der Welt als Sensation und als das große Altersvermächtnis des damals fast 80-jährigen Gelehrten. *Hayeks* eindringlicher Appell - auf eine Kurzformel gebracht - lautete: Wenn wir jemals wieder gesundes Geld haben wollen, wenn wir den wiederkehrenden Schüben von Inflation und Deflation, von Depression und Massenarbeitslosigkeit entkommen wollen, und wenn wir die ausufernden Budgetdefizite, die endlose Staatsverschuldung und den nationalistischen Staatsprotektionismus beenden wollen, dann müssen wir das Staatsmonopol über das Geld abschaffen, das Geld "entstaatlichen" und konkurrierendes Privatgeld einführen.

Unter letzterem stellte sich *Hayek* Papiergeld vor, das von mindestens zwei (besser mehreren) Konsortien (bestehend z.B. aus Banken und Versicherungsunternehmen) herausgegeben wird und alsdann in einen Stabilitätswettbewerb untereinander eintritt. Da die Geldemission für die herausgebenden Privatunternehmen Gewinn abwirft (und sie diese Chance nicht verspielen wollen), werden sie sich bemühen, die Ausgabemenge so knapp zu halten, daß kein Kaufkraftverlust der betreffenden Geldeinheiten eintritt - oder daß ihr Geld auf jeden Fall weniger an Wert verliert als das der Konkurrenten (also der anderen privaten Geldemittenten). Als Stabilitäts-Anker des Privatgeldes schlägt *Hayek* die Ausrichtung der emittierten Geldmenge an der Preisentwicklung eines bestimmten, vom Emittenten selbst zu wählenden Warenkorbs vor. Von der Geldmenge (die der Warenpreisveränderung nur *folgen* und ihr *nicht vorauseilen* würde) kann dann keine Wirkung auf die "Korbwaren"-Preise ausgehen. Die Preise - und somit die an ihnen orientierte Geldmenge - könnten nur noch von Veränderungen der Produktivität oder der Angebots- und Nachfragestruktur beeinflußt werden, und solche Einflüsse sind weder inflationären noch deflationären Charakters. Ein zweckdienlicher Warenkorb würde wahrscheinlich überwiegend Rohstoffe enthalten, voraussichtlich auch Gold, sodaß das gelbe Metall auf indirektem Weg wieder einen Beitrag zur Geldwertstabilisierung leisten könnte.

Solange das Geld vom Staat gehandhabt werde, so *Hayek*, sei ein Goldstandard das einzig tolerierbare System, aber weitaus besser sei es, das Geld vollständig der staatlichen Kontrolle zu entziehen und den privaten Marktkräften zu überlassen. Bei der Entstaatlichung des Geldes, betonte *Hayek* nachdrücklich, handele es sich um nichts Geringeres als um die Entscheidung über das Schicksal unserer freien Gesellschaftsordnung und unserer Zivilisation. Die Dringlichkeit der Reform erfordere es, daß sich eine breite Bewegung für freies Geld bilde, vergleichbar den Freihandels-Bewegungen des 19. Jahrhunderts.

Und nun zum "Wundersamen" um diesen Vorstoß: Während sich die Ökonomen und Gesellschaftsphilosophen in der Bewunderung des geistigen Werkes *Hayeks* einig sind, und während auch hierzulande kaum eine Rede über gesellschaftspolitische Belange gehalten wird, in der die *Hayek'*schen Topoi "spontane Ordnung", "komplexe Phänomene", "Anmaßung von Wissen", "Wettbewerb als Entdeckungsverfahren" etc. nicht fallen würden, trat nach der Publikation von ›*Denationalisation of Money*‹ nur ein kurzes Rauschen in der Fachwelt auf – und dann herrschte das große Schweigen im Walde. Zwar wurde das Thema im deutschsprachigen Raum noch von einigen (wenigen) unserer besten Ökonomen diskutiert, so bspw. von den Professoren *Roland Vaubel, Joachim Starbatty* und *Peter Bernholz*, aber in Relation zur Brisanz des Vorschlags und zur Hochkarätigkeit des Autors gesetzt, kann man das alsbald eingetretene Desinteresse nur als "wundersam" bezeichnen.

Ganz offensichtlich war und ist das Thema den meisten Ökonomen peinlich. Einige beeilten sich sogar, von "Utopie" und von "Wolkenkuckucksheim" zu sprechen. Dem haben *Joachim Starbatty* und *Rainer Gerding* allerdings trefflich entgegengehalten, daß man wohl eher denjenigen den Vorwurf des Utopismus machen könne, "die ihren Glauben an das Allheilmittel der Notenbankautonomie noch nicht verloren haben" (s. Gerding / Starbatty 1980, S.88). Zwar sei die Unabhängigkeit der Bundesbank dankenswert, aber eine hinreichende Sicherheit gegen Inflationierung und Gefälligkeitspolitik sei das eben nicht. "Wenn die ›Entnationalisierung des Geldes‹ eine Utopie ist", schreiben *Gerding / Starbatty*, "ist sie genau so eine Utopie, wie es die Abschaffung der Sklaverei im alten Rom, die Religionsfreiheit für die Menschen im Mittelalter, der Freihandel für Adam Smith und seine Zeitgenossen, und die Freigabe der Wechselkurse für zeitgenössische Politiker und Mitglieder des Zentralbankrates war... In diesem Sinne halten wir den v. Hayekschen Vorschlag für eine nützliche Utopie" (S.89).

Bravo! Es gibt sie also noch, sogar in Deutschland: eine Handvoll aufrechter Freiheitsdenker, die sich aus der Großgilde der gesellschaftswissenschaftlichen Leisetreter ausklinken. Doch wie klein ist ihre Zahl. Und wie viele von den fast 80 Millionen Bürgern unseres Landes haben schon einmal etwas von der Idee "konkurrierenden Privatgeldes" gehört? Kaum einer - obwohl seit dem *Hayek*schen Vorstoß nunmehr fast 30 Jahre ins Land gegangen sind. Es fällt einem zu diesem traurigen Zustand nur noch der Text einer alten deutschen Volksweise ein: "Still ruht der See, die Vögel schlafen; ein Flüstern nur, du hörst es kaum."

Hayeks Therapievorschlag gegen die schwere Erkrankung der modernen Volkswirtschaften ist zu gewichtig als daß wir es beim Hinweis auf das wundersam ausbleibende Echo belassen könnten. Wenigstens ein paar Streiflichter auf die *Hayek*sche Argumentation sollen deren Bedeutsamkeit unterstreichen:

Hayek grenzt seinen Vorschlag zunächst von früheren Vorstößen anderer Ökonomen zum Thema *Bankfreiheit* und *Freigeld* ab (z.B. von *Silvio Gesell*). Diesen Autoren ging es nicht um Restriktionen bei der Geldemission, sondern im Gegenteil um *mehr Geld* - also um weniger Restriktionen gegen Ausweitungen des Geldangebots. Sie hatten offensichtlich nicht erkannt, schreibt *Hayek*, daß uns die Regierungen im Übermaß mit jenem "Schwundgeld" versorgt haben, das *Silvio Gesell* empfohlen hat (s.S. Xf.).

"Wenn man die Geschicke des Geldes studiert", so Hayek, "kann man nicht umhin, sich darüber zu wundern, daß die Menschen den Regierungen so lange Zeit eine Macht anvertraut haben, die sie über 2000 Jahre hinweg in der Regel dazu gebrauchten, sie [die Untertanen] auszunützen und zu betrügen" (S.14). Sei der Betrug schon zu Metallgeldzeiten eine fortgesetzte Übung der Herrscher gewesen, so habe die Einführung des Papiergeldes die Obrigkeit "mit noch billigeren Methoden zum Betrug des Volkes ausgestattet" (S.15).

Als besonders wirksame Methode, das ausbeuterische und betrügerische Geschäft ungestört betreiben zu können, erweist sich die Deklarierung des staatlichen Monopolgeldes zum "gesetzlichen Zahlungsmittel", d.h. zum einzig zulässigen Mittel zur Begleichung von Schulden. Dazu bedarf es noch nicht einmal spezieller Gesetze. Es genügt, wenn Richter befugt sind, zu entscheiden, in welcher Geldart Schulden getilgt werden müssen; es wird sich dann von ganz allein herausbilden, daß man aus Gründen der Rechtssicherheit und der Verfahrensvereinfachung dasjenige Zahlungsmittel wählt, das als "staatlich anerkannt" gilt. "In Wahrheit", so *Hayek*, "ist das gesetzliche Zahlungsmittel einfach ein gesetzliches Mittel, um Menschen zu zwingen, etwas als Vertragserfüllung zu akzeptieren, was sie bei Vertragsabschluß niemals beabsichtigt haben" (S.22). Es kann niemals die Absicht eines Darlehensgebers sein, zum Zeitpunkt der Rückzahlung wertloseres Geld zu bekommen als er hergeliehen hat. Aber der trügerische Glaube, die Bezeichnung "gesetzliches Zahlungsmittel" sei geradezu eine Definition des Geldes, hat sich so verfestigt, daß man in Deutschland nach dem 1.Weltkrieg das Prinzip ›Mark gleich Mark‹ sogar dann noch durchgesetzt hat, als die Inflationsmark nur noch einen (kaum noch berechenbar winzigen) Bruchteil der Vorkriegsmark wert war.

Nicht weniger seltsam als die *legal tender*- Hörigkeit (legal tender = "gesetzliches Zahlungsmittel") bleibt die Tatsache, daß die Gefährlichkeit der Inflation - trotz übelster Erfahrungen - noch immer unterschätzt wird. Während es die Menschen, die eine Hyperinflation erlebt haben (oder gar mehrere, die Deutschen z.B. zwei innerhalb nur einer Generation), beim Wort *Inflation* noch schaudert, hat der Begriff bei den Jüngeren nach Jahrzehnten der "schleichenden Inflation" seinen Schrecken verloren, und das beschwört Gefahren geradezu herauf. "Jede Inflation", warnt *Hayek*, "ist so äußerst gefährlich, gerade weil viele Leute, eingeschlossen viele Ökonomen, eine schwache Inflation als harmlos oder sogar wohltätig betrachten... Offensichtlich und erstaunlicherweise ist der sich selbst beschleunigende Prozeß einer jeden, einmal in Gang gesetzten

Inflation noch nicht verstanden worden, nicht einmal von allen Ökonomen." (Mit welcher Blauäugigkeit derzeit falsche Inflationsziffern in Umlauf gesetzt werden, grenzt ans Phantastische. So pries bspw. *Alan Greenspan* zu Beginn des Jahres 2004 die "niedrige Inflation". Zugleich aber veröffentliche die Zeitschrift *Economist* ihren Warenpreis-Index für das abgelaufene Jahr 2003 mit einem Anstieg von 32,8%! Diese Durchschnittszahl setzte sich zusammen aus verschiedenen Preisindices, die von 27,3% bei Nahrungsmitteln bis zu 58,5% bei Metallen reichten (s. Daughty 2004a)).

Von den vielen gefährlichen Wirkungen der Inflation ist die schlimmste gerade die, welche den meisten Menschen völlig unbekannt ist und auch von kaum jemandem überhaupt wahrgenommen wird, nämlich die Verzerrung der Investitionssignale und generell der Verhaltensanreize in einer Volkswirtschaft. Und so wie die Inflation ihre Ursache im staatlichen Geldmanagement hat, so ist auch die Anfälligkeit der Marktwirtschaft für die wiederkehrenden Perioden von Depression und Arbeitslosigkeit eine Konsequenz des Regierungsmonopols bei der Geldemission. "Die angebliche Hauptschwäche des Marktsystems", schreibt *Hayek*, "die wiederkehrenden Perioden der Massenarbeitslosigkeit, wird von Sozialisten und anderen Kritikern als... untrennbar mit dem Kapitalismus verbundener Fehler hervorgehoben. Tatsächlich erweist sie sich voll und ganz als das Ergebnis einer Regierungspolitik, die die Privatwirtschaft daran gehindert hat, sich frei zu entwickeln und sich selbst mit einem Geld zu versorgen, das Stabilität sichern würde... *Die bisherige Instabilität der Marktwirtschaft ist eine Folge davon, daß der wichtigste Regulator des Marktmechanismus, das Geld, seinerseits von der Regulierung durch den Marktprozeß ausgenommen wurde*" (S.93f.).

Eine weitere üble Konsequenz des staatlichen Geldmonopols sieht *Hayek* im unkontrollierten Anwachsen der öffentlichen Aufgaben - und ganz allgemein im uferlosen Wuchern des Staatsapparates. "Es kann kaum bezweifelt werden", schreibt er, "daß die während der letzten dreißig Jahre erfolgte sensationelle Zunahme der Staatsausgaben... durch die staatliche Beherrschung der Geldemission ermöglicht wurde" (S.112). (Man bedenke, daß *Hayek* das im Jahr 1977 geschrieben hat, und daß die öffentliche Ausgabenwut inzwischen neue Rekorde aufgestellt hat. Allein die Staatsschuldenquote - die öffentliche Verschuldung in Prozent des Bruttoinlandsprodukts - hat sich in Deutschland seither von rund 26% auf ca. 64% weit mehr als verdoppelt.)

Das Staatsgeld bewirkt, daß der Prozeß zum "demokratischen Selbstläufer" wird, der auch von verantwortlich handelnden Politikern nicht mehr aufgehalten werden kann. *Hayek* konzediert: "Da die Leichtigkeit, mit der man einer Forderung nach der anderen nachgibt, immer neue Erwartungen auf weitere Freigebigkeit weckt, entsteht ein sich selbst beschleunigender Prozeß, der sich auch von Menschen, die ihn aufrichtig zu vermeiden suchen, unmöglich aufhalten läßt" (S.113). Und: "Seit allgemein anerkannt worden ist, daß diejenige Instanz, die das gesamte Geldangebot eines Landes beherrscht, die Macht besitzt, Arbeitslosigkeit nahezu umgehend zu verringern, wenn auch nur um den Preis einer später um so größeren Arbeitslosigkeit, mußte der politische Druck auf eine solche Instanz unwiderstehlich werden“ (S.89).

Alles das, so *Hayek*, ließe sich mit der Einführung privaten Geldes vermeiden. Wenn eine der privaten Emissionsbanken dem Druck nachgäbe und die Geldmenge übermäßig erhöhte, so würde sich ihr Geld entwerten und sie müßte ihr Emissionsgeschäft alsbald (unter dem Druck des Wettbewerbs mit disziplinierten Geldanbietern) aufgeben.

Mit dem Ende des monetären Staatsmonopols würden auch die Zentralbanken - und mit ihnen die Geldpolitik und die Zinspolitik verschwinden. Ein segensreicher Abgang, weil sie nur schweren Schaden anrichten. So könnte beispielsweise der Zins wieder ein Marktpreis werden, der sich wie jeder andere Preis nach den unzähligen Umständen bilden würde, welche das Kreditangebot und die Kreditnachfrage bestimmen und welche niemals irgendeiner Behörde bekannt sein können. “Die ganze Vorstellung“, schreibt *Hayek*, “daß der Zinssatz als ein Instrument der Politik zu gebrauchen sei, ist völlig verfehlt, da nur der Wettbewerb auf einem freien Markt all den Umständen Rechnung tragen kann, die bei der Bestimmung des Zinssatzes berücksichtigt werden sollten“ (S.98).

Bei Herrschaft guten und ehrlichen Geldes würde auch der Ausgabendruck auf die Regierung sehr bald nachlassen. Die politischen Entscheidungsträger müßten den Leuten bei jeder neu aufkommenden Begehrlichkeit entgegnen, daß eine Ausgabenerhöhung unverzüglich zu höheren Steuern führt und daß jeder staatlich aufgenommene Kredit ebenfalls nur aus zusätzlichen Steuern bedient werden kann. (Diese Zwangsläufigkeit liegt auch beim jetzigen staatsmonopolistischen Geld vor, aber sie kann verschleiert werden, heimlich ablaufen -z.B. durch Inflation und "kalte Progression" - und auf dem Verschuldungsweg hinausgeschoben werden, um eines Tages um so bitterer hervorzutreten, und sei es letztlich durch Staatsbankrott, das heißt vermittels der Vernichtung des gesamten Geldvermögens der Bürger. Auch ein Staatsbankrott ist ein Besteuerungsvorgang, aber eben Besteuerung *brutal und total*.)

Als "kalte Progression" bezeichnet man die Tatsache, daß die Einkommensbezieher durch inflationär aufgeblähte Nominaleinkommen in immer höhere Progressionsstufen rutschen - also auch dann immer mehr Steuern bezahlen müssen, wenn sie real (in echter Kaufkraft gemessen) nicht mehr einnehmen. So wurde beispielsweise im Jahr 1958 der Spitzensteuersatz in Deutschland bei einem jährlichen Einkommen von 100.000 DM erreicht. Das entsprach damals in etwa dem Zwanzigfachen des durchschnittlichen Jahreseinkommens eines Arbeitnehmers. Im Jahr 2000 wurde der Höchstsatz bereits beim Zweifachen dieses Jahreseinkommens gefordert. Die Inflation arbeitet also nicht nur bezüglich der Staatsschulden, sondern auch bei den Steuereinnahmen dem Finanzminister in die Tasche - und leert die Taschen der Bürger entsprechend.

Hayeks Therapievorschlag lautet also unmißverständlich: Beendigung der staatlichen Monopolmacht über das Geld und Übergang zu konkurrierendem Privatgeld. Alle anderen Gesundungsprozesse ergeben sich dann von selbst. "Die Abschaffung des Geldmonopols der Regierung sollte der Abfolge akuter Inflationen und Deflationen ein Ende machen, die während der vergangenen sechzig Jahre die Welt geplagt haben. Die Untersuchung zeigt [*Hayek* meint seine Publikation ›*Entnationalisierung des Geldes*‹, R.B.], daß sie [die Abschaffung] sich auch als ein unbedingt nötiges Heilmittel für eine tiefsitzende Krankheit erweist: die wiederkehrenden Wellen von Depression und Arbeitslosigkeit, die als inhärenter und tödlicher Fehler des Kapitalismus hingestellt wurden“ (S.126).

Hayek weist mehrfach auf die Dringlichkeit der Therapie hin und betont, daß es bei seinem Vorschlag keineswegs nur um eine geldpolitische Verbesserung geht, sondern daß schlicht unsere Freiheit und unsere materielle Existenz auf dem Spiel stehen: “Wenn wir eine funktionierende Marktwirtschaft (und mit ihr die Freiheit des Individuums) erhalten wollen, *kann nichts dringlicher sein, als daß wir die unheilige und lange heimliche Ehe von Geld- und Finanzpolitik auflösen*, die mit dem Siegeszug der ›Keynesianischen‹ Theorie ausdrücklich geheiligt wurde“ (S.110f. / Hervorhebung auch im Original).

Wenn *Hayek* an mehreren Textstellen erwähnt, daß auch “viele Ökonomen“ den geldtheoretischen und geldpolitischen Irrtümern anhängen, dann darf man bei diesem zurückhaltenden Wissenschaftler getrost unterstellen, daß er nicht nur “viele“, sondern “die meisten Ökonomen“ meint. Überhaupt muß man sehen, wie schwer dieser Vorwurf wiegt, wenn er aus der Feder eines so uneitlen Gelehrten kommt. Nicht ohne Grund lautet der Titel des letzten größeren Werkes *Hayek*s:

›*Die verhängnisvolle Anmaßung*‹ (Hayek 1988 / 1996). Vor diesem Hintergrund drücken die Seitenhiebe gegen seine Lehrstuhl-Kollegen im Klartext eine Bankrotterklärung für die ganze Zunft aus. Ich will es noch deutlicher sagen: Ökonomen, die nach dem *Hayek*'schen Geld-Fanal noch immer schweigen oder ihren karriereunschädlichen Irrtümern hinsichtlich des *fiat money* und des staatlichen Geldmonopols nachhängen, machen sich schuldig und tragen schwere Verantwortung für die Brandung aus Lügen und Verleumdungen, die alsbald (noch mehr als ohnehin üblich) über die Ordnung der Freiheit, die Marktwirtschaft, hereinbrechen und somit neuen (oder alten) Formen des Totalitarismus den Weg ebnen werden. Auch hier gilt: Nichts geschieht, ohne daß man zuläßt, daß es geschieht.

Was das Schweigen und die Gleichgültigkeit der Ökonomen hinsichtlich des staatlichen Geldmonopols – auch noch fast dreißig Jahre nach *Hayek*s Fanal – anbelangt, so kann nichts den damit angerichteten Schaden deutlicher machen als die letzten drei Sätze seiner Schrift ›*Entnationalisierung des Geldes*‹: "[Mein] Vorschlag deutet den einzigen Weg an, auf dem wir noch hoffen können, der anhaltenden Entwicklung aller Regierungen in Richtung auf den Totalitarismus Einhalt zu gebieten, der vielen scharfen Beobachtern als unvermeidlich erscheint. Ich wünschte, ich könnte den Rat geben, langsam vorzugehen. Aber die Zeit mag kurz sein" (S.131).

Freiheit

> "Papiergeld kehrt früher oder später zu seinem inneren Wert zurück – zu Null."
> (*Voltaire*)

Es folgt ein Therapievorschlag, der für "in der Wolle gefärbte" Freiheitsfreunde vielleicht den meisten Charme entwickelt: Der Ruf nach befreitem und freiem Geld, eindrucksvoll intoniert vom Altmeister des freimarkwirtschaftlichen Denkens, Professor *Hans F. Sennholz*. Der inzwischen 82-jährige "Weise von Grove City", gebürtiger Deutscher, aber seit den 1950er Jahren in den USA lebend und lehrend, hat zahllose Schriften zum Thema Geld, Gold und Währungssysteme verfaßt. Seine m.E. eindrucksvollste Arbeit – was unsere "Therapie-Erörterung" anbelangt - ist eine nur 90 Seiten umfassende Broschüre mit dem bescheiden klingenden Titel ›*Money and Freedom*‹ (Geld und Freiheit) aus dem Jahr 1985. Der Inhalt ist – in *Sennholz*scher Manier (und hierbei ganz seinem großen Vorbild *Mises* folgend) – für jedermann verständlich, und doch eine "Revolution im Kopf". Der Vorschlag hat viele Gemeinsamkeiten mit den *Hayek*-Ideen, ja baut auf diesen auf und ist mit ihnen hinsichtlich der Beweggründe und Absichten identisch; aber es sind die "kleinen Feinheiten" – manchmal nur andere Formulierungen, die es lohnenswert machen, den *Sennholz*-Vorschlag gleichwohl näher zu betrachten (s. Sennholz 1985).

Sennholz fordert weder die Abschaffung des *fiat money* noch der Zentralbanken, weder einen Goldstandard noch eine andere spezifische Währungsform, weder die Abschaffung des

Papiergeld-Dollars noch des Staates als Geldproduzenten. Seine Forderung lautet schlicht und einfach nur: *Freiheit*. Was bedeutet das konkret? Es besagt, daß niemand (niemand! - auch nicht der Staat) irgend jemandem eine bestimmte Geldart aufzwingen darf. Jeder Bürger (und auch der Staat in Form des Fiskus) kann zwar bei allen seinen Vertragsvereinbarungen darauf bestehen, nur in einer bestimmten Geldart bezahlt zu werden, aber niemals darf diese Entscheidung unter gesetzlichem Zwang stehen. Was also abgeschafft werden muß, sind alle gesetzlichen Verbote, die dieser Freiheit der Geldwahl entgegenstehen – und das sind vor allem die Gesetze und Verordnungen, die ein "gesetzliches Zahlungsmittel" vorschreiben, sowie diejenigen, welche die Bankenfreiheit beschränken – auch bei der Wahl der Kundeneinlagen (z.B. das Verbot, Konten in ausländischen Währungen oder in Gold- und Silber-Denominationen zu halten).

Es darf also, auf eine Kurzformel gebracht, weder ein Geldmonopol noch einen *legal tender*- Zwang geben (*legal tender* = gesetzliche Zahlungsmittel). "Der Mensch", so *Sennholz*, "hat vor der Entstehung eines jeden Staates das Recht besessen, für seinen eigenen Lebensunterhalt zu sorgen. Er hat ein unveräußerliches Recht auf sein Leben und auf dessen Unterhalt vermittels eigener Anstrengungen und Fähigkeiten. Jede Einschränkung dieses Rechts, ob durch Monarchen oder Volksvertretungen, ist eine Form der Tyrannei. Politisches, unter Zwang durchgesetztes Geld… ist eine schwere Verletzung der Menschenrechte. Währungen mit Strafgesetzen vor Konkurrenz zu schützen, ist eine politische Verirrung. Es verursacht Inflationen und Depressionen und gebiert gesellschaftlichen und politischen Streit. Geld ist das wichtigste wirtschaftliche Gut, das grundlegende Werkzeug für die menschliche Arbeitsteilung und den friedlichen Tausch. In den Händen von Politikern und mit monopolistischen Privilegien ausgestattet, wird Geld unehrlich und despotisch, verletzt Verträge, belohnt legalisierten Raub und enteignet Eigentum. Politisches Geld treibt Steuern ohne gesetzliche Grundlage ein" (S.77f.). (So ist bspw. Inflation eine Form der Besteuerung ohne gesetzliche Basis, R.B.)

Natürlich werden die politischen Eliten ihre Monopolmacht über das Geld niemals freiwillig aufgeben. Sogar nach Phasen der Hyperinflation, nach Währungszusammenbruch und Staatsbankrott, werden sie das Monopol mit Zähnen und Klauen verteidigen. Zwar wird dann eine neue Währung eingeführt, aber eben nur ein neues Staatsgeld, sodaß das makabre Spiel von vorn beginnen kann. *Sennholz* ruft zum friedlichen, aber massiven Widerstand gegen dieses Monopolspiel auf. Wir brauchen eine große Geldbefreiungs-Bewegung, so *Sennholz*; wir müssen aufklären, belehren und demonstrieren. Wir müssen die Journalisten in allen Medien dazu bringen, das Publikum über das überlebenswichtige Ziel freien Geldes aufzuklären; sie müssen den Leuten zeigen, wie das staatsmonopolistische Geld die Bürger verarmen läßt und die politische Kaste bereichert. Die *legal tender-* Vorschriften ermöglichen es den Schuldnern – allen voran dem größten Schuldner: dem Staat -, ihre Gläubiger mit immer wertloserem Geld zu bezahlen. Und sie ermöglichen den permanenten Betrug an den Sparern; wenn diese eines Tages ihre Ersparnisse benötigen, sind ihre mühsam angesammelten Rücklagen um vieles wertloser als das Geld, für das sie gearbeitet haben. Die Freigeld-Bewegung muß eine Allianz mit der Steuerwiderstands-Bewegung eingehen. Parole: ›Keine heimliche Besteuerung durch Inflation!‹. Gemeinsamer Slogan sollte sein: ›Die *legal tender*- Gesetze sind politische Aggression gegen Ehrlichkeit und gesellschaftlichen Frieden. Sie bedeuten monetäre Diktatur. Wer sich gegen sie auflehnt, verteidigt Ehrlichkeit, Anstand und Frieden‹.

Ohne die Zwangsinstitution *gesetzliches Zahlungsmittel* könnten die Produzenten des Monopolgeldes ihre Scheine nur mit einem Abschlag vom Nominalwert herausgeben – oder gar nicht mehr, wenn einmal das Vertrauen in das Zwangsgeld verschwunden wäre. In einer Geldordnung ohne monetäres Monopol und ohne die Zwangseinrichtung *gesetzliches Zahlungsmittel* könnte es keine Inflation geben. Die permanente Entwertung des staatlichen Papiergeldes würde sich in größer werdenden Abschlägen vom Nominal manifestieren – und nicht in höheren Güterpreisen. Inflation ist ein Symptom des Geldmonopols, und das Zeitalter der Inflation wird nicht enden, bevor nicht das Geldmonopol endet sowie der Verwendungszwang des Monopolgeldes durch seine befohlene Eigenschaft als *gesetzliches Zahlungsmittel*.

Der Weg zu ehrlichem Geld ist nach Professor *Sennholz* mit nur wenigen Leitpfosten gekennzeichnet. Der erste besagt: Jedermann hat das unumstößliche Recht, selbst seine eigene Geldart zu wählen. Wenn er sich seine Leistungen mit Kokosnüssen bezahlen lassen will, so möge er das unbehelligt tun.

Der zweite Pfosten besagt: Niemand hat das Recht, einem anderen eine bestimmte Geldart aufzuzwingen; jede Festlegung einer Geldart bedarf der freiwilligen Vereinbarung. Der dritte Pfosten besagt: Es darf keinen *legal tender* -Zwang geben (kein "gesetzliches Zahlungsmittel"), auch nicht für Gold oder Silber. Das wirtschaftliche Leben der Menschen beruht auf freiwilligen Vertragsschlüssen. Das gilt auch - und ganz besonders - für das Medium, das den meisten Verträgen zugrunde liegt: das Geld.

Diese Geldfreiheit - so wir sie eines Tages haben sollten - kann zwar die Schäden nicht wiedergutmachen und die Wunden nicht wieder heilen, die von fast 100 Jahren Monopolgeld verursacht worden sind; aber sie kann weitere Schädigungen verhindern.

Die *Sennholz*-Welt des Geldes ist also ganz einfach eine Welt ohne Monopolgewalt. Mögen die Zentralbanken ruhig weiterbestehen; mögen die Finanzämter die Steuerzahlungen auch weiterhin nur mit Zentralbankgeld zulassen; mögen alle auf Dollar oder Euro lautenden Verträge weiterhin ihre Gültigkeit bewahren; aber jeder Vertrag, der auf Gold oder Silber oder auf eine beliebige andere Geldart lautet, muß ebenfalls zulässig sein und erfüllt werden. Das Staatsgeld und das Vertragsgeld können nebeneinander bestehen; ihr Tauschverhältnis (Wechselkurs) würde sich täglich am Markt ergeben. Aber das Staatsgeld muß auch dann zum vollen Nominalwert zur Vertragserfüllung (von auf Staatsgeld lautenden Verträgen) akzeptiert werden, wenn es am Markt mit Abschlägen gegenüber den anderen Geldarten gehandelt wird. (Den Finanzämtern wären die Zahlungen in Staatsgeld bald verleidet, wenn die Steuerzahler es sich am Markt weit unter dem Nominalwert besorgen könnten und ihre Steuern zum vollen Nominal zahlen würden.)

Jeder möge vereinbaren, was er will. Auch die Banken müssen frei sein, Guthabenkonten in Gold, Silber, in ausländischen Devisen und neu eingeführtem Privatgeld zu halten – und auch Darlehen in solchen Geldarten zu gewähren. Es muß ihnen auch freigestellt bleiben, Goldmünzen oder Goldzertifikate auszugeben. Gold bedarf keines Zwangs zum "gesetzlichen Zahlungsmittel"; kein ehrliches Geld hat das nötig; es muß nur frei sein von staatlichen Regulierungen, Besteuerungen, Manipulationen, Interventionen und drohenden Konfiskationen. Ehrliches Geld ist heutzutage nicht deshalb inexistent, weil sein Umlauf nicht möglich wäre, sondern weil es verboten ist. In einer freien Gesellschaft muß es aber erlaubt sein, daß die Bürger Banken gründen, welche ihr eigenes Geld herausgeben und private Clearinginstitutionen errichten.

Freies Geld und freie Banken für freie Bürger: das ist die *Sennholz*-Therapie für unsere an staatlicher Gewalt und am staatlichen Scheingeld erkrankte Welt. Sie ist zwar mit dem *Hayek*-Vorschlag in vielem identisch, aber sie hat den Vorteil, leichter verständlich zu sein – und sie hat den Charme, dem Markt noch mehr Freiheit beim Herausfinden und Heranbilden ehrlicher Geldarten zu lassen (nicht nur von konkurrierendem Privatgeld, sondern auch von privatem Gold- und Silbergeld – oder was auch immer freie Menschen auf freien Märkten erfinden und vereinbaren mögen). Streiten wir für diese Therapie mit all unseren intellektuellen Kräften, bevor es – wieder einmal – zu spät ist und bevor wir angesichts zusammenbrechender Falschgeldsysteme mit noch größerer Zwangsgewalt überzogen werden. Streiten wir für die Geldfreiheit als dem Schlüsselelement unserer persönlichen Freiheit, bevor uns auch noch die letzten Reste unserer Freiheit genommen werden.

Präzision

> "Die Zeit ist reif für eine Wiederbelebung, eine Renaissance der *Mises'*schen Konjunkturtheorie. Das kann nicht schnell genug geschehen; und wenn es jemals geschehen sollte, dann würde die seltsame Idee von einem ›Rat der Ökonomie-Weisen‹ hinweggefegt werden und wir könnten einen massiven Rückzug des Staates aus der wirtschaftlichen Sphäre beobachten. Doch damit das geschehen kann, muß die Welt der Ökonomie – und das breite Publikum – darauf aufmerksam gemacht werden, daß es eine wissenschaftliche Erklärung für die Wirtschaftszyklen gibt, die viel zu lange tragische Jahre unbeachtet in den Bücherregalen geruht hat."
> (*Murray N. Rothbard* 1969 / 1983, S.34)

Der letzte hier vorgestellte Therapie-Vorschlag ist der beste, weil er die Vorteile aller anderen enthält, aber frei ist von zwei kleinen, aber entscheidenden Denkfehlern, von denen mindestens einer in den zuvor genannten Modellen steckt. Es sollte nicht verwundern, daß die Ausarbeitung vom (neben Mises) scharfsinnigsten aller Ökonomen stammt: von *Murray N. Rothbard* (s. Rothbard 1985/1997). Daß *Rothbard* als oberste Maxime selbstverständlich die vollständige Trennung des Geldes vom Staat benennt und daß er zu diesem Zweck fordert, daß die Zentralbanken und die *legal tender*-Gesetze abgeschafft werden müssen, haben wir bereits erörtert. Ebenso, daß er entschieden gegen das *fractional reserve banking* und für eine 100%-Deckung bei Kreditvergaben des für ihn einzig in Betracht kommenden Geldes, des privaten Goldgeldes eintritt. Was uns an dieser Stelle beschäftigen soll, sind zwei Details, welche die *Rothbard*-Therapie zur einzig richtigen und fehlerfreien machen – und welche die anderen Autoren (mal das eine, mal das andere) leider übersehen oder nicht ganz so glasklar herausgestellt haben. Die erste dieser unverzichtbaren Bedingung gesunden und ehrlichen Geldes sei an *Rothbards* Kritik am *Hayek*-Vorschlag vom *Konkurrierenden Privatgeld* demonstriert:

Hayeks Vorschlag, schreibt *Rothbard*, wäre beizupflichten, wenn Geld eine Ware wie alle anderen wäre. Aber es gibt da einen entscheidenden Unterschied: Alle anderen Güter werden um ihrer selbst willen nachgefragt, aus Gründen des Nutzens und Wertes, den sie den Konsumenten bieten. Geld hingegen wird nicht um seiner selbst willen nachgefragt, sondern weil es gegen alle anderen Güter eingetauscht werden kann. *Hayek* sei recht zu geben, daß in einer freien Wirtschafts- und Gesellschaftsordnung jedermann berechtigt sein müsse, dasjenige Geld zu emittieren und zu benutzen, das er wünscht. So müsse es auch den Banken frei stehen, das von *Hayek* vorgeschlagene Konkurrierende Privatgeld herauszugeben. Aber, warnt *Rothbard*, Herausgabe und Akzeptanz einer bestimmten Geldart seien zwei völlig verschiedene Dinge. Niemand würde das neue *Hayek*-Geld akzeptieren, weil es seine Eigenschaft als Geld noch nicht bewiesen habe, weil die Menschen es nicht in einem historischen Prozeß als Geld kennenlernen konnten.

Wir erkennen sofort, was *Rothbard* damit sagen will: daß nämlich der *Hayek*-Vorschlag das *Mises*'sche *Regressions-Theorem* vernachlässig, das wir im Kapitel ›Die Lösung des Geldrätsels‹ erörtert haben. Weil das *Hayek*-Geld keine vormonetäre Wareneigenschaft gehabt hat - und weil sein Wert (seine Kaufkraft) somit unbekannt bleibt, wird es nicht akzeptiert. Ein neues Geld mit neuem Namen wird den Konkurrenzkampf mit dem bestehenden Staatsgeld, dessen Kaufkraft jedermann kennt, nicht bestehen können. Die eingeführten Währungen, ob Dollar, Pfund oder Mark usw., haben sehr wohl eine Regressions-Historie im *Mises*'schen Sinne, auch wenn sich ihre Kaufkraft inzwischen sehr weit von der ursprünglichen entfernt hat. (Sogar der Euro hat - über die fixen Umrechnungskurse zu den Vorgängerwährungen - diese Eigenschaft aufzuweisen.) Die *Hayek*'sche Idee, urteilt *Rothbard*, ist trotz ihrer Radikalität nicht radikal genug, weil die mangelnde Akzeptanz des warenkorbgebundenen Geldes dazu führen würde, daß das inflationäre Staatsgeldsystem bestehen bliebe.

Das zweite Detail: *Rothbard* erteilt auch den Ideen zur Einführung eines Goldgeldes mit Gewichts-Denominationen eine Absage, jenen Vorschlägen für Goldmünzen also, deren Nominalwert auf Unzen oder Bruchteile von Unzen – oder generell auf Goldgewichte lauten soll. Diese Vorschläge, so *Rothbard*, werden regelmäßig begleitet von Forderungen, daß der Goldpreis im freien Spiel von Angebot und Nachfrage schwanken können müsse. Da man aber Gold (Goldgewichte) nicht in Goldgeld bezahlen kann, das ebenfalls auf Goldgewichte lautet (das wäre einfach so unsinnig wie Dollar gegen Dollar zu tauschen), impliziert ein frei schwankender Goldpreis zugleich das Fortbestehen von Nichtgold-Geld, also von staatlichem *fiat money*. Es gibt für *Rothbard* nur eine einzige sinnvolle Lösung zur Privatisierung des Geldes: Der Staat muß – demonstriert am Beispiel USA – beides zugleich aufgeben: sein Monopol auf den Dollar und seinen (den Bürgern widerrechtlich gestohlenen) Goldschatz. Der Name *Dollar* muß bestehen bleiben, weil sich die Leute mehr als 200 Jahre lang an den Namen gewöhnt haben; und das privatisierte Dollargeld muß an ein festes, ein für alle Mal fixiertes und unveränderliches Goldgewicht gebunden werden. Der Dollar darf nichts mehr anderes sein als ein Zertifikat für eine bestimmte, jederzeit gegen die Papierscheine eintauschbare Gewichtsmenge Goldes, und jede Veränderung dieser Relation muß ausgeschlossen sein.

Den Kritikern, die fragen, wieso denn in einer freien Marktwirtschaft mit freiem, privatem Goldgeld nicht auch der Preis des Goldes sich frei am Markt bilden dürfe, hält *Rothbard* entgegen, daß sie offenbar das Wesen des Geldes nicht verstanden haben. Geld muß zwar seinen Ursprung in einer Ware haben, deren Preis am Markt frei schwanken konnte, aber sobald diese Ware zu Geld geworden ist, darf ihr eigener Preis kein Eigenleben mehr führen, sondern darf nur noch als feste Maßeinheit dienen.

Rothbard erklärt das genauer: Ein "Preis" ist im Kern diejenige Menge eines Gutes, die auf dem Markt gegen eine bestimmte Menge eines anderen Gutes getauscht wird. Wenn beispielsweise auf einem Realtauschmarkt eine Packung mit 6 Glühbirnen gegen ein Pfund Butter getauscht wird, dann beträgt der Preis einer Glühbirne ein Sechstel Pfund Butter. Bei Verwendung von Goldgeld wäre der Preis einer Glühbirne eine bestimmte Gewichtsmenge an Gold. Ein Preis drückt das Austauschverhältnis zweier Waren aus. Sobald Gold zu Geld – im Beispiel zu Golddollars – geworden ist, handelt es sich nicht mehr um zwei Waren (hier Geld, dort Dollar), die gegeneinander getauscht werden können, sondern nur noch um *eine* Ware, und das eine (das Gold) ist nur noch die Gewichtseinheit für die andere (den Dollar). Nach einem freien Markt für den Goldpreis zu rufen, wäre dann genau so sinnlos wie einen freien Markt für die Relation von Meter zu Zentimeter oder von Kilogramm zu Gramm zu fordern.

Bei einer Goldwährung muß deren Nominal und die dem Nominal zugrundeliegende Gewichtseinheit genau so fest und unveränderlich miteinander verbunden sein wie ein Meter mit 10 Dezimetern oder 100 Zentimetern verbunden ist. So wie 100 Cents unveränderlich ein Dollar sind, so muß auch ein bestimmtes fixiertes Goldgewicht unveränderlich ein Dollar sein. Ist diese Relation einmal festgelegt, so kann sich der Goldpreis sehr wohl völlig frei am Markt bewegen - aber dann eben nicht mehr in Dollar ausgedrückt, sondern in seiner Relation zu den Mengen und Gewichten aller anderen Waren und Dienste. Wenn man beispielsweise morgen für einen Golddollar mehr kaufen kann als heute, dann ist der Preis des Goldes eben gestiegen - und der entsprechende Warenpreis ist gesunken. Um Goldgeld im Gegenwert von einer Unze Gold zu bekommen, muß ein Händler dann mehr Tomaten liefern. Tomaten sind dann, ausgedrückt in Gold, billiger - und Gold ist, ausgedrückt in Tomaten, teurer. In diesem Sinne kann Gold dann wieder ein Bestandteil der freien Marktkräfte und der freien Preisbildung sein, aber eben nicht mehr in seiner Relation zur Maßeinheit namens Dollar, denn beide wären im Fall eines privaten Golddollars identisch; es würde gelten: Gold *ist* Dollar, und Dollar *ist* Gold.

Leider muß bei dieser *Rothbard'*schen Therapie der Staat mitspielen. Aber nur einmal - am Anfang, bei Freigabe der Währung und des Goldschatzes, und dann nie wieder. Das macht die Aussichten für die beste und wirksamste Therapie zur Gesundung des kranken Geldes nicht besser, sondern eher schlechter. Aber das ändert nichts an der Tatsache, daß die logische Brillanz des *Rothbard*-Vorschlags alle anderen Ideen aussticht.

Meine Position: Die *Rothbard*-Therapie wäre die beste, heilsamste und konsequenteste. Aber wenn sich für sie keine Durchsetzungschance abzeichnet, sollten die Freunde der Freiheit sich nicht auf ein “so oder gar nicht“ versteifen, sondern (ohne ihre feste Prinzipienhaltung aufzugeben) jeden Zipfel einer Chance in Richtung Privates Goldgeld ergreifen, der sich in der politischen Praxis bieten könnte, auch wenn es sich dabei nur um ein “second best“ oder um einen schwachen Anfangsversuch handelt. Von entscheidender Bedeutung scheint mir zu sein, daß ein erster Stein aus der Mauer des staatlichen Geldmonopols herausgebrochen wird, daß der intellektuelle Angriff auf das zerstörerische *fiat money* und seine staatsmonopolistische Festung irgendwo beginnt.

Allen Schreibenden, Redenden und Lehrenden, welche die Möglichkeit haben, Leser, Hörer, Gesprächspartner und Zuschauer aufzuklären und zu beeinflussen, rufe ich zu: Vergeßt das armselige und nutzlose Reformgeschwätz der politischen Schauspieler, bei dem es nur um Blendwerk, Machtkalkül und Eitelkeiten geht. Statt im großen Lug- und Trugspiel den einen oder anderen Spielstein um ein paar Millimeter verrücken zu wollen, müssen wir das ganze Spiel aushebeln und zeigen, daß es mit gezinkten Karten veranstaltet wird und im Bankrott endet. Es ist zwar zu spät, das vor uns liegende Finanzdesaster abwenden zu können, aber wir müssen wenigstens verhindern, daß der Weg in den finanziellen Ruin zugleich auch ein Weg in die Knechtschaft wird. Reden wir uns den Mund fusselig und schreiben wir uns die Finger wund, machen wir uns notfalls zu Außenseitern und belächelten Figuren, aber kämpfen wir darum, daß den Menschen nicht die Grundlage ihrer Freiheit, die Marktwirtschaft, als angeblich Schuldige vorgeführt und von den Schergen der Macht unter dem falschen

Vorwand exekutiert wird. Es sind sonst wir selbst, unser Glück, unser Wohlstand und unsere Freiheit, die mit dem Markt sterben. Befreien wir uns vom wahren Übel, vom Treibstoff der anmaßenden Herrschaft und der zerstörerischen Lüge: vom staatlichen Falschgeld.

Die Menschheit hat mehr als tausend Jahre gebraucht, um festzustellen, daß sie keine Kaiser, Könige und Fürsten benötigt, die ihr vorschreiben, was zu tun und was zu lassen ist. Hoffentlich dauert es keine weiteren tausend Jahre, bis wir begreifen, daß wir dafür auch keine selbstherrlichen Regierungen, keine Parteipolitiker und keine Funktionäre brauchen.

VII. Die GOTTSPIELER und ihre Gläubigen

> "Die eigentümliche Aufgabe der Ökonomie besteht darin, dem Menschen vor Augen zu führen, wie wenig er wirklich über das weiß, was er planen zu können glaubt."
> (*Friedrich A. von Hayek* 1996, S.81)

Macht oder ökonomisches Gesetz

Es ist ein Gemeinplatz, daß in der Menschheitsgeschichte viele Herrscher den Anspruch der Gottgleichheit für sich in Anspruch genommen haben oder sich wie Götter verehren ließen. Von den ägyptischen Pharaonen über einige der römischen Kaiser bis zu Figuren wie *Stalin, Hitler* und *Mao* und zu den "gottgleichen" Schreckensherrschern unserer Zeit vom Schlage eines *Kim Il Sung* und *Kim Jong Il* in Nordkorea, zieht sich ein durchgehendes – wenngleich in vielen Farben schillerndes – Band menschlichen Größenwahns.

Dieses Phänomen besonders krasser Überheblichkeit ist jedoch nicht gemeint (oder nicht allein gemeint), wenn der liberale Ökonom von "Gott spielen" im Sinne des Eingangsmottos zum vorliegenden Buch spricht. Dabei geht es vielmehr um fast alltägliche Erscheinungen menschlichen Verhaltens – und hierbei vorrangig um die Einstellung politischer Führungseliten, die eher im Zusammenhang mit dem steht, was *Hayek* als *Konstruktivistischen Rationalismus* bezeichnet hat – oder was den Inhalt des berühmten Aufsatzes von *Böhm-Bawerk* ›*Macht oder ökonomisches Gesetz*‹ betrifft. Auf Kurzformeln komprimiert, ist mit dem *Konstruktivistischen Rationalismus* die unter Intellektuellen weitverbreitete Überschätzung der menschlichen Vernunft gemeint, die Tatsache nämlich, daß die meisten Vertreter der "denkenden Zunft" kulturell-gesellschaftliche Institutionen (wie z.B. Ehe, Familie, Eigentum) und Regeln (Verhaltensnormen, Tabus, geltende Werte) für Einrichtungen halten, die von Menschen bewußt und absichtlich erdacht und eingeführt worden seien (und die man deshalb auch nach Maßgabe rationaler Überlegungen wieder ändern könne). Es handelt sich beim *Konstruktivistischen Rationalismus* also um die Unkenntnis (oder um die Erkenntnisverweigerung) der Tatsache, daß viele – und gerade die für das gesellschaftliche Leben bedeutsamsten – dieser Institutionen, Regeln und Werte "zwar das Ergebnis menschlichen Handelns, aber nicht das Ergebnis menschlichen Entwurfs sind" (*Hayek*). Nicht nur ein Gutteil dessen, was Gesellschafts- und Staatsphilosophen von sich gegeben haben, sondern auch ein *Großteil* dessen, was Macht- und Medien-Eliten unter *Politik* verstehen, beruht auf diesem Aberglauben, gesellschaftliche Verhältnisse und Verhaltensmuster seien rational konstruierbar und planerisch zu verändern (zu "verbessern").

Da ich diese Thematik in vorangegangenen Publikationen ausführlich behandelt habe und das Wiederkäuen von bereits Geschriebenem vermeiden möchte, soll es hier beim "dürren" Hinweis bleiben. Zum *Konstruktivistischen Rationalismus* ist außerdem die Hayek'sche Original-Lektüre zu empfehlen, besonders (Hayek 1959 und Hayek 1996).

Auf andere Weise hat sich (zeitlich vor *Hayek*) der Ökonom *Eugen von Böhm-Bawerk*, herausragender Vertreter der *ersten Generation* der *Österreichischen Schule der Nationalökonomie*, mit der Frage der Sinnhaftigkeit und Möglichkeit politischen Gestaltungswillens in Bezug auf Wirtschaft und Gesellschaft auseinandergesetzt. In seinem Aufsatz *Macht oder ökonomisches Gesetz* weist er nach, daß durch politische Machtmittel zwar tiefgreifende Einwirkungen auf die Gestaltung der Produktionsverhältnisse und auf die Verteilung des Produktionsertrages erzielt werden können, aber eben nur vorübergehend. Auf Dauer kann dem politischen Interventionismus gegen die unablässig wirkenden und weitgehend unveränderlichen Gesetze der Ökonomie kein Erfolg beschieden sein. Politisches Wollen und Machen, das gegen die ökonomischen Gesetzmäßigkeiten gerichtet ist – und das ist Wirtschafts- und Gesellschaftspolitik fast immer – kann in aller Regel nur effizienzmindernd und zerstörerisch sein.

Daß der politische Gestaltungswille dennoch die Weltgeschichte prägt und auch in den modernen, freiheitlich ausgerichteten Gesellschaften eine unerschütterliche – und im Zeitablauf immer mehr anschwellende – Vehemenz entfaltet, ist vorwiegend mit den "Naturgesetzen" der Macht zu erklären, ganz einfach, weil sich Macht und Herrschaft ohne Handeln nicht entfalten können. *Macht* und *machen* sind immer siamesische Zwillinge, und Herrschaft ohne Aktion ist schlicht undenkbar. Würden sich die politischen Eliten mit der weitgehenden Unveränderlichkeit der menschlichen Natur und der (daraus folgenden) ebenso weitgehenden Unveränderlichkeit der ökonomischen Gesetze abfinden, wie das den Regeln der

Vernunft entspräche, dann könnte es für die Herrschaftskaste nur eine einzige sinnvolle Karriereentscheidung geben, nämlich die der Pensionierung vom ersten Amtstag an.

Freilich hat Politik und ihr Gestaltungswille noch andere, mehr metaphysische oder in den Tiefen der menschlichen Psyche angesiedelte Wurzeln, die im trefflichen Ausdruck von den *Politischen Religionen* anklingen und die in den Schriften vieler Gesellschaftsphilosophen zu den abstrusesten Theorieentwürfen geführt haben. Die Unterstellung einer mehr oder weniger vollständigen Kongruenz von *Gott* und *Staat* spielt nicht nur in den islamischen Gesellschaften eine große Rolle, sondern durchzieht auch die abendländische Geistesgeschichte. *Hegels* Satz "Der Staat ist die göttliche Idee, wie sie auf Erden vorhanden ist" (*Vorlesungen über die Philosophie der Geschichte*) oder *Ferdinand Lasalle*s Parole "Der Staat ist Gott" mögen dafür als Beispiele stehen. Auch der welthistorisch einzigartige Erfolg der Ideen von *Karl Marx* findet hier seine subtile Erklärung. Zwar wollte er den *Hegel'*schen Unsinn "vom Kopf auf die Füße stellen", doch hat er damit nur die Perspektive gewechselt und dem Unsinn die Möglichkeit verschafft, das Laufen zu lernen. Bei *Marx* wird *Hegel*s "göttliche Idee" (der Staat) zwar "absterben", aber dafür wird das unausweichliche Zusammenspiel von historisch-materialistischer Dialektik und Klasse (Proletariat) zum teleologischen Heilsprozeß.

Die verborgene Motivation für den *Marx'*schen Eifer hat der Ideologie-Kritiker *Ernst Topitsch* eindrucksvoll freigelegt. "Der aktivistische Marx", schreibt *Topitsch*, "[war] in seinem Selbstverständnis der menschheitsgeschichtlich zentrale Heilsbringer, der nicht nur als genialer Theoretiker den Bann der ideologischen Verblendung gebrochen, das Geheimnis der Geschichte entschleiert und so das Erlösungswerk eingeleitet hat. Vielmehr wollte er als siegreicher Führer der proletarischen Revolution dieses Werk auch vollenden – durch Verwirklichung der klassenlosen Gesellschaft des ›himmlischen Jerusalem auf Erden‹. Und *Topitsch* benennt auch zugleich die tiefste Quelle des *Marx'*schen Erlösungswahns: "Hinter alledem steht.. die uralte Ratlosigkeit des Menschen angesichts des Wissens um die Unentrinnbarkeit des Todesschicksals und der begreifliche Wunsch, seinem kleinen, lebenden Selbst eine über seine kurze Lebensspanne hinausreichende, vielleicht sogar menschheitsgeschichtliche oder kosmische Bedeutung zu verleihen. Dieser Wunsch, der noch durch demütigende Erlebnisse oder psychische Defekte verstärkt werden kann, verdient vielleicht eher unser Mitleid als unseren Spott, aber er kann unter Umständen zu bedenklichen, ja zu furchtbaren Folgen führen" (Topitsch 2003, S.18). Was die Tiefendimension des Zusammenhangs zwischen Religion und Politik anbelangt, schneidet wohl das analytische Skalpell des großen kolumbianischen Denkers *Nicolás Gómez Dávila* am schärfsten, wenn er sagt, daß alle politischen Irrtümer der Menschheit von theologischen Irrtümern herrühren.

Dieser "große" ideengeschichtliche Hintergrund des Phänomens *Politik* soll hier weitgehend ausgeblendet bleiben. Es sollen statt dessen die eher alltäglichen, "kleinkarierten" Formen des "Gottspielens" der politischen (und auch vieler akademischen)

Akteure in den Focus der Betrachtung gerückt werden. Wer sich mit dem Ausdruck *Gott spielen* schwer tut, kann ihn einfach durch den Begriff *Etatismus* ersetzen, der für Staatsgläubigkeit und übersteigerte Staatsverehrung (und staatliche Anmaßung als Kehrseite der Medaille) steht. *Ludwig von Mises* hat in seiner *Theorie des Geldes und der Umlaufsmittel* (Mises 1912/1924) am besten beschrieben, was damit gemeint ist: "Der Etatismus ist als Theorie die Lehre von der Allmacht des Staates und als Praxis die Politik, die alle irdischen Dinge durch Gebote und Verbote zu ordnen bestrebt ist... Daß das gesellschaftliche Leben der Menschen sich unter bestimmten Bedingungen abspielt, daß in ihm eine Gesetzmäßigkeit waltet, die der der Natur vergleichbar ist, das sind Vorstellungen, die der Etatist nicht kennt. Ihm ist alles Machtfrage; und seine Vorstellung von Macht ist grob materialistisch." (S.226f.)

Als eine Art Einführung in das, was mit den profaneren Versionen des Gottspielens gemeint ist, eignet sich am besten die Liste der *Zehn Gebote*, die das *Mises Institute* (USA) für den Wohlfahrts- (und Aggressions-) Staat aufgestellt hat. Sie ist zwar auf amerikanische Verhältnisse zugeschnitten, aber der "Geist" (besser: der Ungeist), der in dieser Liste sarkastisch verspottet wird, prägt auch die Politik und den allgemeinen Zeitgeist in den übrigen Wohlfahrtsstaaten der westlichen Welt:

1) Ich bin der Herr, dein Gott. Du sollst keinen anderen Gott neben mir haben, solange die Regierung dir keinen anderen vorschreibt. Wenn du in Konflikt gerätst zwischen dem, was dir dein gottgegebenes Gewissen rät –

und dem, was dir eine Bande von Politikern am Regierungssitz empfiehlt, so gebe stets Letzterem den Vorzug.

2) Du sollst den Namen deines Gottes nicht mißbrauchen, wenn Du dazu keine FCC-Lizenz hast.
   [FCC = Federal Communications Commission = Die nationale Regulierungsbehörde für den Telekommunikations- und Fernsehmarkt in den USA.]
   Im Fall einer schweren Gebotsübertretung können Beiträge zur nächsten Wahlkampagne als Buße dienen.
3) Du sollst den Sabbat heiligen. Heiliger als der Sabbat sind: der Martin Luther King-Tag, der Präsidenten-Tag, der Memorial Day, der Tag der Arbeit, der Veteranen-Tag, der Internationale Frauen-Tag und der Tag der wichtigsten Baseball-Meisterschaft.
4) Du sollst Vater und Mutter ehren, sofern du beide unter demselben Dach finden kannst. (Die Chance ist gering, wenn du nach Beginn des *Krieges gegen die Armut* geboren wurdest.)
5) Du sollst nicht töten, solange die Regierung dich nicht in eine von ihr bestimmte Konfliktgegend der Welt schickt.
6) Du sollst nicht ehebrechen. Wenn du es doch tust, blicke ernsthaft in eine Fernsehkamera, kreuze zwei Finger und gebe folgendes Dementi ab: “Ich habe mit dieser Frau (diesem Mann, diesem Cockerspaniel, diesem Fräulein Lewinsky usw. …) keinen Sex gehabt.
7) Du sollst nicht stehlen, ohne die Regierung (den Staat) zu deinem Mittelsmann zu machen, weil es sich nur dann nicht um Diebstahl handelt, sondern um soziale Gerechtigkeit.

8) Du sollst kein falsches Zeugnis geben, es sei denn, du bewirbst dich um ein öffentliches Amt oder arbeitest als Pressesprecher für die Regierung.
9) Du sollst nicht begehren deines Nächsten Frau, es sei denn, du spielst in einer Seifenoper mit, lebst in der Vorstadt, treibst es in der Stadt oder bist deiner Ehefrau überdrüssig.
10) Du sollst nicht begehren deines Nächsten Hab und Gut, aber du darfst deine Wählerstimme Politikern geben, die versprechen, deinen Nachbarn auszuplündern und dir die Beute zu übergeben.

Für unsere spezifischen, die Geld- und Fiskalpolitik betreffenden Belange fehlen in diesem Spott-Katalog natürlich noch eine ganze Reihe von Gebots-Ausnahmen; so beispielsweise beim 8. Gebot (Du sollst nicht lügen / kein falsches Zeugnis geben) die befreiende Erlaubnis: "es sei denn, du bist Funktionär und willst deinem Gefolge weismachen, du könntest die Gesetze der Ökonomie aushebeln." Aber wir wollen diesen von bitterem Humor geprägten Dekalog so stehen lassen wie er ist und ihn nicht überladen.

Wilsonianisches Zeitalter

"Der Staat / die Regierung hat weder ein effektives noch ein moralisches Mittel, um irgendwelche menschlichen Probleme zu lösen."

(*Llewellyn H. Rockwell*, Jr.) (Rockwell 2003a)

Einer der ersten großen "Gottspieler" in unserem Sinne - also einer aus jener Politikergilde, die ihrer Nation und der ganzen Menschheit vorgespiegelt haben, es gäbe eine moralische und "höheren Zwecken" dienende Legitimation für schulden- und fiat money-finanzierte Machtpolitik und Sozialpolitik, war *Woodrow Wilson* (1856-1924), Präsident der USA (in zwei aufeinanderfolgenden Amtsperioden) von 1913 bis 1921. Er war es, der die USA in den großen europäischen Krieg hineingezogen und ihn damit zum Weltkrieg gemacht hat. Er war es auch, der den Staatsapparat weit ausgedehnt und den Niedergang des Dollars eingeleitet hat. Mit einer gewissen Berechtigung kann man deshalb vom "wilsonianischen Charakter" der Politik des 20. Jahrhunderts (bis heute) reden oder gar - wie der amerikanische Jurist *Byron King* - sagen: "Wir leben in einer Wilsonianischen Welt" (King 2004).

Seine Zugehörigkeit zur Gilde der Gottspieler hat *Wilson* unmittelbar nach seinem Wahlsieg bekundet. Einem seiner Sponsoren, der ihm dankheischend gratulierte, schleuderte er entgegen: "Bedenke, daß Gott verfügt hat, daß ich der nächste Präsident der Vereinigten Staaten werde. Weder du noch irgendein anderer Sterblicher hätte das verhindern können."

Wilson war - wie alle modernen Gottspieler (es sei an den *Lasalle*-Satz "Der Staat ist Gott" erinnert) - ein glühender Staatsanhänger, wie man es vor seiner Zeit nur von europäischen Intellektuellen und Politikern gewohnt war. Es verwundert deshalb nicht, daß unter ihm die Politisierung, Zentralisierung und Bürokratisierung der amerikanischen Gesellschaft begonnen hat. Dabei kamen ihm zwei Verfassungs-Nachträge zugute, die kurz vor seinem Amtsantritt in Kraft getreten waren. Besonders der Nachtrag Nr.16 sollte sich als verhängnisvoll erweisen. Dieser verlieh dem Kongreß die Macht, Steuern auf Einkommen jedweder Herkunft zu erheben.

Das Verhältnis zwischen dem einzelnen Bürger und dem Staat wurde damit grundlegend verändert. *Wilson* erhob zwar zunächst nur eine Einkommensteuer "für Reiche", aber der Damm war gebrochen. Vor *Wilson* hatten die Regierungsausgaben in Friedenszeiten nie die Grenze von 3% des Sozialprodukts (Bruttoinlandsprodukts, BIP) überschritten (Ausnahmen: Bürgerkriegszeit 1861-1865 und Jahr des amerikanisch-spanischen Kriegs 1898), aber während der Präsidentschaft *Wilsons* stiegen die Ausgaben der Bundesregierung auf über 20% des BIP.

Wilsons nächste *Großtat* war sein Beistand bei der Gründung des *Federal Reserve Systems* (Fed) im Dezember 1913. Vom ersten Jahr seiner Amtszeit an konnte er sodann mit Hilfe der Fed ein kreditinduziertes *fiat money* erzeugen, das in Konkurrenz zum traditionellen Gold-Geld trat. Daneben weitete er den Staatseinfluß auf die Wirtschaft unablässig aus. Mit Gesetzen wie dem zur Gründung der *Federal Trade Commission* (1914) und dem *Federal Farm Loan Act* (1916) überzog er das Alltagsleben der Amerikaner mit einem Staatseinfluß wie das für die Gründerväter noch undenkbar gewesen wäre.

Als in Europa 1914 der Krieg ausbrach, ließ *Wilson* zwar das Auflegen von Dollaranleihen durch die Kriegsparteien verbieten, erlaubte aber den amerikanischen Banken, Frankreich und Großbritannien massiv Kredite zu gewähren. Ohne diese Kredite zur Finanzierung der umfangreichen Kriegsmaterialkäufe – und ohne das "elastische Geld" der Fed, das solche Großkredite erst möglich machte, wäre Frankreich und England schon nach wenigen Kriegsmonaten das Geld ausgegangen; das heißt, sie hätten sich um ein Friedensabkommen mit Deutschland bemühen müssen. *Wilsons* Wirtschafts- und Handelspolitik, kräftig unterstützt von der Fed, hat nicht nur den europäischen Krieg wesentlich verlängert, sondern war indirekt auch die Ursache dafür, daß er sich zum Weltkrieg ausgeweitet hat. Wegen der umfangreichen Lieferungen von Kriegsmaterial der USA an Frankreich und England, hatte Deutschland gar keine andere Wahl als zu versuchen, die Transportschiffe mit Hilfe von U-Booten zu versenken. In den USA wiederum führten die Materialkäufe zu einem inflationären Boom.

Die große Mehrheit der amerikanischen Bevölkerung war gegen eine Beteiligung der USA am Krieg. Wohl deshalb gewann *Wilson* seine zweite Wahl mit dem (scheinheiligen) Slogan "Er hat uns aus dem Krieg herausgehalten". Aber weniger als 90 Tage nach seiner Wiederwahl forderte *Wilson* vom Kongreß, Deutschland wegen der U-Boot-Angriffe den Krieg zu erklären. Und mit dem Schlachtruf "Wir müssen die Welt sicher für die Demokratie machen" schaffte er sein Vorhaben. Um die Finanzierung des Abenteuers brauchte er sich nicht zu sorgen, denn es standen ihm ja die Fed und ihr "elastisches Geld", sowie die beliebig gestaltbare Einkommensteuer zur Verfügung.

Byron King hat recht, wenn er ausführt, daß *Wilson* nicht der Erfinder des totalen Staates war, sondern nur ein Nachahmer, denn vor Beginn der *Wilson'*schen Amtsperiode hatten Deutschland und Italien schon einen zentralistischen und schuldenfinanzierten Staat errichtet. Aber daß auch die mächtigste Nation der Erde auf diesen Weg einschwenkte, hat das Geschick der Menschheit wohl mehr als alle anderen Ereignisse beeinflußt. Es bleibt, so *Byron King*, die Frage, ob der europäische Krieg ohne *Wilson* zum Weltkrieg geworden wäre, ob es ohne *Wilson* später einen *Hitler* gegeben hätte, ob es ohne *Wilson* einen *Franklin D. Roosevelt* und einen *Harry S. Truman* mit ihren noch größeren Weltkriegsabenteuern hätte geben können, ja sogar ob ohne die kriegsverlängernde Politik *Wilson*s die russische Revolution überhaupt stattgefunden hätte. (Erst die Kriegsmüdigkeit der russischen Bevölkerung nach den jahrelangen Schlachten hat den Umstürzlern die Arbeit erleichtert.) Fest steht, schreibt *King*, daß *Wilson* im Namen des "staatlichen Dienstes an der Humanität" dem Staatskredit, der Staatsverschuldung, dem Staatszentralismus und dem Staatsimperialismus scheinmoralische Legitimität verliehen hat und daß die Welt seither diesem Wilsonianischen Denken verhaftet geblieben ist. Mein eigenes Fazit lautet, daß mit *Woodrow Wilson* der erste große Gottspieler des 20. Jahrhunderts die Weltbühne betreten hat, und daß dieses anmaßende, makabre und verhängnisvolle Spiel von der Fed und ihrem *fiat money* wesentlich mitfinanziert worden ist.

"Neue Politik" und altes Elend

"Nichts hält eine Zentralregierung mehr in Schranken als gesundes Geld."
(*Thomas J. DiLorenzo*, 1996)

In diesem Sinne war der nächste große Gottspieler (nach *Wilson*) im freien Teil der westlichen Hemisphäre *Franklin D. Roosevelt*, 32. Präsident der Vereinigten Staaten von 1933 bis 1945 (dreimal wiedergewählt). Seine Erstwahl zum Präsidenten gewann er mit der Ankündigung eines großen, *New Deal* genannten Reformprogramms gegen die grassierende Depression. Als der eigentliche Installateur des Sozialstaats in die noch ziemlich freie Marktwirtschaft der USA gewann er die Sympathien der Arbeiterschaft, der Immigranten, der Farbigen und der Intellektuellen. Dieser *Ruck nach links* bescherte ihm bei seiner Wiederwahl im Jahr 1936 eine überwältigende Mehrheit. Im Rahmen des *New Deal* zündete *Roosevelt* ein ganzes Feuerwerk an staatlichen Regulierungen. Arbeitsbeschaffungsprogramme riesigen Ausmaßes, Notstandsarbeiten, Preiskontrollen, Anbaubeschränkungen und Staatsprämien in der Landwirtschaft, Einkommensteuererhöhungen (bis zum Satz von 75% für Spitzenverdiener), Wettbewerbskontrollen, Zwangsbeiträge zur Arbeitslosen- und Rentenversicherung: Es gab kaum ein Werkzeug aus der Kiste der sozialistischen Gesellschaftsklempner, das er unbenutzt gelassen hätte. Besonders schwerwiegend waren seine Maßnahmen zur Stärkung der Gewerkschaftsmacht. Mit dem *National Labor Relations Act* erhielten die Gewerkschaften das Recht, Branchentarifverträge abzuschließen, während die Großunternehmen die bislang unterhaltenen Betriebsgewerkschaften (die oft als Streikbrecher fungiert hatten) auflösen mußten.

Natürlich konnte *Roosevelt* den ganzen faulen Zauber nur mit Hilfe des *fiat money* veranstalten. Die Abschaffung des Goldstandards, eine seiner ersten Amtshandlungen, war deshalb nur konsequent. Von da an war es für die Gottspieler-Kaste in Washington ein Leichtes, eine Politik der permanenten Inflation zu betreiben.

Das Verhängnisvollste an der *großen Depression* und am *New Deal* waren (und sind) zum einen die Fehlinterpretation der beiden Phänomene durch Publikum, Politik, Medien und Lehrstuhl-Ökonomie, und zum anderen die trügerischen Mythen, die sich bis heute um sie herumranken. Noch immer gehört es zu den unerschütterlichen Schulbuchweisheiten, daß 1) die große Weltwirtschaftskrise eine Ausgeburt des Kapitalismus gewesen sei, und daß 2) der Staatsinterventionismus des *New Deal* (und nicht zuletzt auch die Kriegswirtschaft) die Depression beendet hätten. Beides aber sind Märchen. Der dem Absturz vorausgegangene Boom (und somit auch die unausweichlich folgende Bereinigungskrise) war das Ergebnis monetärer Manipulationen des Staates und seines Zentralbanksystems (zu den Details s. *Reisman* 1990/1996, bes. S.511-517 und 519-526), und der *New Deal* hat die Depression nicht beendet, sondern nur um fast zehn Jahre verlängert. Trotz (besser: wegen) der permanenten, vom Gewerkschaftsdruck induzierten Lohnerhöhungen (von 1934 bis 1937 um fast 27%) blieb die Arbeitslosenquote unverändert hoch. Die offiziellen Zahlen zeigen zwar sinkende Werte, aber die wahren Ziffern – inklusive der künstlich in Arbeitsbeschaffungsprogrammen Beschäftigten (die in Wahrheit von den "echten" Beschäftigten unterhalten werden mußten) – schwankten in den Jahren von 1933 bis 1939 fast beständig um 12 Millionen.

Es war auch – entgegen den populären Theorien – nicht der Krieg, der die Arbeitslosigkeit beendet hat. Zwar haben die mehr als zwölf Millionen Soldaten, die zu den Streitkräften gerufen wurden, die Arbeitslosenstatistik optisch geschönt, aber die Vollbeschäftigung während der Kriegsjahre kam durch etwas anderes zustande, nämlich durch sinkende Löhne (sprich: durch die Kombination aus massiver Inflation und verordneten Lohnstopps). Was die Amerikaner also auf friedliche Weise hätten haben können (wenn Regierung und Gewerkschaften es zugelassen hätten), nämlich eine rasch wiederkehrende Vollbeschäftigung in und nach der Depression durch sinkende Löhne, das trat nun auf erzwungene Weise durch die kriegsbedingte Politik ein: Während die Inflation davoneilte, wurden die Löhne auf dem Wege amtlicher Verordnungen fixiert, das heißt: die Reallöhne sanken von Monat zu Monat und von Jahr zu Jahr. Trotz Vollbeschäftigung sank der Lebensstandard der Amerikaner während der Kriegsjahre noch weit unter das Niveau der Depressionszeit. Dem Krieg die Ehre für die Rückkehr zur Vollbeschäftigung zu erweisen, entspricht also dem logischen Schnitzer, der Hebamme das Leben des Kindes zu danken.

Die Chance, wenn schon nicht aus dem *Wilson'*schen so doch wenigstens aus dem *Roosevelt'*schen Trauerspiel etwas zu lernen, wurde also von der politischen und akademischen Gilde wieder einmal verpaßt. Es war deshalb verdienstvoll, daß *Karen Horn* von der *Frankfurter Allgemeinen Zeitung* eine Arbeit des renommierten Ökonomen *Robert Higgs* sechs Jahre nach deren Publikation wieder ausgegraben und in der *Frankfurter Allgemeinen Sonntagszeitung* vom 15. Juni 2003 besprochen hat (Higgs 1997; Horn 2003). *Higgs* räumt darin gründlich mit der Mär vom keynesianisch herbeigezauberten Ende der Weltwirtschaftskrise auf. Nach Untersuchung umfangreichen Zahlenmaterials zieht *Higgs* das Fazit: Nicht die Kriegswirtschaft hat Amerika aus dem Depressions-Sumpf gezogen, sondern erst die Friedenswirtschaft, und nicht die staatliche Aktivität hat die Wiederbelebung bewirkt, sondern erst der Rückzug des Staates nach dem Krieg. Erst als die unter *Roosevelt* schwer bedrohten Eigentumsrechte an Kapital und Gewinn wieder sicherer waren, haben die privaten Investoren und Unternehmer ihre Zurückhaltung aufgegeben. Als *Roosevelt* 1945 gestorben war und sein Nachfolger, *Harry S. Truman*, die Staatsausgaben drastisch zurücknahm, gewannen die Unternehmer wieder Zuversicht und leiteten den Nachkriegsaufschwung der USA ein.

Aber wer unter den politischen Führungskadern kümmert sich schon um die historische und ökonomische Wahrheit, wenn sie nicht ins eigene Weltbild und ins eigene Machtkalkül paßt. Man hatte schon *Mises* verlacht, als er (wie bereits erwähnt) mitten im Boom der 20er Jahre vor der kommenden großen Krise warnte. Und nichts konnte die politischen Zampanos davon abhalten, sich auch in der zweiten Hälfte des 20. Jahrhunderts immer neuen Schüben des Machbarkeitswahns hinzugeben. Angeheizt noch von den *Keynes*-Irrlehren, kam es in der westlichen Welt während der 60iger Jahre geradezu zu einem Delirium der Gesellschaftsklempnerei, und nachfolgend (wie nicht anders zu erwarten) zu einer langen Depressionsphase in den 70er und frühen 80er Jahren.

Die "stimulierende" Geld- und Fiskalpolitik der 60er Jahre hatte zu neuen Inflationsrekorden geführt. Von 1946 bis Anfang 1965 war der Konsumentenpreis-Index um fast 72% gestiegen. Danach legte er bis zum Ende der 80er Jahre noch mal um fast 177% zu. Mit der Intensivierung der monetären Klempnerei ab 1965 hat man die ohnehin schon hohe Inflationsrate der Nachkriegszeit noch mal verdreifacht. Die Ausgabe von Silberdollars (Silbermünzen) wurde 1964 eingestellt und 1968 zog man die silbergedeckten Dollarnoten ein; 1971 schloß *Nixon* das "Goldfenster" und verkündete die Ära einer "neuen Wirtschaftspolitik" (*new economic policy*). Das "Neue" an dieser Politik bestand hauptsächlich darin, daß die Druckmaschinen für Papiergeld auf Hochtouren liefen.

Der Blase der 60er Jahre mußte natürlich der Kollaps folgen. Eigenartigerweise wurde die Krise der 1970er und frühen 1980er Jahre von der Bevölkerung und den Medien nur als "Rezession" interpretiert, obwohl es sich um eine ausgewachsene Depression gehandelt hat (s. Thornton 2004). Die Papiergeldschwemme hat offenbar das Wahrnehmungsvermögen getrübt. Außerdem markieren die 70er Jahre den massiven Trend zum Doppelverdiener-Haushalt. Um den Lebensstandard in der Ära der realen Verarmung (inmitten des Papiergeld-"Reichtums“) einigermaßen halten zu können, strömten die Frauen zu Millionen in den Arbeitsmarkt und stellten die Amerikaner ihre ehemals hohen Sparleistungen ein; die Sparrate in den USA wurde mit fast Null zur niedrigsten aller Nationen.

Mitte 1975 lag die Arbeitslosenquote bei 9%, dem höchsten Satz seit der Weltwirtschaftskrise. Am Aktienmarkt fiel der Dow Jones Index zwischen 1969 und 1971 zwar “nur“ um 25% und schien sich in den zwei Jahrzehnten von 1965 bis 1984, insgesamt gesehen, nur seitwärts zu bewegen, aber wenn man die Inflation in die Betrachtung einbezieht, sieht die Rechnung anders aus: In realen Kaufkraftwerten gemessen, hat der Dow in diesen beiden Dekaden 80% verloren. Zwar kann man sich darüber streiten, bei welchen gesamtwirtschaftlichen Zahlen eine Rezession in eine Depression übergeht, aber die genannten Ziffern legen eher den Begriff *Depression* nahe. Es war jedenfalls keine Übertreibung als *Ronald Reagan* im Wahlkampf um das Präsidentenamt bezüglich des Doppelrekords von Inflation und Arbeitslosigkeit vom “Elends-Index“ der USA sprach.

In Deutschland verlief dieser Elends-Index, den man dem Wortschatz der *Keynes'*schen Terminologie zuschlagen sollte, etwas flacher. Aber auch hierzulande hätte das neue und den *Keynes*-Rezepten hohnsprechende Phänomen der *Stagflation* eigentlich den Fieberwahn von der politischen und monetären Machbarkeit des Wohlstands beenden müssen, wenn – ja, wenn dem nicht die Kalküle der regierungsamtlichen und akademischen Gottspieler entgegenstünden.

So konnte es nicht ausbleiben, daß sich mit der heißen Luft des *fiat money* neue Blasen aufbliesen und die Ausgaben und Schulden der Staaten zu bislang ungekannten Dimensionen anschwollen. In die Phalanx der Gottspieler reihten sich neue Namen ein, von denen der des amerikanischen Notenbanklenkers *Alan Greenspan* besonders heraussticht. Die Hybris der Geldmanipulation hat nun Höhen erreicht, von denen aus eine sogenannte "weiche Landung" kaum noch möglich sein dürfte. Der Absturz ist programmiert – und mit ihm unsägliches Leid der Völker. Am *lendemain de la bataille* werden die stolzen Feldherren der monetären Schlacht vor den Trümmern ihres Weltreichs stehen. Und neue Gottspieler werden auftauchen und uns verkünden, dies sei die Stunde der Revolution, eines neuen Aufbruchs zum "Endsieg". Unsere einzige Chance, neuer Knechtschaft zu entgehen, wird die Verweigerung sein. Wenden wir uns von allen Usurpatoren ab, von den alten und den neuen Gottspielern, und kehren wir zum einzigen Friedensfeld zurück, das diesseits der utopischen Paradiese liegt: zur staatsfreien und staatsgeldfreien Marktwirtschaft.

Einer meiner Freunde pflegt gelegentlich den zwischen Witz und Wahrheit angesiedelten Satz von sich zu geben: "Das meiste Geld wird beim Ausgeben verplempert." Ähnlich scherzhaft, aber mit sehr ernstem Hintergrund kann man sagen: "Das meiste Geld (der meiste Reichtum) wird mit der Geldvermehrung vernichtet." Aber Gelddrucken ist nun mal – neben dem Ausplündern der Bürger – das einzige Mittel, mit dem sich die Partei- und Syndikats-Fürsten an der Macht halten und ihre anmaßende Gottspielerei betreiben können. Und deswegen wird dieses widerwärtige und betrügerische Spiel niemals enden, wenn das Geld selber ein verlogenes und betrügerisches (Papier-)Medium bleibt und nicht in seiner ehrlichen Form – als Goldgeld – zu seinen wahren und einzig legitimen Eigentümern, den privaten Bürgern, zurückkehrt - und zu seinem wahren Erzeuger und ehrlichen Verwalter: zum Markt.

Monetärer Sozialismus

"Der Bürger ist ein Mann, der erst beim Finale aufwacht."
(*Hans Habe* 1972)

Das Gott-Spielen bedarf jedoch nicht unbedingt der großen Weltbühne; es findet auch im nationalen, regionalen und alltäglichen Politik-Geschäft statt. So betrachte ich jede administrativ-bürokratische Einmischung in das Leben der Menschen, sofern sie nicht dem unmittelbaren Schutz von Leib, Leben und Eigentum der Person dient, als ungeheuerliche Anmaßung und überhebliche Gottspielerei. Welche Legitimation soll denn irgendeine Menschen- oder Berufsgruppe (wie Politiker, Gesetzgeber und Funktionäre) haben, anderen Leuten – oder gar einem ganzen Volk – ihre eigenen Moralvorstellungen und Wertepräferenzen, ihre eigenen Auffassungen von *falsch und richtig*, von *gut und böse*, von *nützlich und schädlich*, von *gerecht und ungerecht*, von *schön und häßlich* – oder von was auch immer unter Straf- und Gewaltandrohung aufzwingen zu dürfen?! Wie kann sich jemand (oder eine Gruppe) anmaßen, den Menschen vorzuschreiben, ob, wann, wie lange, unter welchen

Bedingungen und zu welchem Entgelt sie arbeiten dürfen; wie und wo und mit was sie sich und ihre Kinder bilden sollen; wie sie für Alter und Krankheit vorzusorgen haben; wie und mit wem sie Verträge welchen Inhalts abschließen dürfen oder müssen (z.B. mit ihren Ärzten, ihren Mietern oder Vermietern, ihren Arbeitgebern oder Arbeitnehmern usw.); welchen Organisationen sie beitreten müssen; wie sie mit ihrem Eigentum umzugehen haben (z.B. wann sie ihre Läden öffnen dürfen oder schließen müssen); und schließlich sogar, was sie zu denken, zu reden und zu schreiben haben. (Die "Fälle" *Jenninger, Heitmann, Walser, Hohmann, Günzel* und *Ulfkotte* sind nur die Spitze eines Eisbergs.)

Im Sinne unseres spezifischen Themas kann man diesen Fragen-Katalog um eine wichtige Dimension ausdehnen: Mit welcher Legitimation können sich bestimmte Leute oder Gruppen anmaßen, darüber zu bestimmen, wieviel Geld in einem Land zirkuliert, welchen Wert oder Unwert dieses Geld haben soll, wie und in welchem Ausmaß dieses Geld - und damit die Einkommen, Vermögen und Ersparnisse der Bürger - entwertet werden, wie und in welchem Ausmaß die Bürger in falsche Anlagen und Investitionen gelenkt werden - und wie sehr sie in Rezessionen und Depressionen Verluste, Not und Arbeitslosigkeit erdulden müssen, welche und wieviel Staatsausgaben sie heimlich (auf nicht erkennbare Weise) finanzieren und wen sie in welchem Ausmaß mehr oder weniger verdeckt alimentieren müssen?! Alles das ist Ausdruck ungeheuerlicher Hybris und arrogant-überheblicher Gottspielerei. Und die Gesellschafswissenschaftler, die dieses widerwärtige Spiel mit ihren

Theorien stützen und fördern, fungieren (gewollt oder ungewollt) als Priesterkaste des impertinenten Götzenkults.

Auf solche Ausführungen wird regelmäßig erwidert: "Wenn die Mehrheit der Bürger bestimmte Repräsentanten gewählt hat, dann sind diese Vertreter auch berechtigt, im Namen der Mehrheit zu entscheiden und zu agieren." Aber das verschiebt die Anmaßung nur auf eine andere Ebene. Auch hier stellt sich dieselbe Frage: Mit welcher Legitimation darf eine Mehrheit (oder ihre Vertreter) sich herausnehmen, eine Minderheit – oder überhaupt irgendwelche Leute - auszubeuten, zu berauben, zu schädigen und ihrer Freiheit zu berauben?! Wenn die Mehrheitsabstimmung (oder überhaupt eine prozedurale Methode) das entscheidende Kriterium für Recht und Gerechtigkeit sein soll, dann gute Nacht für Recht und Gerechtigkeit; dann ist es auch legitim, wenn eine Mehrheit beschließt, daß bestimmte Menschen umzubringen sind, daß bestimmte Häuser niedergebrannt oder Kranke in Ghettos eingewiesen werden. Dann bestimmt eine Anzahl hochgestreckter Hände darüber, was recht und gerecht ist – ganz gleich, wie faul oder niederträchtig die Motive der Handstrecker sind.

Mit der Denkträgheit der Bürger wird auch der demokratische Staat letztlich zu einem mächtigen Götzen. Das hat *Gustave Le Bon* bereits in seiner ›*Psychologie der Massen*‹ von 1895 klarsichtig dargelegt (was vor ihm allerdings schon Denker wie *Alexis de Tocqueville* und *Herbert Spencer* erkannte hatten): Die Parlamentsversammlungen, schrieb *Le Bon*, seien zwar die beste Regierungsform, welche die Völker bisher gefunden hätten, aber sie trügen zwei ernstliche Gefahren in sich: "Die übermäßige Verschwendung der Finanzen und die zunehmende Beschränkung der politischen Freiheit" (Le Bon 1895/1982, S.150). Zu Letzterem führt *Le Bon* aus: "Als Opfer des Irrtums, daß durch die Vermehrung der Gesetze Freiheit und Gleichheit besser gesichert würden, nehmen die Völker nur drückendere Fesseln auf sich. Sie nehmen sie nicht ungestraft auf sich. Gewohnt, jedes Joch zu tragen, kommen sie schließlich dahin, es aufzusuchen, und büßen zuletzt alle Ursprünglichkeit und Kraft ein. Sie sind nur noch wesenlose Schatten, Automaten, willenlos, ohne Widerstand und Kraft... Mit der zunehmenden Gleichgültigkeit und Ohnmacht der Bürger muß die Bedeutung der Regierungen nur noch mehr wachsen. Sie müssen notgedrungen den Geist der Initiative, der Unternehmung und Führung besitzen, den der Bürger verloren hat. Sie haben alles zu unternehmen, zu leiten, zu schützen. So wird der Staat zu einem allmächtigen Gott" (S.150f.).

Das Prinzip der Illegitimität und der Anmaßung reicht hierbei, um bei unserem Thema *Geld* zu bleiben, bis hinunter in die feineren Verästelungen des monetären Geschehens. Greifen wir als Beispiel den Zinssatz heraus. *Ludwig von Mises* hat schon 1912 (1924) geschrieben: "Sobald einmal das Prinzip anerkannt ist, daß Maßregeln zur ›Verbilligung‹ des Geldes ergriffen werden dürfen, können und sollen, wird sogleich der heftigste und erbittertste Kampf darüber entbrennen, wie weit dabei zu gehen ist" (Mises 1912/1924, S.211). Das bedeutet: Der Zinssatz wird zu einem Spielball der politischen und der Sonder-Interessen – und damit verliert einer der wichtigsten natürlichen Sensoren des wirtschaftlichen Geschehens seine Lenkungsfunktion in Bezug auf die optimale Allokation der Ressourcen - und wird zum Machtinstrument. Es ist als gäbe man die Entscheidung über die Temperatur im Verlauf der Jahreszeiten, im Wechsel von Tag und Nacht und im Wandel des Wettergeschehens in die Entscheidungsgewalt politischer Hände. Die Welt würde – ähnlich den von falschen Signalen irregeleiteten Kapital- und Finanzmärkten – zwischen Gluthitze und Eiseskälte hin- und hertaumeln oder mit einer gleichbleibenden Einheitstemperatur ins tödliche Koma fallen. Und doch geschieht Vergleichbares mit dem Zins (und der Geldmenge) seit hundert Jahren.

Die Gottspieler des monetären Theaters sind schon lange dabei, die Welt zu ruinieren. Und wenig spricht dagegen, daß ihnen das bis zum letalen Ende gelingen wird, wenn wir dem Spuk nicht endlich Einhalt gebieten. Doch leider geht im parteipolitischen Sprechblasen-Marathon und im Dauergeschwätz der Talkshows die wichtigste Erkenntnis über das Wesen der Politik vollständig unter: Im Kern geht es beim täglichen Streit der politischen Kaste und ihrer Parteien immer nur um eine einzige Frage, nämlich: Wer von uns darf und wird in welcher Form und in welchem Ausmaß über das Leben der Bürger bestimmen? Und das schlimmste an diesem Schmierentheater ist die Tatsache, daß die Bürger gar nicht registrieren, welche unglaubliche Anmaßung sich hinter diesem Gehabe verbirgt.

Es geht eben auch bei vordergründig rein wirtschaftlichen Fragen meistens um mehr als nur um materielle Belange. *Karen*

Horn von der *Frankfurter Allgemeinen Zeitung* hat das einmal eindrucksvoll beleuchtet. “Der Liberalismus“, schrieb *Horn*, “ist mehr als nur eine Ökonomik. Das klassisch-liberale Denken, das auf selbstkoordinierende, preisvermittelte Marktbeziehungen setzt, hat viel tiefere Wurzeln: die Überzeugung, daß es Anmaßung ist, für andere zu dekretieren, was ihnen frommt, und daß nur feiwillige Vereinbarungen Legitimität beanspruchen können… Ethische Normen und Konventionen, die sich Menschen auferlegen, sind meist spontan entstandene, auf Gegenseitigkeit beruhende Verhaltensregeln für den Alltag – sozusagen ein Produkt des Marktes. Worin der Liberale eine echte Gefahr erkennt, ist… fremde Willkür. Es ist jene Anmaßung, mit der Menschen sich andere zu Untertanen machen und sie ihres freien Willens berauben“ (Horn 2003a).

Daß es der Sozialismus roter, brauner und gelber Spielart war, der den halben Globus ruiniert und viele Hundert Millionen Menschen um ihr Lebensglück, um die Früchte ihrer Arbeit, um ihre Freiheit und vielfach auch um ihr Leben gebracht hat, hat sich gottlob endlich herumgesprochen. Daß es daneben aber noch zahllose andere Spielarten des sozialistischen Wahns (“weicherer Natur“, aber mit langfristig ähnlich bösen Folgen) gibt, ist zu wenig bekannt. Daß die Zentralbanken (und mit ihnen auch mehr oder weniger direkt die Regierungen) die Macht haben 1) über die Menge des angebotenen Geldes und Kredits zu bestimmen, 2) die Kaufkraft der Geldeinheit zu beeinflussen, und 3) das Zinsniveau zu manipulieren, ist für jeden Ökonomen eine Binsenweisheit. Aber seltsamerweise haben sogar die stringenten Marktwirtschaftler unter ihnen noch nicht verstanden, daß Staat und Zentralbanken auf diese Weise eine monetäre Zentralplanwirtschaft betreiben – und das heißt: monetären Sozialismus.

Nach der Zentralplanwirtschaft des vormaligen Ostblocks stellt die monetäre Zentralplanung die zweitschwerste Form staatlicher Kontrolle und Verfügung über das Leben der Menschen dar. *Richard M. Ebeling*, Präsident der *Foundation for Economic Education* in Irvingtonon-Hudson, New York, ist einer der wenigen Vertreter unserer Zunft, die das deutlich zum Ausdruck bringen: "Mit der monetären Zentralplanung hat der Staat das Werkzeug in der Hand, den Realwert der Ersparnisse und Vermögen von Millionen hart arbeitender Menschen zu manipulieren und zu vernichten. Er kann die Einkommen zu politischen Zwecken umverteilen; und er kann die Struktur der Investitionen, des Kapitals und der Ressourcen-Allokation der gesamten Gesellschaft verzerren, was zu den künstlichen Aufschwüngen und Zusammenbrüchen führt, welche die Wirtschaftsgeschichte der letzten hundert Jahre kennzeichnen... Niemand kann erklären, wie und warum eine Handvoll Zentralbank-Funktionäre besser als der freie wettbewerbliche Markt wissen könnte, was als Geld dienen soll, welche Menge von diesem Geld vorhanden sein – und welchen Wert es haben sollte, und welche Zinssätze jeweils für das richtige und permanente Gleichgewicht zwischen den volkswirtschaftlichen Größen *Sparen* und *Investieren* sorgen" (Ebeling 2003, S.3).

Das *fiat money* und das Zentralbankwesen sind also ein Musterbeispiel für die Hybris der Sozialingenieure, die – wie ihre geistigen Brüder im vormaligen Ostblock – vorgeben, weite gesellschaftliche Bereiche besser steuern zu können als es die Millionen von Marktteilnehmern selber gestalten würden. Diese Hybris der Sozialingenieure: das war und bleibt der Kern des *Gott-spielen-wollens*.

Natürlich besteht auch ein subtiler Zusammenhang zwischen dieser Hybris und der Gottferne des modernen Menschen, eine vielschichtige kausale Verbindung, der nachzugehen hier nicht der rechte Ort ist. Es sei nur vermerkt, daß der neuzeitliche homo sapiens seinen Ersatzgott auch im religiösen (besser: quasireligiösen) Sinne im Staat gefunden hat, womit *Lasalle* auf perverse Weise recht bekommt.

Against politics!

> "Der einzige Zweck und das einzig legitime Ziel von Regierungen ist es, Lebensfreude, Freiheit und Eigentum der Bürger zu schützen; und wenn die Regierung sich andere Funktionen anmaßt, dann ist das Usurpation und Unterdrückung."
> (Aus der Verfassung des US-Staates Alabama von 1901)

Der Glaube, die Politik (Regierung, Parlament, Parteien und Behörden) könnten (und müßten) für Wachstum, Vollbeschäftigung, Wohlstand, soziale Sicherheit und Geldwertstabilität sorgen, ist ein grandioser Irrtum. Er zeugt von Unwissenheit und Illusionismus – oder auf Seiten der "Macher" von Arroganz und rücksichtslosem Machtkalkül, manchmal auch schlicht von Dummheit. Wenn die politische Kaste in der Lage wäre, Reichtum oder wenigstens einen auskömmlichen Lebensstandard der Bevölkerung zu "organisieren", dann gäbe es keine armen Länder mehr auf der Welt. Überall würden sich die jeweiligen politischen Zampanos mit Ruhm und Ansehen überschütten und in der Macht sonnen, die ihnen eine dankbare Bevölkerung gewähren würde. Der Glaube an solche Fähigkeiten oder Mechanismen ist reine Illusion. Alles, was eine Regierung zum Wohlergehen eines Landes und seiner Menschen tun kann, ist Frieden zu bewahren und die persönliche Freiheit der Bürger zu schützen – vor allem vor Eingriffen der Politik und der Regierung selber. *Marktwirtschaft* und *Rechtsstaatlichkeit* sind die zwei Schlüsselbegriffe der Freiheit, wobei Rechtsstaatlichkeit nicht viel mehr (aber auch nicht weniger) bedeutet als die Unantastbarkeit des Eigentums. (Wenn der Schützer aber vor allem vor sich selber schützen soll, taucht sofort ein Problem auf – und zwar das größte aller Probleme, mit denen sich die Freiheit konfrontiert sieht: ›*Sed quis custodiet ipsos custodes?*‹ ›Wer aber wird die Wächter selbst überwachen?‹)

Da es auf diese Frage keine befriedigende Antwort geben kann, bleibt nur eine weniger theoretische – also eine praktische Lösung des Problems: Man muß den Wächtern die Möglichkeit versperren, über ihre Bewachungsaufgabe hinaus Unheil anrichten zu können. Und das heißt: Wir müssen ihnen die Herrschaft über das Geld nehmen und das Geld in ein ehrliches Tauschmedium zurückverwandeln, indem wir es der einzig friedlichen und ungefährlichen Herrschaft unterstellen, die wir kennen: der Herrschaft der Konsumenten auf freien Märkten.

Alles (alles!), was die Politik über diese Sicherungsleistung hinaus unternimmt, kann nur Schaden anrichten: den Wohlstand mindern, Arbeitslosigkeit und Armut erzeugen, den Geldwert und die Ersparnisse der Menschen zerstören, die Bürger aussaugen und ihre Freiheit beschränken oder auslöschen. Die englische Volksweisheit "Die Freiheit ist in Gefahr, wann immer das Parlament tagt", sollte man erweitern zu dem Spruch: "Die Freiheit, der Wohlstand und das Glück der Menschen ist in Gefahr, wann immer das Parlament tagt oder eine Regierung handelt." Das beste, was die politische Kaste für ihr Land und seine Bevölkerung tun kann, ist nichts zu tun, die Koffer zu packen und nach Hause zu gehen. Anders gesagt: Dem Wohlergehen der Menschen kann man am meisten und am sichersten dienen, indem man die wettbewerblichen Kräfte der Märkte frei und ungestört wirken läßt und indem sich jedermann in das arbeitsteilige Räderwerk der Leistungsprozesse einreiht und keiner der partei- oder interessenpolitischen Schmarotzergruppierungen anschließt.

Deshalb wäre es auch die vornehmste und wichtigste Aufgabe der Gesellschaftswissenschaftler, vor allem der Ökonomen, diese Abstinenz des Staates deutlich und unablässig zu fordern und zu betonen. Statt dessen agieren sie wie die Blasebälge und führen den zerstörerischen Feuern der Politik mit den akademischen geld-, zins-, beschäftigungs- und konjunkturpolitischen Ratschlägen immer neuen Sauerstoff zu und reihen sich auf diese Weise in die lächerlich-arrogante Phalanx der Gottspieler ein. Auch wenn viele Ökonomen die Politik ständig gemahnen, diese oder jene Regulierung oder Intervention sei "zu viel des Guten", tun sie damit trotzdem zu wenig des Guten. Ihre Position sollte viel entschiedener sein. Der einzig richtige Ratschlag, den Ökonomen und Philosophen den politischen und akademischen Gottspielern geben können, ist der des bedeutendsten Sozialphilosophen unserer Zeit, *Anthony de Jasay*: "No politics!" (Keine Politik!) - und "Against politics" (Gegen [jede] Politik!) (s. Jasay 1997). Auch keine Politik, die angeblich oder tatsächlich "nur Gutes" tun will. *Thomas Jefferson*, der dritte Präsident der Vereinigten Staaten (von 1801 bis 1809), hat die Essenz seiner Erfahrung mit der eigenen Position - aber auch die Selbstbeschränkung des gottesfürchtigen Nicht-Gottspielers - in dem Satz zusammengefaßt: "Ein Staat, der die Macht hat, etwas *für* die Menschen zu tun, hat auch die Macht, ihnen etwas *anzutun*."

Zu *Anthony de Jasay*: Wer sich in aller Kürze über die umwälzende Liberalismus-Begründung *Jasays* informieren will, kann dies vermittels des Artikels "Strikter Liberalismus und geordnete Anarchie" in der Zeitschrift *eigentümlich frei*, Ausgabe Mai 2004, tun. Ansonsten wurden die besten Kurz-Exzerpte der *Jasay*'schen Werke von Professor *Gerard Radnitzky* verfaßt (s. z.B. Radnitzky 1998 und 2004).

Es gibt nur eine einzige, dem abendländischen Menschen anstehende, bescheidene und "legitime" Art und Weise, wie der Mensch - jeder Einzelne von uns - "Gott spielen" darf. Sie sei an einer Skulptur erklärt: In der St. Ludgeri-Kirche im westfälischen Münster hängt ein Kreuz mit dem Corpus des gekreuzigten Christus. Bei der Bombardierung Münsters im September 1944 wurden der Christusfigur beide Arme weggerissen. Man hat das Kruzifix nach dem Krieg nicht restauriert, sondern die verstümmelte Figur belassen. Statt der Arme ziert nun ein Schriftzug den Querbalken des Kreuzes. Er lautet: "Ich habe keine anderen Hände als die Eueren."

ANHANG I

Ringos, Gringos und Bingos

von Roland Baader

Leitartikel aus der Zeitung *Schweizerzeit* vom 21. Sept. 2001. Wiederabdruck mit freundlicher Genehmigung des *Schweizerzeit*-Verlags in CH-Flaach.

(Wie im Buchtext angekündigt, dient der Anhang als Antwort auf die Frage, warum die Kritik der liberalen Ökonomen am *Internationalen Währungsfonds*, an der *Weltbank* und an der *World Trade Organization* nicht mit der Kritik der *Nichtregierungs-Organisationen* [NGOs] an diesen Institutionen gleichgesetzt werden darf.)

Wenn die Regierungen der Industrieländer oder der ganzen Welt wirklich uneingeschränkten Freihandel wollten, dann würden sie ihn einfach zulassen. Es bedürfte dann weder der WTO (World Trade Organization) noch ihrer Konferenzen. Wenn den Regierungen der Industrienationen wirklich daran gelegen wäre, die Gefahren der internationalen Verschuldung zu vermeiden, dann würden sie a) die eigene Staatsverschuldung beenden und b) aufhören, die Schulden anderer Nationen erst mit Giga-Krediten aufzublähen und anschließend mit den Steuergeldern der eigenen Bürger zu bezahlen. Es bedürfte dann weder eines Internationalen Währungsfonds (IMF) noch einer Weltbank noch der permanenten Schuldenkonferenzen.

Diese internationalen Großorganisationen und Abkommen sind also, genau betrachtet – aber zugegebenermaßen ein wenig simplifiziert dargestellt, antiliberale Institutionen. WTO, IMF und Weltbank sind keineswegs Garanten der Freiheit von Menschen und Märkten, sondern gewaltige Interventionshebel der Regierungen und der politischen Machteliten gegen wahrhaft freie Marktwirtschaft und wirklich freien Welthandel. Das macht es für die Freunde der Freiheit so schwierig, zu erklären, warum sie diese Institutionen dennoch gegen den Massenangriff durch die NGOs (Non-Government Organizations = Nichtregierungs- oder nichtstaatliche Organisationen) verteidigen und deren Chaos-, Gewalt- und Blutspur von Davos über Seattle, Melbourne und Prag bis Genua aufs schärfste verurteilen.

Etwas grobschlächtig ausgedrückt, kann man die Haltung liberaler Ökonomen mit dem Satz zusammenfassen: Notgedrungen lieber einen staatlich versumpften Kapitalismus mit seinem Gekungel zwischen ›big government‹ und ›big business‹ als einen von den NGOs herbeigeknüppelten Weltsozialismus, dessen Gelingen nicht weniger bedeuten würde als Massensterben der Weltbevölkerung und Rückfall der Menschheit in die Steinzeit.

Millenniums-Kollektivisten

Was nun sind NGOs, wie setzt sich die gewaltige Weltanschauungs-Armee der neuen ›Millenniums-Kollektivisten‹ (David Henderson) aus Globalisierungsgegnern und Kapitalismusfeinden zusammen? Zunächst ist zu konstatieren, daß die Zahl der NGOs in den 90er Jahren von sechstausend auf über dreißigtausend geradezu explodiert ist. Sie sind zwar nichtstaatliche Organisationen, unterscheiden sich aber von anderen nichtstaatlichen Organisationen wie bspw. Arbeitgeberverbänden oder Gewerkschaften. Sie stehen nicht für spezielle Interessen (jedenfalls nicht offiziell), sondern für spezielle Themen. Dazu gehören Verbraucherverbände, Umweltgruppen, Dritte-Welt-Gemeinschaften, Menschenrechtsgruppierungen, humanitäre Vereine, Einbürgerungs- Organisationen, linksgewerkschaftliche und kirchliche Gruppen aller Richtungen.

Die NGOs haben eine illustre Reihe von Untergruppen aufzuweisen. Da gibt es die RINGOs (Religious Non-Government Organizations), die besonders in den USA überaus mächtige Vereinigungen bilden. Dann gibt es die GRINGOs (Government Related NGOs), die noch mächtiger sind, weil sie mit staatlichen Geldern gestützt werden. Bei den sogenannten BINGOs (Business Front Organizations) handelt es sich um NGOs, die von Unternehmen gegründet und unterhalten werden, um in Entwicklungsländern, in denen NGOs eine wichtige Rolle spielen, an große Aufträge zu kommen.

Die Bezeichnung als Nichtregierungs- oder nichtstaatliche Organisationen täuscht darüber hinweg, daß die meisten sehr wohl etwas mit Regierung oder Staat zu tun haben, denn der Zweck einer solchen Organisation ist es, Druck auf die Regierung(en) auszuüben, und zwar mit wesentlich mehr Erfolg als irgendeine Einzelperson erreichen könnte. Und die Regierungen haben rasch ihre Bereitschaft signalisiert, zuzuhören, denn hinter jedem organisierten Schreihals der NGOs vermutet man eine nicht unerhebliche Wählerzahl.

Darüber hinaus werden mehr und mehr NGOs zu Front-Organisationen nationaler Regierungen und beziehen dann erhebliche Teile ihrer Mittel aus den Staatshaushalten. So stammen bspw. bei ›Médecins sans Frontières‹ die Hälfte aller Einnahmen von der französischen und anderen Regierungen. Ferner haben die politischen Eliten der Industrieländer gelernt, daß sie weniger Angriffsflächen bieten, wenn sie die internationale Hilfe auf private Organisationen verlagern. Das Publikum traut einfach dem Roten Kreuz mehr zu als einer Partei-Abordnung. Außerdem spart man viel Geld, weil die Leute an private Organisationen freimütiger spenden als an staatliche.

Nun ist zwar die Privatisierung der internationalen Hilfe immer noch besser als deren Nationalisierung, aber effizienter oder sinnvoller wird sie dadurch - aufgrund der ihr inhärenten Irrationalität - keineswegs. Die einzelne NGO besitzt zwar weniger Herrschaftsgewalt als eine nationale Exekutive, aber das Gesamtgeflecht der NGOs summiert sich zu einer mächtigen Struktur des internationalen Interventionismus, die sich vor keiner Wählerschaft und keinem Parlament mehr zu rechtfertigen braucht.

In einigen Fällen sind die NGOs sogar dabei, die legislative und exekutive Potenz der gewählten Parlamente und Regierungen zu übertrumpfen und auszuhebeln. Als Beispiel sei die Anti-Tabak-Lobby genannt. Da die nationalen Regierungen nicht gewillt sind, auf die reichlich und sogar unter öffentlichem Beifall fließenden Tabaksteuern zu verzichten, richten die Anti-Raucher-Gruppen ihren Druck auf die WHO (World Health Organization / Weltgesundheitsorganisation der UNO), um internationale Anti-Tabak-Gesetze durchsetzen zu können. Als Ergebnis zeichnet sich ab, daß die Staaten nicht nur eine lukrative Steuerquelle verlieren, sondern auch relativ hilflos zusehen müssen, wie der Tabakhandel in schwarze Märkte abwandert und wie sich dort Brutstätten für kriminelle Banden und Mafia-Syndikate bilden. Auch richten sich immer mehr NGO-Vorstöße an die Adresse der anderen UN-Organisationen, die zunehmend gesetzgeberische Macht ausüben und mit deren Hilfe die Beschränkungen der nationalen Legislativen umgangen werden. Die rasch voranschreitende Aushöhlung der demokratischen Institutionen, wie sie die nationalen Wählerschaften Europas bereits von seiten der EU und ihrer Räte-Diktatur erleben, bekommt durch das Zusammenspiel zwischen den UN-Organisationen und den NGOs eine zusätzliche Turbo-Dimension. Das, was dem laut polternden Sozialismus des 20. Jahrhunderts – trotz seiner Blutspur von weit über hundert Millionen Toten – nicht gelungen ist, nämlich die Errichtung einer sozialistisch-kommunistischen Weltherrschaft, das scheint nun im 21. Jahrhundert durch den auf Samtpfoten daherkriechenden Sozialismus der NGOs und der mehr und mehr mit ihnen verfilzten internationalen Großorganisationen heimtückische und bürokratische Wirklichkeit zu werden.

Immun gegen Kritik

Nichts zeichnet sich ab, was diese Entwicklung aufhalten könnte. Daß einige NGOs inzwischen selber zu den ›Multis‹ gehören, die sie bekämpfen - wie bspw. Greenpeace mit einem jährlichen Mittelaufkommen von 120 bis 150 Millionen Dollar -, macht die Sache nicht besser, sondern schlimmer. (Das Spendenaufkommen aller NGOs liegt bei fünf Milliarden Dollar jährlich.) Außerdem kann niemand es wagen, Kritik an den angeblich der Welt- und Menschheitserrettung dienenden Kohorten zu üben, gelten sie doch als Inbegriff des Guten und Edlen. Daneben haben sie erheblichen Einfluß auf die Medien, weil sie genau den ›Stoff‹ liefern, den die hypermoralische Attitüde der visuellen Menschheitsbelehrer benötigt, um ihren irdischen Sakralstatus zu unterlegen. Der Massenwahn von der angeblichen Notwendigkeit und Wohltätigkeit der Entwicklungshilfe (die in Wirklichkeit die Armut zementiert und zur parasitären Pfründenwirtschaft für die Funktionäre und Hilfstruppen der Entwicklungshilfe-Kartelle geworden ist), tut ein übriges. Welche Dimensionen dieses Schauspiel angenommen hat, kann man in Nairobi (Kenia) betrachten. Dort gibt es ungefähr 120 Büros verschiedener NGOs, die mehr finanzielle und organisatorische Macht auf sich vereinigen als die Botschaften aller Länder zusammengenommen.

Und neuerdings tritt die ›Demokratisierung‹ als heiliger Legitimationsquell für die Tätigkeit der organisierten Gutmenschen hinzu. So wurde z.B. in den Jahren 1999/2000 mehr Geld - gerechnet pro Kopf der Bevölkerung - nach Bosnien geschaufelt als in irgendein anderes Land der Erde, hauptsächlich zu Zwekken der ›Demokratisierung‹ des Landes. Die bosnische Bevölkerung hat jedoch kaum etwas von diesem Segen gesehen; das meiste landete in den Taschen der fünfzigtausend dort tätigen NGO-Apparatschiks, die in Wahrheit alles andere taten, als demokratische Strukturen zu errichten. Sie dachten nicht daran, Einheimische mit Ämtern, Kenntnissen und Mitteln zu versehen – und sich damit selber überflüssig zu machen (vgl. *David Chandler*: ›Bosnia: Faking Democracy after Dayton‹, Pluto Press).

Krieg und Bildungssozialismus

Natürlich tummeln sich in den NGOs nicht lauter Betrüger. Die meisten dort tätigen Leute sind guten Willens und um Hilfe bemüht, jedenfalls soweit sie in humanitär motivierten Gruppen arbeiten. Aber viele NGOs wollen einfach nur Macht, Einfluß und Geld – egal mit welchen Mitteln, notfalls auch mit Erpressung nach dem Motto: ›Sitz, Stimme und Honorar in Gremium X und Y – gegen die stille Zusage, künftig weniger Schaden anzurichten‹; und sie sind in ihrer Gesamtheit so mächtig und einflußreich geworden, daß sie uns sogar in Kriege ziehen können. Im Fall des äthiopischen Bürgerkriegs Mitte der 80er Jahre dachte noch niemand bei der Uno, in der Nato oder in nationalen Regierungen daran, sich militärisch einzumischen. Nun aber, mit den tausendfältigen Hilferufen und Appellen der NGOs, ist das jederzeit denkbar – und in einigen Fällen bereits geschehen. Es rückt das perverse Phänomen näher, daß wir Kriege führen, die weder von den Regierungen noch von ihren Wählern gewollt sind, und die von wohltätigen Organisationen initiiert und mit wohltätigen Spendenmitteln aus den Taschen karitativ engagierter Bürger mitfinanziert werden.

Genau besehen sind die Industriestaaten – vermittels ihres Bildungssozialismus – dabei, massenhaft die Schlangenbrut heranzuzüchten, die sie selber zerstören wird. Wo soll sie denn hin, die Hunderttausendschaft an Akademikern, ob gescheitert oder diplomiert, die im staatlichen Bildungswesen auf Kosten der Steuerzahler mit Kenntnissen ausgestattet wird, die im praktischen Leben gar nicht oder nur vereinzelt gebraucht werden: die Philosophen und Soziologen, die Psychologen und Ethnologen, die Politologen und Historiker, die Anthropologen und Literaturwissenschaftler? Sie müssen sich ihre Jobs – und zwar möglichst hochdotierte, ihrem Selbstverständnis als Akademiker ›angemessen‹ honorierte Jobs – selber erfinden und schaffen. Und das tun sie in geradezu idealer Weise, indem sie ›edle‹ Organisationen gründen und massenweise besetzen; Organisationen, die angeblich unverzichtbar sind, um alle möglichen und unmöglichen apokalyptischen Reiter von der Menschheit abzuhalten, um scheinbar die Bürde der Armen und Unterdrückten der Erde zu erleichtern, und um vorgeblich die Schöpfung vor der Bestie Mensch zu schützen. Wer könnte es wagen, diesen messianischen Engeln mit niederer, ja ›weltverbrecherischer‹ Gesinnung entgegenzutreten und sie zu beurteilen als das, was sie sind, nämlich so überflüssig wie ein Kropf und so parasitär wie eine Mistel, die ihren Wirtsbaum aussaugt und letztlich zerstört. Die ›political correctness‹ ist nicht zuletzt deshalb erfunden worden, um dieses Wagnis zu verhindern.

ANHANG II

Papiergeld und Tyrannei

(Kurzauszüge aus der Rede des amerikanischen Kongreßabgeordneten **RON PAUL** vom 5. September 2003 vor dem Repräsentantenhaus. Titel: ›Paper Money and Tyranny‹. Freie Übersetzung: R.B.)
Der 7-seitige Originaltext ist im internet unter **RON PAUL** – und dort bei **Lew Rockwell.com (Congressman Ron Paul: Archives)** einzusehen.

Auszüge:
Die meisten Bürger verstehen die immense Bedeutung des Geldsystems nicht, und die Politiker profitieren von ihrer Macht zur Geldschöpfung, weil sie damit den Wohlfahrtsstaat finanzieren und draußen in der Welt militärisch auftrumpfen können… Weil die Geldeinheit der Maßstab für alle ökonomischen Transaktionen ist, von den Löhnen und Güterpreisen über die Steuern bis zu den Zinssätzen, ist es von entscheidender Bedeutung, daß sein Wert ehrlich auf dem Markt zustande kommt – ohne Bankiers, ohne Regierungen, ohne Politiker und ohne die speziellen Interessen dienenden Manipulationen einer Zentralbank… Niemand hätte gerne einen Geldfälscher in seiner Stadt, und doch gibt man die entsprechende Genehmigung blind an die Zentralbank. Wenn die Regierung die Geldeinheit beliebig vermehren kann, dann ist das identisch mit einem Geldfälscher, der illegal Geld druckt. Beides ist Diebstahl. Dieses System der legalisierten Ausplünderung er-

laubt es bestimmten Gruppen, auf Kosten anderer zu profitieren. Gegenwärtig läuft die Umverteilung von den Armen und der Mittelklasse zu den Leuten in privilegierten Finanzpositionen... In vielen Gesellschaften ist der Mittelstand durch Inflation, die immer im Gefolge des fiat money aufflammt, ausgelöscht worden. Jeder neu gedruckte Dollar entwertet die bereits umlaufenden Dollars... Das Drucken von Geld - und damit die Inflation - ist nichts anderes als eine finstere und bösartige Form der heimlichen Besteuerung.

Es ist nicht zu fassen, daß sogar die meisten Ökonomen glauben, die Bürokraten der Zentralbank könnten wissen, was der jeweils richtige Marktzins sei und könnten diesen ohne schwere Schädigung der Volkswirtschaft festlegen und permanent verändern. Die damit ausgelösten Verwerfungen in den volkswirtschaftlichen Sektoren (wie Sparvolumen, Konsum, Investitionsvolumen und Investitionsarten) bereiten den Boden für die nächste Rezession oder Depression. Dasselbe gilt für die vom easy money ausgelösten Booms an den Aktien-, Immobilien-, Währungs- und Finanzmärkten... Außer Zweifel steht: Die Konjunkturzyklen, die Stagflation, die Rezessionen, Depressionen und Inflationen sind nicht das Ergebnis des Kapitalismus und gesunden Geldes, sondern die unmittelbare Folge des Papiergeldes und einer Zentralbank, welche nicht in der Lage ist, dieses Papiergeld zu handhaben.

Ein Papiergeldstandard bedeutet, daß es für die Geldpresse und die Haushaltsdefizite des Staates keine Hemmnisse gibt. 1971 [das Jahr, in welchem Nixon die letzte schwache Goldbindung des Dollars aufgegeben hat, R.B.] war M3 [die sog. "breite Geldmenge", R.B.] 776 Milliarden $; heute steht M3 bei 8.900 Milliarden $; ein Anstieg um mehr als eintausendeinhundert Prozent. 1971 betrug unsere Bundesschuld 408 Milliarden $; heute steht sie bei 6.800 Milliarden $; ein Anstieg von mehr als eintausendsechshundert Prozent. Seither hat unser Dollar fast 80% seiner Kaufkraft verloren... Die Folge des Papiergeldes wird Protektionismus sein, und die anstehende Inflation wird den gesamten Mittelstand verarmen lassen... Das Schlimmste an diesem verhängnisvollen Geschehen ist die Tatsache, daß dafür nicht das Papiergeld und die Zentralbank verantwortlich gemacht werden, sondern der Kapitalismus. Das war auch in den 1930er Jahren so... Wenn das, was aus diesem Trugschluß an Freiheitsbeschränkungen folgte, sich nochmals wiederholt, dann ist es mit der Freiheit in unserem Land endgültig vorbei... Das ökonomische und politische Chaos, das aus der Währungszerstörung resultiert, führt unvermeidlich zur Tyrannei.

Bibliographie

Baader 2000: Roland Baader: *Logik der Freiheit. Ein Ludwig von Mises-Brevier*, Ott Verlag, Thun, 2000.

Baader 2002: Roland Baader: *totgedacht. Warum Intellektuelle unsere Welt zerstören*, Resch Verlag, Gräfelfing 2002.

Bandulet 2003: Bruno Bandulet: *Gold & Money Intelligence*, Ausgabe Juli 2003. [Der G&M-Brief ist der beste, professionellste und solideste Info-Dienst zum Thema Gold-Anlagen in Deutschland. gm@vertrauliche-mitteilungen.de . Daneben gibt Dr. Bandulet auch den streitbaren und hochinformativen *DeutschlandBrief* heraus. www.bandulet.de und info@deutschlandbrief.net]

Bernholz 2003: Peter Bernholz: *Monetary Regimes and Inflation*, Edward Elgar, Cheltenham 2003.

Binswanger 2004: Mathias Binswanger: "Es lebe die Zwecklosigkeit", in: *Weltwoche* Nr.8/04, S.68f.

Blundell 2003: "Trade unions: as spurious as rainmakers?", *The Scotsman*, July 17, 2003.

Bouillon 1991: Gerard Radnitzky u. Hardy Bouillon (Hrsg.): *Ordnungstheorie und Ordnungspolitik*, Springer Verlag, Berlin Heidelberg 1991; dort speziell: "Der angelsächsische think tank...", S.XIX ff.

Bouillon 1997a: Hardy Bouillon: *John Locke*, Academia Verlag, Sankt Augustin 1997.

Bouillon 1997b: Hardy Bouillon: *Freiheit, Liberalismus und Wohlfahrtsstaat*, Nomos Verlagsgesellschaft, Baden-Baden 1997.

Crefeld 1999: Martin van Crefeld: *The Rise and Fall of the State*, Cambridge University Press, Cambridge 1999. Deutsch: *Aufstieg und Untergang des Staates*, Gerling-Akademie Verlag, München 1999.

Creutzburg 1999: Dietrich Creutzburg: "Der DGB antwortet auf Sachfragen immer noch mit Ideologie", *Handelsblatt* vom 14.10.1999.

Daughty 2003: Richard Daughty: "You pay, we provide", *Gary North & The Daily Reckoning* (internet) v. 06.10.2003.

Daughty 2004: Richard Daughty: "Treacherous Myopia", *The Daily Reckoning* (internet) v. 15.03.2004.

Daughty 2004a: Richard Daughty: "Dressing up Inflation", *The Daily Reckoning* v. 20.04.2004.

Denning 2004: Dan Denning: "Do Deficits Matter?", *The Daily Reckoning* (internet) v. 26.02.2004.

DiLorenzo 1996: Thomas J. DiLorenzo: "General Langstreet Wars for Gold", in: *The Free Market*, Vol 14 No 1, Jan. 1996.

Doering 1994: Detmar Doering: "Eine Lanze für den Manchester-Liberalismus", in: *liberal*, Heft 3, August 1994, S.80-86.

Duisenberg 2003: Wim Duisenberg: Interview mit dem *Handelsblatt* vom 22. Sept. 2003.

Ebeling 2003: Richard M. Ebeling: "Ninety Years of Monetary Central Planning in the United States", in: *The Freeman*, Dec. 2003, p.2f.

Engels 1996: Wolfram Engels: *Der Kapitalismus und seine Krisen: Über Papiergeld und das Elend der Finanzmärkte*, Verlagsgruppe Handelsblatt, Düsseldorf 1996.

Faber 2003: Marc Faber: "Lessons of History, Part II", *Gary North & The Daily Reckoning* (internet) v. 15.10.2003.

Friedman 1963: Milton Friedman and Anna J. Schwartz: *A Monetary History of the United States, 1876-1960*, Princeton University Press, Princeton 1963.

Galiani 1750/1986: Ferdinando Galiani: *Della moneta*, Neapel 1759. Faksimile-Nachdruck im Verlag Wirtschaft und Finanzen, Düsseldorf 1986 (s.a. bei Tabarelli 1999).

Geppert 2002: Dominik Geppert: *Thatchers konservative Revolution. Der Richtungswandel der britischen Tories 1975-1979*, R.Oldenbourg Verlag, München 2002.

Gerding 1980: Rainer Gerding u. Joachim Starbatty: *Zur Entnationalisierung des Geldes*, J.C.B. Mohr (Paul Siebeck), Tübingen 1980.

Goergen 2004: Fritz Goergen: Beitrag auf der website des *Institute for Free Enterprise*, www.unternehmerische-freiheit.de v. 08.02.04.

Greenspan 1966: Alan Greenspan: "Gold and Economic Freedom", in: *The Objectivist*, 1966.

Habe 1972: Hans Habe: "Klassenkampf mit hohem C" in der *Welt am Sonntag* v. Juli 1972.

Habermann 1994: Gerd Habermann: Der Wohlfahrtsstaat - Die Geschichte eines Irrwegs, Ullstein / Propyläen, Frankfurt a.M., Berlin 1994.

Habermann 1999: Gerd Habermann: *Philosophie der Freiheit. Ein Friedrich-August-von-Hayek-Brevier*, Ott Verlag, Thun, 2. Aufl. 1999.

Hayek 1931/1976: Friedrich A. von Hayek: *Preise und Produktion*, Verlag Julius Springer, Wien 1931. Nachdruck: Springer Verlag Wien u. New York 1976.

Hayek 1944: Friedrich A. von Hayek: *The Road to Serfdom*, The University of Chikago Press, Chikago 1944. Deutsch: *Der Weg zur Knechtschaft.* Zahlreiche Auflagen bei verschiedenen Verlagen.

Hayek 1957: Friedrich A. von Hayek: "Grundtatsachen des Fortschritts", in: *Ordo*, Band IX, Düsseldorf u. München 1957, S.19-42.

Hayek 1959: Friedrich A. von Hayek: *Mißbrauch und Verfall der Vernunft*, Fritz Knapp Verlag, Frankfurt a.M. 1959.

Hayek 1976/1978: Friedrich A. von Hayek: *Denationalisation of Money*, The Institute of Economic Affairs, London 1976; erweiterte Auflage: IEA Hobart Paper Special No. 70, 1978.

Hayek 1988/1996: F.A. von Hayek: *The Fatal Conceit: The Errors of Socialism*, The University of Chikago Press, Chikago, and Routledge, London 1988. Deutsch: *Die verhängnisvolle Anmaßung: die Irrtümer des Sozialismus*, Mohr, Tübingen 1996.

Hayek 1996: F.A. von Hayek: *Die verhängnisvolle Anmaßung: die Irrtümer des Sozialismus*, Mohr, Tübingen 1996.

Hazlitt 1975/1995: Henry Hazlitt: "The Search for an Ideal Money", in: *The Freeman*, Nov. 1975; reprint in: The Foundation for Economic Education (ed.): *The Lustre of Gold*, Irvington-on-Hudson 1995, pp. 95-106.

Hazlitt 1979/1995: Henry Hazlitt: "Gold versus Fractional Reserve", in: *The Freeman*, May 1979; reprint: The Foundation for Economic Education (ed.): ›*The Lustre of Gold*‹, Irvington-on-Hudson 1995, pp.79-86.

Hazlitt 1997: Henry Hazlitt (Felix R. Livingston, ed.): *Is Politics Insoluble?*, The Foundation for Economic Education, Inc., Irvington-on-Hudson, 1997.

Higgs 1987: Robert Higgs: *Crisis and Leviathan: Critical Episodes in the Growth of American Government*, Oxford University Press, New York 1987.

Higgs 1997: Robert Higgs: "Regime Uncertainty. Why the Great Depression Lasted So Long and Why Prosperity Resumed after the War", in: *The Independent Review*, Vol I No 4, Spring 1997, pp.561-590.

Hirt 2003: Walter Hirt: *Wirtschaft aktuell* vom 30.11.2003.

Hoppe 2003: Hans-Hermann Hoppe: *Demokratie – Der Gott, der keiner ist.* Manuscriptum Verlag, Waltrop und Leipzig 2003.

Horn 2003: Karen Horn: "Wie Amerika einst die Depression loswurde", *Frankfurter Allgemeine Sonntagszeitung* v. 15.06.2003.

Horn 2003a: Karen Horn: "Freiheit von Zwang", *Frankfurter Allgemeine Zeitung* v. 19.12.2003.

Horn 2004: Karen Horn: "Praktische Hilfe für die Politik", *Frankfurter Allgemeine Zeitung* v. 16.02.3004.

Hülsmann 1996: Jörg Guido Hülsmann: "Free Banking and the Free Bankers", in: *The Review of Austrian Economics*, Vol. 9 No 1, 1996, pp.3-53.

Hülsmann 2003: Jörg Guido Hülsmann: "Strukturelle Gewalt. Wie die Gewerkschaften Massenarbeitslosigkeit produzieren", in: *eigentümlich frei* Nr.38, Nov./Dez. 2003, S.27-29.

Hülsmann 2004: Jörg Guido Hülsmann: "Nicholas Oresme and the First Monetary Treatise", *Mises Daily Article* v. 18.05.2004. www.mises.org

Jasay 1997: Anthony de Jasay: *Against Politics*, Routledge, London and New York 1997.

Kerr 2001: Alexander Kerr: *Dogs and Demons: Tales from the Dark Side of Japan*, Hill and Wang 2001.

Keynes 1936/1955: John Maynard Keynes: *The General Theory of Employment, Interest and Money*, 1936. Deutsch (Nachdruck): *Allgemeine Theorie der Beschäftigung, des Zinses und des Geldes*, Duncker & Humblot, Berlin 1955.

King 2004: Byron King: "Wilsonian Destiny", *The Daily Reckoning* v. 7. u. 8.4.2004.

Lafontaine 2003: Oskar Lafontaine: Interview mit der *Financial Times Deutschland* vom 17.02.2003.

Le Bon 1895/1982: Gustave Le Bon: *Psychologie Des Foules*, 1895. Deutsch: *Psychologie der Massen*, Kröner, Stuttgart, 15. Aufl. 1982.

Lengsfeld 2004: Vera Lengsfeld: Interview "Buße oder Sanktionen", in: *Focus* Nr.9/2004, S.48f.

Leverkus 1990: Erich Leverkus: *Freier Tausch und fauler Zauber. Vom Geld und seiner Geschichte.* Fritz Knapp Verlag, Frankfurt a.M. 1990.

Lingle 2003: Christopher Lingle: "The Return of the Keynesians", in: *Ideas on Liberty*, March 2003, S.48f.

Machlup 1934/1998: Fritz Machlup: *Führer durch die Krisenpolitik*, 1934. Neuauflage bei Manz, Wien 1998.

Menger 1871/1968: Carl Menger: *Grundsätze der Volkswirtschaftslehre*, 1871, Neudruck: Mohr, Tübingen, Band I, 3.Auflage, 1968.

Mises 1912/1924: Ludwig von Mises: *Theorie des Geldes und der Umlaufsmittel*, Duncker & Humblot, München und Leipzig 1912, 2. Aufl. 1924.

Mises 1922/1981: Ludwig von Mises: *Die Gemeinwirtschaft*, Gustav Fischer Verlag, Jena 1922. Unveränderter Nachdruck der 2. Auflage von 1932: Philosophia Verlag, München 1981.

Mises 1931: Ludwig von Mises: "Der Economist - Die Krise und der Kapitalismus", in: *Neue Freie Presse* vom 17.10.1931.

Mises 1931a: Ludwig von Mises: "Der Economist – Die Goldwährung und ihre Gegner (Teil 2)", in: *Neue Freie Presse* v. 25.12.1931.

Mises 1940/1980: Ludwig von Mises: *Nationalökonomie*, Editions Union, Genf 1940. Unveränderter Nachdruck: Philosophia Verlag, München 1980.

Mises 1944/1997: Ludwig von Mises: *Bureaucracy*, 1944 / deutsch: *Die Bürokratie*, Academia Verlag, Sankt Augustin 1997.

Mises 1949/1963: Ludwig von Mises: *Human Action*, 1949. Third Revised Edition: Contemporary Books, Chikago 1963.

Moore 1999: Stephen Moore and Julian L. Simon: "The Greatest Century That Ever Was", *Policy Analysis* Nr. 364, Dec. 5, 1999.

Motschmann 2003: Klaus Motschmann: "Die Zukunft nicht den Sozialisten überlassen", in: *Junge Freiheit* v. 14.11.2003.

Nef 2003: Robert Nef: Privater Brief an einen bekannten Redakteur vom März 2003.

North 2003: *Gary North & the Daily Reckoning* (internet) vom 12.10.2003.

Olson 1982/1985: Mancur Olson: *The Rise and Decline of Nations*, Yale University Press, New Haven and London 1982. Deutsch: *Aufstieg und Niedergang von Nationen*, J.C.B. Mohr (Paul Siebeck), Tübingen 1985.

Olson 2000/2002: Mancur Olson: *Power and Prosperity*, Basic Books 2000. Deutsch: *Macht und Wohlstand*, J.C.B. Mohr (Paul Siebeck), Tübingen 2002.

Radnitzky 1991: Gerard Radnitzky u. Hardy Bouillon (Hrsg.): *Ordnungstheorie und Ordnungspolitik*, Springer Verlag, Berlin Heidelberg 1991; dort speziell: "Der angelsächsische think tank...", S.XIX ff.

Radnitzky 1998: "Die Lügen des Leviathan", in *Criticòn* Nr. 158, 2.Quartal 1998, S.12-15.

Radnitzky 2004: "Gerechtigkeit. Der Philosoph Anthony de Jasay analysiert einen vielschichtigen Begriff", in *Criticòn* Nr. 181, Frühling 2004, S.52f.

Reed 2003: Lawrence W. Reed: "Labor Freedom Makes Sense", in: *Ideas on Liberty*, Febr. 2003, p.14f.

Reisman 1990/1996: George Reisman: *Capitalism*, Jameson Books, Ottawa, Illinois 1996.

Reisman 2003: George Reisman: "The Anatomy of Deflation", *Mises Daily Article* v. 22.06.2003. article@mises.org

Richebächer 2002: Kurt Richebächer: "Ominous Parallels", *Gary North & The Daily Reckoning* (internet) v. 17.09.2002.

Riese 1995: Hajo Riese: "Geld – das letzte Rätsel der Nationalökonomie", in: Waltraut Schelkle, Manfred Nitsch, Hrsg.: *Rätsel Geld*, Metropolis Verlag, Marburg 1995.

Rockwell 2003: Llewellyn H. Rockwell, Jr.: "The Mystery of Production", in: *The Free Market*, Vol 21 No 12, Dec. 2003, pp.4-6.

Rockwell 2003a: Llewellyn H. Rockwell, Jr.: "Times chance, Principles Don't", *Mises Daily Article* v. 12.09.2003. www.mises.org

Rockwell 2004: Llewellyn H. Rockwell, Jr.: "Are Markets Boring?", *Mises Daily Article* v. 21.06.2004.

Röpke 1958: Wilhelm Röpke: *Jenseits von Angebot und Nachfrage*, Eugen Rentsch Verlag, Erlenbach-Zürich u. Stuttgart 1958.

Rothbard 1963/1983: Murray N. Rothbard: *America's Great Depression*, 1963. Fourth Edition: Richardson & Snyder, New York 1983.

Rothbard 1969/1983: Murray N. Rothbard: "Economic Depressions: Their Cause and Cure", Constitutional Alliance of Lansing, Michigan 1969; Wiederabdruck in: The Ludwig von Mises Institute of Auburn University, Auburn, Alabama (ed.): *The Austrian Theory of the Trade Cycle and Other Essays*, Auburn 1983, pp.21-34.

Rothbard 1973/1999: Murray N. Rothbard: *For a New Liberty – The Libertarian Manifesto*, 1973; deutsch (übersetzt von Sascha Tamm): *Eine neue Freiheit – Das libertäre Manifest*, Kopp Verlag, Berlin 1999.

Rothbard 1985/1997: Murray N. Rothbard: *The Gold Standard*, D.C. Heath, Lexington, MA 1985. Reprinted in: *The Logic of Action, One*, Edward Elgar, Cheltenham, UK 1997, Chapter "The Case for a Genuine Gold Dollar", pp.364-383.

Rothbard 1988/1999: Murray N. Rothbard: "Ludwig von Mises: The Dean of the Austrian School" (1988), reprint in: Randall G. Holcombe (ed.): *15 Great Austrian Economists*, The Mises Institute, Auburn, Alabama 1999, pp. 143-165.

Rothbard 1992/2004: Murray N. Rothbard: "Repudiating the National Dept", in: *Chronicles*, June 1992, pp.49-52. Reprint in: *Mises Daily Article* www.mises.org v. 16.01.2004.

Rothbard 2000: Murray N. Rothbard: *Das Schein-Geld-System. Wie der Staat unser Geld zerstört*, Resch Verlag, Gräfelfing 2000. Aus dem Amerikanischen übertragen von Jörg Guido Hülsmann, Carsten Hülsmann und Reinhard Stiebler. Erweitert von Jörg Guido Hülsmann. Herausgegeben von der Liberalen Akademie Berlin.

Salerno 2004: Joseph T. Salerno: "Money Matters No More?", *Mises Daily Article* v. 29.06.2004. article@mises.org

Sauermann 1961: Heinz Sauermann: "Wodurch wird die Kaufkraft des Geldes bestimmt?", in: *Vom Wert des Geldes*, Alfred Kröner Verlag, Stuttgart 1961, S.7-22.

Schumpeter 1970: Joseph A. Schumpeter: *Das Wesen des Geldes.* Aus dem Nachlaß herausgegeben von Fritz Karl Mann, Vandenhoeck & Ruprecht, Göttingen 1970.

Sennholz 1985: *Money and Freedom*, Libertarian Press, Spring Mills, PA 1985.

Sennholz 2002: Hans F. Sennholz: Interview mit dem *Austrian Economic Newsletter*, Vol 22 No 2, Spring 2002.

Sennholz 2003: Hans F. Sennholz: "The Biggest Myth about Money", www.sennholz.org v. 05.05.2003.

Sennholz 2003a: Hans F. Sennholz: Beitrag zu: *Gary North* & *The Daily Reckoning* (internet) v. 04.11.2003.

Shostak 2003: Frank Shostak: "The Myth of Price Stability", *Mises Daily Article* www.mises.org v. 26.08.2003.

Shostak 2004: Frank Shostak: "How Does Money Acquire it s Value?", *Mises Daily Article*, www.mises.org v. 20.01.2004.

Siebert 2004: Horst Siebert: "Im Jahrzehnt der Staatsverschuldung", *Handelsblatt* v. 16.01.2004.

Sinn 2004: Hans-Werner Sinn: Leitartikel "Der kranke Mann Europas", in der *Schweizerzeit* vom 8.4.2004.
de Soto 1998/2003: Jesús Huerta de Soto: *Dinero, Crédito Bancario y Ciclos Económicos*, Unión Editorial, Madrid 1998. Englische Übersetzung: *Money, Bank Credit, And Economic Cycles*, Ludwig von Mises Institute, Auburn, Alabama, USA 2003.
Sprenger 1991: Bernd Sprenger: *Das Geld der Deutschen*, Ferdinand Schöningh Verlag, Paderborn 1991.
Starbatty 1980: Rainer Gerding u. Joachim Starbatty: *Zur Entnationalisierung des Geldes*, J.C.B. Mohr (Paul Siebeck), Tübingen 1980.

Tabarelli 1999: Werner Tabarelli: *Ferdinando Galiani: Über das Geld*, ins Deutsche übersetzt von Werner Tabarelli, Verlag Wirtschaft und Finanzen, Düsseldorf 1999.
Thornton 2004: Mark Thornton: "The ›New Economists‹ and the Great Depression of the 1970s", *Mises Daily Article* v. 07.05.2004. www.mises.org
Topitsch 2003: Ernst Topitsch: *Im Irrgarten der Zeitgeschichte*, Duncker & Humblot, Berlin 2003.

Weede 2000: Erich Weede: *Asien und der Westen – Politische und kulturelle Determinanten der wirtschaftlichen Entwicklung*, Nomos Verlagsgesellschaft, Baden-Baden 2000.
Weede 2003: Erich Weede: "Radikalliberale und Patrioten zusammen", in: *eigentümlich frei* Nr.38, Nov./Dez. 2003, S.41-43.
Wittmann 1995: Walter Wittmann: *Das globale Desaster*, Langen Müller, Herbig, München 1995.

Personenverzeichnis

Roland Baader,
Diplom-Volkswirt, Jahrgang 1940, ist klassisch-liberaler Nationalökonom und Sozialphilosoph.
Nach Studium (bei *Friedrich A. von Hayek*) und 20-jähriger Unternehmertätigkeit wurde er freier und – wie er betont – »von nichts und niemandem abhängiger« Autor.

Seine sprachgewaltigen und populärwissenschaftlich-verständlichen Schriften haben ein breites Leserpublikum gefunden.

Mit bislang 11 Büchern, 20 Buchbeiträgen, rund 200 Zeitschriftenartikeln und unzähligen Vorträgen gilt Baader als herausragender Freiheitsdenker des deutschen Sprachraums.

Die Zeitschrift ef-magazin nennt ihn den »wahrscheinlich bedeutendsten klassisch-liberalen Autor im deutschsprachigen Raum«. Baader ist Mitglied der internationalen *Mont Pelerin Society* und der deutschen *Friedrich A. von Hayek-Gesellschaft*.